U0081311

金門情深深

上

方亞先——著

序文　親情友情再到愛情的呼喚

方亞先

十七年之前（二〇〇五年），因著金門中學王先正老師及福建省政府顏忠誠主席兩位先後在一周之內當面給我提議將所發表文章集結出書，更具不同的意義，受到鼓舞的我竟然斗膽付諸實行。不承想，由於生平第一遭嘗試，請教於陳長慶及顏艾琳兩位先進關於出版事宜，卻屢次受到台北出版社的退稿，頓生放棄之念。陳長慶勸我另想他法不要輕言放棄，不久之後給我一份「文訊月刊」，說上面有一家新的出版公司推行一種新式的BOD出版方案，你可以接洽看看。

電話洽談之後我再度送稿，不久該公司審閱完立即同意出版計畫，因此簽訂契約、完成三次校對，費時數月出版成冊，第一本心血面世，《金門情深》一書猶如自己誕生一子，有書萬事足，真是無心插柳柳成蔭。之後，陳長慶重印他自己的著作，參考我的模式，也是交給這家公司出版，他滿意之餘也介紹很多金門作者採用此種ＢＯＤ模式，我在無意中成了開路先鋒，我願意，也樂見成人之美。

出書以後我的寫作越來越得心應手，而且熟能生巧，創作小有心得，由寫完手稿再打電腦，轉型到直接在電腦上寫稿、修稿、校搞、列印，又方便又迅速，電腦真是寫作人員的好幫手。雖然電腦經常升級、轉換、故障，有時檔案流失也不要緊，我有列印書面收藏，可以確保萬無一失。去年元旦退休，立刻奉陪老伴勇闖世紀大瘟疫，一路往北再往北落腳東北的大連一年，然後我獨自返回故鄉過年，愛人回娘家孝順老娘個把月之後，再回到我身邊團聚。

這些年我的寫作題材也是多面向的，有宗族親情、生離死別傷情、同學同事友情、父女往事真情、政情選情、婚姻愛情、中美祖孫天倫情、全球疫情、觀察社會人情等。語云：讀萬卷書，行萬里路，確屬豐富人生的不二法門。我的足跡從青年時期由金門渡海台灣之后，中年遠渡南洋，老年跨越廈門，踏足八閩之地，輻射東北佳木斯、大西北蘭州。自從台灣倡議西進政策，二〇〇一年小三通和大三通相繼開啟，兩岸的關係快速融合相輔相成，不料，二〇一六年急轉直下，甚至達到兵凶戰危的惡劣形勢，在在考驗著兩岸領導人的智慧及定力。話說天下合久必分，分久必合，台灣分離四百年，仍須與中國統一。

2022/05/30

目錄

第一回　珠山大樓還珠記

一、薛崇武與珠山大樓

薛崇武先生，是珠山大樓的催生者之一，更是珠山大樓的創建者。一九四八年八月，崇武先生受珠山薛氏族人之付託，籌備建造「珠山小學」校舍事宜。其胞兄薛丞祝在菲律賓主持勸募興建故鄉「珠山學堂」的建校基金，獲得僑居地呂宋、宿霧、衣里岸等地之薛氏宗親踴躍捐輸，合計募得美金二萬多元。越二月，由珠山小學董事長薛崇武與廈門雲燦營造商王文彩簽訂建築珠山小學教室及禮堂工程合同，並於同年十月十日國慶日鳩工動土興建，歷時一年多落成。

新校舍巍峨壯觀，美侖美奐，為一棟二層樓混凝土建造之洋樓，村人因稱之為「珠山大樓」，是當年金門縣最嶄新、最宏偉、最漂亮的校園。珠山小學的前方為一寬敞方正之廣場，學校正面為一字排開的五間教室，裡面為大禮堂，以容納五、六百人為度，左右兩側各二間教室，這樓下九間教室除五間做教學上課之用外，其餘四間分別做會客室、辦公室、圖書室及康樂室，樓上則為教師宿舍。

珠山大樓是珠山村人專為興建珠山小學之用，珠小設立於一九一六年春天，校舍是借用薛氏家廟及民房開辦，小學由秋一級讀起，到秋五級畢業。一九二四年成立珠山小學校友會，發起人為薛丞祝、薛永麥等人，贊成人為薛永乾、薛福緣等。四年後校友會創辦發行《顯影月刊》，首卷即倡議以興建專屬珠小之校舍為要務。

斯時，崇武先生為秋五級學生，自小便嶄露頭角，學校於當年十月舉辦廈門旅遊五天，旅行回來後，崇武先生就在《顯影》刊登二篇遊記，除了記述沿途乘坐船隻、車輛及觀賞學校及風景名勝外，更有一篇描述充當小老師的種種感受。珠小畢業後，崇武先生便進入廈門唸集美中學、廣西大學等。

私立金中中學於一九四七年復校，首任校長為吳紹堯先生，時任《顯影》發行人的崇武先生受聘為金中事務主任。又因金中新建校舍工程為廈門雲燦營造公司所承包，信用可靠，完工後立有口碑，故珠小興建新校舍工程，便直接與雲燦公司議價簽訂合同，果然施工品質有保証。

二、軍隊佔用經過

可惜一九四九年珠山大樓落成後，大批軍隊由大陸輾轉抵達金門佔用學校，雖經村民屢次交涉，軍方也只同意撥出一小部份開放作學校，供學生上課之用，時間更是異常短促，只有一年多而已。

同年年底，中國大陸蒙塵，錦繡河山變色，軍隊數以萬計轉進金門，部隊陸續進駐珠山大樓，據為軍事駐地。最初為駐紮海軍，其後為陸軍師部。珠山村民創建有成，近在咫尺，卻無法擁有該大樓，直教人無語問蒼天！

一直到一九八九年春天，金門縣薛氏宗親會成立，才能夠登記珠山大樓之校地，並於同年領取該土地所有權狀，然而，一晃眼已經過了四十個年頭。自從軍方佔用該大樓後，就一直以所有人自居，自由處分及管理該校地，反而把真正的主人拋諸九霄雲外，置之不理。八零年代該地為金西師幹訓班，九零年代再改為金防部化學兵基地。我們珠山居民不但不能夠主張產權，更不能進入我們心愛的大樓一看究竟，因為，軍方將大樓劃為軍事區域，在四周設置鐵絲網等障礙物，又派駐衛哨，全天候荷槍實彈站崗，令居民不敢越雷池一步。

自從珠山小學校友會發行《顯影》月刊，在一九二八年首卷便大聲疾呼要建設專屬教育用途之學校，以改善教學環境及提昇教育水準。雖然一波三折，歷時二十個年頭，終於在一九四八年完成眾人的理想，然而，由於時空背景的因素，落成的珠山小學卻轉為軍事用途，又不能為珠山所擁有，真是事與願違！

二、歸還之過程

一九八九年春天，筆者在金門縣薛氏宗親會成立大會上提案，案由是：「為開闢本會公共財源，應先爭取珠山大樓之產權，再設法與軍方使用單位交涉，俾能落實產權及收取租金」。此案獲得大會決議通過，交由理事會積極辦理，可是，歷經三年多，毫無進展，本人也一直耿耿於懷，牢記在心中。

直到一九九二年十月下旬某一天，我們「金門電信局」黃局長水慶先生，告訴我「金門防衛司令部」司令官跟他說，電信局如果有辦慶生會活動，請通知他，他將會撥空來參加。黃局長說司令官此話不知道是真的還是假的？我說應該是真的，他說何以見得？我就說，我在本月中旬剛到台北參加中國國民黨中央社工會主辦的講習，知道黨中央已經下達輔選第二屆立法委員的動員令，各輔選單位已經開始啟動運作了。司令官不只兼任「金門戰地政務委員會」主任委員，同時還兼任「中國國民黨金門縣黨部」特派員，是縣黨部主委的頂頭上司，自然是負有輔選的責任，不能置身事外。

我當時擔任「金門電信工會」常務理事／工頭，主辦慶生會活動，活動訂於十月三十日晚上六時正，在電信局內舉行，請黃局長出面邀請司令官蒞臨參加。當晚六時正，葉司令官競榮將軍準時出席，率領金防部六位長官暨縣黨部主委黃廷川大駕光臨，蓬華生輝，席開七桌，司令官坐主桌主客，我與黃局長充當主人接待貴賓。

席間，酒過三巡，我即當面向司令官報告謂：「珠山大樓乃我們薛氏宗親會所有之產業，自建造落成以來，一直供軍方無償使用四十多年，目前為金防部化學兵基地，請司令官能否派人來與薛氏宗親會討論使用事宜」？當場，即蒙司令官允諾，指定由我和黃主委逕行討論，再由黃主委向他作報告。

隔日，我即到縣黨部拜訪黃主委廷川，主委說：「昨天司令官已經到珠山看過現場了，他預備將化學兵基地內的人員及裝備遷走，把大樓交還給你們。但是，尋找適當場地安頓這些人員及配備，需要花一點時間，你稍微忍耐一下，不要去催他」。我答以四十年都過去了，不差這一年半載的時間，我們願意等待。我內心裡對司令官此種劍及履及、軍人本色的明快作風，欽佩不已，不僅是軍事家，更具有政治家的風範。

四、還我珠山大樓本色

同年十二月十日上午，珠山薛芳世兄來電通知我，珠山大樓駐軍已將所有人員及裝備遷出，並行點交歸還建築物及土地，全體村民欣喜若狂，大快人心。珠山大樓歷經四十多載的淪落，終於能重回薛氏宗親的懷抱，真箇是不亦快哉！讓珠山村人能夠無愧於菲律賓鄉僑的捐輸之功，也無愧於崇武先生肇建之功也！感謝葉司令官競榮將軍的德意，有如山高水長。感謝第二屆立法委員選舉，選舉真好。

我接獲消息後，立即奔往縣黨部，當面向黃主委道謝，並請主委轉達珠山薛氏族人對司令官的感謝與感激之意。黃主委說：「金門全島此種軍佔民地的情形，所在多有，各地民眾紛紛反映要求收回。不過，都還不能妥善解決，唯獨你們珠山首先圓滿歸還，如此一來，將會形成往後軍方處理的先例，產生多米諾骨牌連鎖效應，這的確要感謝司令官的成全。雖然說，並不全都是因為選舉之故，但是關於選舉，請你轉告你們宗親，投票支持本黨提名的立委候選人吳成典」。

我說：「我一定會通知全體薛氏宗親，票票集中投給吳成典，以報答葉司令官競榮將軍的德意」。

果然，到了十二月十七日投票後，在金城鎮八個村里開票結果，吳成典在七個村里敗北，只有在珠沙村是唯一獲勝的，可見得我們薛氏族人並沒有食言背信。

珠山大樓歸還後，族人終於一償宿願，進入大樓一看究竟。除了學校的教室及禮堂保養良好外，軍方在教室的左側興建數間廚房，也在禮堂的後方興建一排平房，都維持在可以使用的狀態，算是軍方在無償使用四十年後的一點小小回饋吧！次年，正逢金門解除戰地政務，開放觀光，薛氏宗親會及時刊登報紙，公開招標出租，經決標以年租金三百六十餘萬元標出，由台商進行投資修繕，改建成「珠山大飯店」。經營旅館及歐式自助餐廳，曾經風光一時，名聞遐邇，生意興隆，車如流水馬如龍。

2001／09／01

備　註：

《珠山大樓還珠記》修正版是因著薛崇武夫人王錦羨女士一句話而起，她說原文版都對只有一項不對者，為薛崇武終身未曾下過南洋。因此，我在閱讀過《顯影》月刊之後校對而成，距離首稿時間約在二年之後。《珠山大樓還珠記》原文版費時一個月，在二〇〇〇年七月七日刊登於金門日報，篇幅一千字，修正版全文二千四百字。沒墓碑沒墓型，子孫如何掃墓？

第二回　薛氏祖墓之發掘與修建

小時候，約當一九六五年代，每年的清明節是我們珠山村中兒童的快樂時光。因為，當天我們都會在村中長老及大人們的領導之下，於中午過後結隊到石井坑的薛氏祖墓參加祭祖掃墓，然後排隊等候分發餅乾和糖果，每年每人約能分到十個餅乾和十顆糖果，這時候，便是我們兒童每年所能擁有的歡樂時光。當時的社會是物質缺乏的時代，也是經濟未開發的年代。貧窮不僅是各家各戶的境況，也是每個鄉村和城市的普遍現象。想當年，每個小孩能向父母親要到的零用錢，大都是五毛錢，頂好的也不過是一塊錢。不過，當時貨幣的購買力很強，五毛錢大約能買到五個餅乾，或者五顆糖果。所以，參加清明祭祖掃墓的利得，約當在二塊錢的價值左右，是孩童們一年一度的有利活動。

但是，每年到石井坑掃墓，每年都會在我幼小的心靈上留下一道疑問，那就是掃墓要掛墓紙，墓紙要掛在墳墓的四周。可是，我們的薛氏祖墓在哪裡呢？偏偏看不到墳墓的所在。長老指導我們只要將墓紙掛在田埂中間的那一片相思樹林中就行了，年年如此，年年疑惑。因為，我們自小便在家長的循循告誡下「囝仔人有耳無嘴」，要小孩子只能用耳朵去聽，不能用嘴巴去問，所以，提出疑問是不被允許的。不僅我個人從未問起過，也不曾聽到別人問起過，如此過了三十年，我的不懂依然不懂，不見墳墓仍然不見墳墓。

一九九四年二月四日，我接任薛氏宗親會理事長職務，到了清明節籌辦祭祖掃墓事宜，當天又引起我內心的疑問，便當場請教了幾位長老和先進，得到的答案是他們也不知道為什麼，更不知道墳墓在哪裡？於是，我返家後便拿出民國八十年版的《金門薛氏族譜》出來查閱，試圖自己找出答案來，只見族譜記載如下：此座墳墓的方位是「坐乾向巽」，因格於迷信任由荒廢。

直到同年十一月十二日，薛氏宗親會召開第三屆理事會第四次會議中，由薛祖貴宗長首先提議，要發掘及修建薛氏祖墓，並略作說明，惟僅獲決議：「從長計議」。再於次年十月八日第三屆理、監事會第二次臨時會議中，提議清理石景坑之祖墓，獲致決議：「於明年清明節前十日內僱工清理墓地，再擇利年修葺」。最後於一九九六年二月十日第四屆第一次理、監事聯席會議中，決議：「修建石井坑祖墓定於清明節後開工，推派修建委員會，請薛承助宗長擔任召集人」。

清明節後第二天，僱請怪手一部到場開挖，先挖相思樹林前之二畦田地，均無所見後，再挖田埂間之相思樹，仍無所見，如此已花了一天的時間，眾人心中均捏了一把冷汗，暗思如果開挖毫無成果，將來如何對族人交代。翌日再挖，大家商議要採向下挖深或向前挖大，最後決議向前，往相思樹林後之另二畦田地開挖，由我打電話向台北薛崇武族老報告現況，並請其提供協助，承蒙其回憶兒時所見景況，謂有四支石丹，二支旗竿夾。到了中午，在南側田中，首先發現混凝土跡象，眾人精神為之一振，控制怪手的深度，清理出一道寬半公尺、長二公尺的混凝土後收工。

回到村中，由總幹事薛少樓宗長另行僱請工人來開挖，詎料，無人願意受僱從事此項工作，不得已，我只好和薛芳世宗長二人承擔這項工作。隔天早上，我們提了鋤頭和圓鍬到現場開挖，不久，先挖到一些碎木塊，接著，鋤頭下剷到一條冬眠中的草蛇，大家精神因此振奮起來，都認為在下面會有我們所要尋找的。移開蛇後挖下去，果然看到了副人骨，骨頭紅豔豔地，非常漂亮而具有光澤，真是不可思議，在土裡埋了三、四百年的骨頭，居然不會腐爛掉。到了下午，在北側田中發現到二支石丹，回想起薛崇武族老的說明，眾人都有十足的信心，繼續在二支石丹之間的田中開挖，果然又找到了另一片混凝土跡象和碎木塊，於是小心地清理出完整的墓形後收工。

此二座墳墓，經大家研判，應是本族三世祖伴郎公及伴中公，二座墳墓的座向均同，都是頭在西方，腳在東方，向著珠山村，符合族譜所載「坐乾向巽」。合當今年有利年，適合修建墳墓，稍事盤算後，我們開始著手籌備修建祖墓。於次月，請得金城修墓師父許福林先生等人到現場洽談，許先生開出一個條件，要我們覓得一名地理師來主持修墓事宜，他只能承做工程而已，一時大家都傻眼了，不知哪裡有地理師？只好央求他介紹一位他所認識或合作過的地理師，可是，他卻說無此人選，說完掉頭就走，留下愣在當場的我們。

我只好再打電話到台北尋求協助，平素常聽說金門薛氏旅台宗親中，有二位頗有名氣的地理師，如今只有在電話中央請了。第一位謙辭不受；第二位倒很爽快，一口就答應了，要我等候安排和通知。誰知左等右等，都等不到通知，我只好每個月打電話去連絡，他都排不出時間來金門主持。如此，整整等了半年，我才發現這小子並無誠意，實乃言而無信之徒，存心放我們鴿子，誤我們的大事，真是可惡！

到了九月份，我再度詢問修建會委員，能否物色到地理師？眾人都說沒法度。於是，我打定主意，一定要設法找到地理師來完成這項大事，與其求人，不如求己，我開始動用我自己的所有人際脈絡、關係，務必要找到此種人選。皇天不負苦心人，終於讓我想起在某次飯局中，碰到翁水沙先生，在交換名片時，他曾說到除了營造廠外，他也做古墓建築。因此，我先打電話說明來意後，就直奔翁府拜託，我說我們想做古墓修建，工程交他承包，只是需要請他幫忙介紹地理師。

他當場答應並電洽地理師董金定先生，董先生要我接聽電話，他說他願意擔任地理師職務，但是，工程必須交由許福林先生承包。我說我已經答應翁先生，工程要由他來做；他說只要我答應就好，翁先生不會介意的，他負責跟翁先生商量。果然，翁先生在接完電話後，告訴我說，此項工程交由許先生承建，他沒有意見。

董、許二位先生開始指示採辦石材及其他建材，即日開工，並允諾要在二個月內，趕在冬至前完工。修建會全體成員，到此精神大振，眼見一件神聖使命，即將在我們這一代手中完成，莫不高興萬分！董先生只問我選擇何種做法，是採大格局還是小格局做法？我答以大格局做法，經費沒有限制，照實支付，不打任何折扣。

可是，當工程做到一半時，修建會成員中，竟然有人出來提出很多主張，其實，也只有那麼一個人而已。執意阻撓，說工程要停止，等候聘請大陸地理師來主持，石匠要更換，改聘金城石匠，墓碑改用黑心石，不用花崗石。弄得召集人薛承助宗長不知如何是好，工程幾幾乎要停擺，要我出面協調。於是，我當著那個人的面，跟石匠張輝權老闆拍胸脯保証說，此項工程由我全權負責，所有材料和工資，在完工後完全由我支付，一個子兒都不會少，請他放心，一切仍照原來計畫進行，並把我的名片交給他，請他隨時跟我連絡。這項困難克服後，整個工程都在預料中如期完成，合族同慶。

薛氏祖墓深埋土中三、四百年，竟能於今年在我們手中重見天日，並能修建墳墓，美侖美奐，真是與有榮焉！為慶祝此一盛事，於完工日謝土時，邀請歐厝鄉親參與祭祀，共襄盛舉，歐陽氏宗親會在理事長歐陽文顯及族老歐陽水朕先生率領下與祭，場面盛大而且熱鬧。並於當晚，在薛氏家廟席開十三桌，宴請全體宗親及歐陽宗親，合族同歡。本次薛氏祖墓能順利完工，承蒙修建委員會召集人薛承助宗長盡心盡力，整整辛苦了一個月，出力最大，居功厥偉。

1998/12/20

備　註：

這是我所寫的第一篇文章，費時三個月，時年四十五歲，全文二千二百字。追本溯源看回頭，走過風華模範村。

第三回　珠山九十年

金門珠山為單一姓氏聚落，薛氏一族自開基始祖薛貞固公，於元代至正五年，西元一三四五年，由廈門禾山奄兜村渡海來浯島繁衍，擇居於太文山和龜山之間盆地，村名稱為「薛厝坑」，即今日之石井坑。此後族人又漸漸遷移到龜山和雞奄山中間，村名改稱「山仔兜」，村莊正中央有一池水潭，風水上稱為「四水歸塘穴」，代表富貴不斷。民國初年，村名再改為「珠山」，因為村落山明水秀，樹木茂盛，巨石成岩，當時即享有「模範村」之令名美譽，迄今已有九十年之久。

民初，金門各村里僅有小學教育，而且均為私立，由地方仕紳及海外華僑共同捐資成立。珠山小學創辦於一九一七年秋天，校舍借用薛氏家廟大宗及民房開辦，一年所需經費約當一千兩百元，來自里中及海外同鄉之捐款。小學由秋一級讀起，到秋五級讀完畢業，自一九二一年起，珠山的畢業生年年增加，但再無升學之處，除非進入廈門讀中學，因此，於一九二五年成立珠小校友會，發起人為薛丞祝、薛永麥等人，贊成人為薛永乾、薛福緣等。校友會為里中大部份青年聚會之所，設於薛氏家廟小宗，並附設閱書報社，如同小型圖書館。

《顯影月刊》，是珠山小學校友會所創辦，創刊於一九二八年九月，每月一期，合六期為一卷。其中，一九三七年中日戰爭爆發，日軍旋即佔領金門因而停刊，抗戰勝利後在一九四六年復刊一直到一九四九年五月再度停刊為止，前後二十一年間總計發行二十一卷。月刊內容主要報導：鄉村新聞、珠山小學、金門島聞、文藝副刊，趨於報導型的雜誌。所以，苟無珠山小學，便無成立珠小校友會，更無顯影月刊之發行囉！

一九三零年，時任金門縣長陳紹前參觀珠山，盛讚風景秀麗，特別題詞相贈：「珠樹交輝清幽第一，山花怒發燦爛無雙」充分呈現寫實的意境。一九五零年起，國軍進駐村莊，就在村子入口處豎立二道水泥山門柱子，題詞：「珠海無垠碧波千頃，山河永固正統萬年」充滿枕戈待旦之意味。

廈門禾山奄兜村有薛令之的墳墓存焉，令之公為福建省福安人，唐朝中宗年代為閩省以詩詞首登進士者，故有「開閩進士」之稱。累官至左補闕，兼太子侍讀，致仕後避居廈門，逝世後葬於下張社，但那也只是衣冠塚而已。今薛氏家廟正廳所掛之「開閩進士」匾額，乃薛氏族人追述開閩始祖之意。

薛氏宗族繁衍至明朝，人材輩出，鄉賢薛仕輝少年時投筆從戎，掃蕩倭寇，戰功彪炳，累官至御殿總提督，為從一品官階，今日薛氏家廟大廳正中央所懸掛之匾額「御殿總提督」，正是敘述先賢之功名。明代大臣王守仁為薛瑄立下「理學大臣」匾額，薛瑄係進士及第，累官至禮部左侍郎兼翰林院學士，開創河東學派，主張明理復性，躬行實踐而功在儒學。

到了清朝，薛氏人口興旺，物力、財力充足，族人基於「無廟無宮，鄉里袂興」之理念，乃由族老薛繼本公倡議興建「薛氏家廟」，於乾隆年間，西元一七六八年建造，迄今已有二百三十多年歷史。鄉賢薛師儀年少時從軍，投入清代金門鎮水師，於咸豐年間，西元一八六一年，累升至金門總鎮，為金門人唯一出任過金門鎮總兵者。薛總鎮為官清廉自持，剛正不阿，兩袖清風，誥封「武功將軍」，賜建宅第，稱為「將軍第」，其大門外的門口埕立有一副旗竿座，用來升掛官旗。今天薛氏家廟大廳上所掛之「總戎」匾額，也在述說先賢之功績。

李增德老師曾經任教金門高級中學，後來出任金門縣政府民政科長，對於所掌管之古蹟維護及傳統建築語彙瞭如指掌，現任金門縣議會主任秘書。深入了解閩南建築中核心的各姓氏家廟暨祠堂，包括匾額、楹聯，搜羅殆盡，著有專書《金門宗祠之美》。李老師蒞臨珠山，盛讚薛氏家廟中有三塊匾額為金門全島所僅見，堪稱浯島之寶，那便是「開閩進士」、「理學大臣」、「御殿總提督」，極為名貴和榮耀。

一七七二年，鄉人繼薛氏家廟之後又公議建築「大道宮」，落成後成為里人之信仰中心。大道宮一年當中有二次盛會，一次是農曆正月十五日元宵節的點燈、點蠟燭及乞龜活動；點亮盞盞花燈及供桌上的鉅大蠟燭，宮裡頓時一片燈火通明，大放光芒。另一次是農曆三月十五日，大道宮奉祀主神保生大帝聖誕，全村必須總動員辦理建壇作醮，出動神輿巡行遶境全村鎮五方及犒軍。

薛氏家族自開基祖到第四世並未分房柱，直到第五世才分成仁、義、禮、智、信五房。到了第十三世就有族人薛仕乾分支到澎湖的內垵，後來又有人移往彰化的鹿港和田中，到十六世開始移往南洋發展，於清代末年達到最巔峰時期。所以，在民國前後，大量的僑匯湧進珠山來，造就了珠山空前的繁榮。當時金門流傳著一句話：「有山仔兜厝，無山仔兜富」。山仔兜的富庶冠全島，其實並非由於在地本鄉人的成就，完全是來山仔都附自海外宗親所寄回來僑匯的貢獻。自民國以來到中日戰爭之前，從廈門來金門最好的珠寶商和戲班子，第一站一定是先到珠山販賣珠寶和演出戲劇，然後才會轉往后浦或其他村落去。

只可惜，一廟一宮均遭受發生於一九五八年的八二三砲火的落彈擊中，毀損嚴重。在砲戰過後，首先由村中長老薛敬仲召集宗親捐資修葺薛氏家廟，花費台幣二萬二千多元。越十年，族人又倡議修建大道宮，惜因二位負責人經驗不足，竟將宮中龍虎井一併用水泥灌漿灌成樓板，導致宮內黯淡無光，不但失卻原貌，而且不堪使用。此次修建工程失敗，仍然耗費新台幣十一萬八千餘元，盡付流水。

之後，又過了十五年（西元一九八三年），再度重建大道宮，由薛芳成族長主持，將上次工程全部打掉，重新建築，依照原貌修建，費時二年完成，共計花費新台幣一百四十六萬多元。落成後並舉行奠安及開光慶典，開支八十九萬七千餘元，盛況空前，為本村百年來之一大盛事，轟動全島。時任縣長伍桂林，應邀蒞臨觀禮，稱讚有「世家風範」，為鄰村所不及。

一九九四年，因家廟內樑柱遭受白蟻之患，族人又提議局部修建薛氏家廟大宗，經徵詢卜卦師，告以需四年後（農曆虎年）有利年方可施工。乃商請金門國家公園管理處長李養盛，請其於四年後編列預算補助珠山照原貌修建家廟，承蒙李處長慨然允諾，並且信守承諾於四年後補助一百五十萬元。並於同年修建鄰近之薛氏家廟小宗，費時一年光景完成，乃擇定於二〇〇四年十二月十五日至十七日，舉行兩棟家廟奠安慶典。下南洋拜訪宗親，兄弟叔姪相見歡。

2005/09/10

第四回　新加坡尋訪宗親

金門縣宗族文化研究協會，為慶祝馬來西亞砂勞越州金門會館成立十五週年，暨柔佛州金同廈會館新廈落成之喜，特地組織慶賀團前往大馬祝賀，順便舉辦族譜展覽，以及贈譜，祝福二地會務昌隆，鄉情永續不替，並順道轉往新加坡拜訪金門會館及僑親。慶賀團一行二十幾人由協會顧問黃文遠鄉賢擔任團長，總幹事吳秀嬌負責打理一切事宜，隨團出發，行程自二〇〇五年九月二十八日由金門搭機赴台，次日從高雄出境，首途砂勞越州，至十月六日經新加坡返台，翌日飛回金門，前後需時十天。

組團期間，個人因為年度休假天數有限，不克全程跟團，只得放棄大馬行程，選擇單飛新加坡，尋訪金門薛氏旅星宗親。因此，自行訂妥十月二日至五日往返新加坡與台北之機票和旅館，預定三日及四日在新加坡與慶賀團會合後訪問金門會館諸位鄉僑。行前特別購買一箱金門頂好吃的「天下貢糖」二十盒，用來饋贈遠方的薛氏族人，分享金門道地的原鄉美食。並印製十本珠山村史《珠山大樓還珠記》，二本數位版《金門薛氏族譜》，均採用手工線裝書裝訂成冊；此外，又攜帶十冊協會剛出版的第二期《金門宗族文化》期刊，以及二冊新出版的《金門情深》書籍。

于十月一日下午飛往台北，夜宿桃園市旅舍，以便次日清晨五時起床就近趕赴桃園中正國際機場，搭乘七時四十分的班機。誰知，晚飯後觀看電視新聞報導：「強烈颱風龍王侵襲台灣，氣象局已在下午發佈海上警報，預計晚上發佈陸上警報。龍王颱風將於明晨由東部登陸，通過台灣海峽後西行，進入福建沿海地區」。接著，播報自明天凌晨起，鐵路火車及公路客運全線停駛，國內外航空班機全部停飛。哇！怎麼這般不巧，土包子出國，頭一遭，就遇上龍王爺駕到，叫我如何是好？馬上撥電話詢問旅行社行程可有改變？回說飛機確定停航，進一步狀況須待明天中午再行通知。

十月二日中午，再看電視午間新聞：「龍王颱風登陸後已經減低為中度颱風吹往福建，陸上颱風警報解除。鐵公路運輸下午恢復行駛，國內外航線亦將照常起降」。隨後，接獲旅行社通知原訂班機延後九個小時于下午四時四十分起飛，請前往機場櫃台報到，我因而準時到達中正機場劃位和登機。落座後，感覺國際線機艙內冷氣特強，較之國內線還要冷，稍後空中小姐捧著一大疊毛毯在分發，眼看鄰座先生搖搖頭，我也只能跟著搖搖手作罷。飛行二個小時之後，越感寒氣襲人，只好雙手交叉抱在胸前，聊以抵擋逼人而來的冷氣。

飛機于晚間九時出頭降落在新加坡樟宜國際機場，我跟隨人潮魚貫下機進入航站大廈，走了幾十公尺，瞧見洗手間的英文標誌，趕緊進去紓解一下水庫，換得一身輕鬆！詎料，就是這麼一耽擱幾分鐘，出來後看看走道上的旅客，全部變成陌生臉孔，非但有黃皮膚、白皮膚，還有黑皮膚者，心裡暗自酸苦，忍不住叫一聲：行不得也，哥哥。事到如今，也只有硬著頭皮獨自往前闖，且看且走吧！哪想到入境走廊這樣長，少說也有五、六百公尺。看走道兩邊所有標誌一律是英文，見不到一個中文字，奇怪了，新加坡號稱中國境外最大的華人國家，不是有百分之七十五以上的華人嗎？怎麼都不用中文字呢！

終於，走到入境大廳海關前，隨著人群排隊等候通關，海關人員一字排開，有男的、女的，有黃皮膚、黑皮膚的，起碼二十多人，旅客也排成二十幾行，大廳裡密密麻麻的站立好幾百人，真的是一夫當關，萬夫莫敵。我舉頭一望，環視每行隊伍前後，只見得每個人，人手一本護照及一張紅格子表單，糟糕，我為什麼沒有那一張紅格紙呢？輪到我時，定眼一瞧，好巧不巧，關員是一位黑人小姐，她對著我嘰哩咕嚕一番，我都聽不懂，我便用華語問她在講什麼，她也是莫宰羊！就捏起一張紅格紙和一張小摺紙遞給我，用手比一比大廳旁邊的一張寫字台，意思是叫我到那邊去填寫吧！

我轉回寫字台，瞄一瞄在填表的那幾位黃種人，手上的護照卻是清一色的英文字，沒有中文，更沒有中華民國，讓我壓根兒無法開口尋求協助。呆立良久，忽然看見有一位穿制服、黃皮膚的海關小姐，走進服務台打量四周人潮，我便趨前望著她點一下頭，權做打招呼，開口用英文請問她能否幫我一個忙？她立即伸手接過我手上的二張表格及護照過去填寫，然後也用英語問我票在哪裡？我就從口袋裡掏出機票交給她抄寫完畢，再向她點頭致謝後，帶著一臉輕鬆回到海關黑妞前面遞交表單，我猜想其中一張是入境單，另一張是簽證單吧，關員目視一下，留下紅格紙，小摺紙蓋了一個圖章再交還我，我就這樣完成入境手續。

然後跟著人潮往前走到行李台等候，領取行李便走到入境出口了，迎面看見三、四個人舉著旅行社的中文簡體字牌子迎接客人，可是沒有我所訂的「大中酒店」呀！我兀立出口大廳好一會兒，也不知道何去何從？本想自己到機場外叫計程車（德士）直放酒店就好了，沒想到舉牌子的一位小姐打量我一下，便走來我面前用華語問我是訂哪一家旅行社的？我回說不知道耶！她不死心的又問我訂哪一家酒店的？我答說大中酒店。她便問我英文名字是什麼？我唸一遍後，再把字母拼出來。她說有、有，你的名字在我這裡，你稍待一會，等我接完幾位旅客後，一塊送你到酒店住宿，說完她遞給我一張旅遊宣傳單，原來是朱小姐。

過沒多久，朱小姐就招呼我們八位旅客坐上一台九人座的小巴士，分送到四家旅館自行登記住宿。待我拿出護照登記時，櫃台小姐又是一位黑姑娘，她講的英語我聽無，我說的華語她也不會，兩人都無可奈何，只有乾瞪眼的份。幸好，她身旁有一位黃臉孔的年輕男子，用中文告訴我說，我已經訂好房間，沒有問題，但是必須先繳納一筆電話保證金坡幣五十元，等退房時再多退少補。我說那好辦得很，即刻從皮夾子掏出一張五十元面額的鈔票遞給他，他就開立一張收據予我收執。拿過鑰匙進入房間，已超過深夜十一時，由於疲倦和吹冷氣太強太久，鼻水不由自主滴滴答答的掉下來，心想不妙，趕快做一遍暖身操二十分鐘，再洗個熱水澡，體能狀況立即改善，舒舒服服的一覺睡到天亮。

三日早上九時之後，便撥電話予同樣來自金門珠山，在此地創業有成的宗親薛永傳兄；我在出門前三天，已經從家裡打過電話告訴他，我預定於十月二日中午抵達新加坡，並探望他，問他可有需要我帶什麼東西去嗎？他說沒有，等到了地頭要掛電話聯絡以便會面。永傳兄少年時曾就讀珠山小學，因中日戰爭爆發，日軍佔領金門而輟學，隨後遠渡星洲開創事業有成。

十年前，一九九四年十一月二十四日返回故鄉省親，並向薛氏宗親會提議：赴廈門市禾山修建「薛令之公」墳墓事宜。斯時，個人擔任宗親會理事長一職，聞訊後即刻通知理、監事召開臨時會議討論，當晚假上后垵「金麒麟餐廳」開會，列席人員除永傳兄之外，還有剛從廈門返鄉探親的薛永祿兄。專案討論通過後進行餐敘聯誼，會中，永傳兄語重心長地期勉全體宗親緬懷前賢建設珠山，於民國初年贏得浯島「模範村」的美譽，如今應該同心協力，再造珠山第二春。當時我才虛度四十歲，卻是第一次聽聞模範村之說。

電話接通後，永傳兄很高興地問我住哪一家旅館？電話和房間號碼是多少？我告訴他之後，他說他的公司有二部汽車，可以派車來接我過去會面，不過，今天早上二部車子都已經出門，等到要來接我的時候會先打電話聯絡。接著，我就撥薛彩蓮的電話，我也是在出門三天前通知過她兒子阿平，希望能去拜望她。這次也是阿平接的電話，可是，他卻頗表歉意地跟我說，他母親今年九十二歲，說不認識我，不想跟我見面，叫我好生失望。

我跟阿平說：「令堂年輕時就讀珠山小學，于一九二八年夏天畢業後，由老師帶領和同學們從金門搭船前往廈門做畢業旅行五天，每人只花了大洋三元零三占而已。回家後寫了一篇遊記『三元零三占的代價』刊登在九月份珠山《顯影》月刊第一卷第一期，描述少女雀躍萬分、天真爛漫情懷及廈門風光水色明媚，全文長達三千六百多字，生動活潑，躍然紙上，端的不可多得。

因此，我特地從顯影上將此篇文章摘錄下來，重新繕打影印十份，帶來這裡想要當面送交令堂大人，並聊表問候之意」。阿平聽我如是說法，頓感興趣，就說他明天要來旅舍拜訪我。待吃過晚飯，閒來無事，我就獨自步出旅館，隨便逛逛，拐了一個彎，竟然走到繁華的大街上，高樓大廈聳立，百貨公司和大賣場比比皆是，人潮熙熙攘攘，各色人種都有，好不熱鬧，如同台北市的東區商圈一般。

四日早上，第一位來賓到訪，我迎接他進房請坐，告訴我他是許昱德，叫做阿德，是阿平的哥哥。因為他們兄弟都在工作不得閑，只能推派一人請假過來會面。我趕快把他母親小學畢業旅行時寫的那篇文章拿給他看，他一邊看，一邊高興的呵呵笑。我翻開《金門薛氏族譜》，找出他外公薛永浪的名字所在，最後又送他幾盒金門貢糖，他開心的回去。

隨後，接到永傳兄來電說昨兒晚上打電話來找不到我，我說到大街上逛到很晚才回來；他說司機現在出發要過來接我，到旅館時會再打電話給我，我說那就專等了。不久，電話鈴聲又響，我心想來得好快，拿起電話一聽，耳際傳來一陣熟悉的聲音，原來是吳秀嬌，她說她們慶賀團從馬來西亞飛抵新加坡，剛到餐廳準備吃午飯，問我要不要過去會合一起用餐？我說已吃過午餐，即將去拜會宗親，車子要來接我了；她說要不然今天晚上七點鐘金門會館請吃飯，我們再一起碰面好啦，我說一定會到。

沒多久，電話再度響起鈴聲，司機到達旅舍門口，我馬上帶一些東西出門，是一部箱型車，司機說他姓梁，祖籍地也是閩南。車程只花二十分鐘就到，上樓後進入一間辦公室內，看見闊別十年之久的永傳兄從小辦公室裡走出來，我趕緊上前握住他的手說：「永傳兄，我們有十年沒見面了，時間過得好快」。他說：「芳千叔，我們上一次在金門見面，已經是十年前的事，難得你這麼遠來看我，實在很高興」。我說你比十年前要清瘦許多，不過，眼神和精神都很好喔！

他說中國內蒙古的薛振江出版了一部《薛氏家族志》很有份量，你有沒有收到？我說沒有，我在金門有見過一次，翻了一下，曉得你出錢最多，所以，他請你出任副總理事長。但是，先前邀稿時，他寫信要求我提供文稿，我寄了三篇有關金門珠山及薛氏族人的文章給他，結果，他言而無信，竟然連一篇都沒有採用。永傳兄說這部家族志如果沒有他出錢又出力，肯定是無法出版的，他不但自己出錢最多，更發動菲律賓、台灣及金門的薛氏宗親大力捐助經費，這些捐款至少佔了百分之五十以上。他聽我說沒有家族志，就表示要從金門送我一部，當場打電話回金門找薛永寬兄說：「永寬，我是永傳，芳千叔現在新加坡我這兒，我在金門還有三部家族志，麻煩你送一部給他」。永寬兄也在電話中答應了。

我把數位版的《金門薛氏族譜》拿給他看，並告訴他數位版的優點，在於世系表中除了列出名字之外，更在名字旁邊寫出人物小傳，以一百字為原則，讓族譜更添幾分可讀性，然後，把數位版族譜當面送給他。我說這套修譜專用軟體是我們協會蕭永奇理事所精心開發出來的，功能強大。

請他將子女和孫子女的姓名、出生日期及履歷收集完整，連同他自己的經歷一併傳送給我鍵入電腦檔案。他說：「我們旅居此地有一位宗親薛振傳，半年前回去金門展覽書法，你有沒有和他見過面」？我說有去看過展覽，他的書法寫得很好，但沒有見過面。他便撥電話予振傳兄，告知我在他這兒，振傳兄回說馬上過來相會，沒有多久，他果然進來辦公室，我站起來與他握手寒暄。振傳兄說十幾年前他陪父親返回金門安崎故鄉參與祝賀其叔父薛天思先生新廈落成誌慶，跟我見過面，至今仍然留有一張我的名片。哎喲，振傳兄真是好眼力，好記性，叫我好生敬佩。三人共話桑麻樂陶陶，我也拜託振傳兄蒐集兄弟姊妹及子女的資料，以及父親生卒日期、一生行誼和自己的履歷給我。

不覺時光飛逝，已近黃昏，我便起身告辭，並告知晚上要去參加金門會館餐會。永傳兄就請梁先生開車送我回旅舍，振傳兄也要送我回去，回到房間時，我便把新加坡國立大學的電話號碼拿給振傳兄，拜託他幫我找物理系的薛芳谷教授，因為，學校總機的應答皆是英文，沒有華文，我實在無法度。振傳兄是南洋大學的高材生，又是國立大學的碩士，自是一路輕騎過關，找到芳谷兄的研究室電話，接通後，我趕緊問：「喂，請問薛芳谷教授在不在」？對方說他正是薛芳谷，不知哪一位找他？我說：「我叫薛芳千，來自金門珠山，跟你同姓同輩份，想和你見面認識，不曉得方便不方便」？他說：「難得有這麼遠的鄉親來，當然要與你認識，你住哪一家旅館？」

我告訴他旅舍的名稱後，他就說他知道地方，二十五分鐘可以到房間來。芳谷兄是薛前璧叔父的長子，兄妹五人，事業卓然有成。前璧叔是新加坡鼎鼎有名的資深報人，又名薛殘白，一九一一年出生於珠山，十七歲時遠渡星島，任「總匯報」及「星洲日報」記者多年，主編過《星期六周刊》和《亞洲金門同鄉通訊錄》。

隨後，我又打電話找到薛承明兄，約他晚飯後認識見一面，他爽快地答應相見。承明兄的令尊薛永黍先生，是新加坡大名鼎鼎的教育家，出生於一八八九年，為金門出國留學的第一人，榮獲美國密西根大學歷史碩士學位，學成歸國後即在一九二四年出任廈門大學教授多年，時廈大創辦尚未及三載。于一九三六年十二月接受星洲華僑中學之聘，出任校長一職，華僑中學係由愛國僑領陳嘉庚先生于一九一九年創辦。永黍先生擔任華中校長十多年，校務蒸蒸日上，印尼及馬來西亞的青年學生，也紛紛前來就學，華中儼然成為南洋地區最高的華文學府。

沒有多久，芳谷兄準時出現在房門口，我即刻上前握手歡迎，相互自我介紹後，一併介紹振傳兄認識。我隨即送他一本數位版《金門薛氏族譜》以及一本《珠山大樓還珠記》，也請他彙整兄弟姊妹與子女的姓名、履歷，和前璧叔的生卒日期、一生行誼後，傳送給我鍵檔。三人同宗一族，晤談甚歡，充分流露血濃於水的兄弟之情，話畢道別，我請芳谷兄順道載我到牛車水，請振傳兄充當嚮導帶我上街採購些許物品，他們一諾無辭。芳谷兄送我到大坡下車後就先行離去，振傳兄則陪我一路逛街購物，一次搞定，並參觀著名的印度廟，廟外的人身圖像繁多，色彩艷麗，卻又不失神聖莊嚴。在德士站搭計程車前往慶利路的金門會館，到達後我單獨下車，振傳兄原車返家，感謝他陪伴我一個下午，幫我許多忙。

剛下車，導遊李小姐靠近問我是薛先生嗎？我說是的，她說吳秀嬌交代她在門口招呼我到三樓會議室，待我進入會議室，看見濟濟多士，共聚一堂，不下三、四十人之多，我向大家點頭為禮後，自行就座。正好，吳秀嬌總幹事在作報告，她的對面坐的都是會館諸位鄉賢。她甫報告完畢坐下，黃文遠團長馬上起身向眾人介紹：「我們還有一位專程趕來會合的夥伴，叫薛芳千，他是珠山人」。我趕緊起立向大家鞠躬致意，眾人都說珠山就是山仔兜嘛！我說是的，是的，才重新坐下。

只見黃團長對面那位方百成先生站起來說：「現在已經七點多鐘，各位遠道而來的鄉親想必肚子也餓了，我們先到一樓用餐，一邊吃飯，一邊繼續交換意見，也比較方便，好嗎」？大夥都異口同聲地表示贊成，下樓到「慶昌堂」大廳，已經擺好四張圓桌和椅子，隨時都可以上菜了。我跟蕭永奇同桌坐在一塊，他問我是怎麼來的？我說沒有領團，也沒有導遊，我是自個兒單槍匹馬闖進來的，明天中午返台。同桌的會館鄉親有方百成先生、蔡國霖先生、林長鏢先生、陳佳模先生、黃先生、盧先生，以及慶賀團的盧懷琪賢伉儷。

上菜後，大家互相敬酒，把酒言歡，並交換名片，氣氛熱烈又融洽。我請教百成兄，寒川兄今晚有沒有來？我有看到由他主編的那一本《新嘉坡金門籍寫作人作品選》，已經由會館出版發行，列為金門叢書之一。百成兄說怎麼沒有？他就坐在隔壁那一桌，然後喊著：「寒川，請你過來這裡，有人找你哦」！戴著一副眼鏡的寒川兄隨即走過來，我立刻站起來和他握手並且自我介紹，說我有見過你主編的那本作品選，他說這本書有帶來，馬上送你一本，說完就拿來一本署名後交給我。

我跟他講帶來二本《金門情深》放在旅館，等散席後我回去拿一本送你。筵席結束後，他順道先送洪天送先生回家，再送我去旅舍，抵達後他說還有事，就在車子裡等我，我便上樓去拿書，一本送給他，另一本請他轉送會館，他說沒問題，會請郭秋裕秘書代轉，說完，他又送我二本薛殘白主編，于一九九零年出版的《亞洲金門同鄉通訊錄》，真是感謝他。

回到房間，我立刻打電話給承明兄，告知已回到旅館，專等大駕光臨。十點鐘剛過，承明兄蒞臨，初次會晤，相互握手問候既畢，我拿起《珠山大樓還珠記》送給他，他一看封面的署名，就說：「原來你是薛芳千，這名字早在幾年前我就曾經見過」。我頗感意外和驚喜，問他是如何見過的，這裡是不是有金門日報？他說這兒沒有金門日報，他也是看過「珠山大樓還珠記」這篇文章，才知道作者的名字。我說這本珠山村史中有一篇專寫令尊大人的事蹟，請你過目後惠以指正，如有錯誤或疏漏，我再加以修改。他說：「我也很羨慕你能在工作之餘，從事寫作，尤其是記述珠山家鄉及薛氏族人的人事物種種，對於珠山和薛家都是一項很重要的傳承」。

我便請問他的生平工作與學經歷。他說：「小時候，家裡環境不好，讀書要靠獎學金，畢業後必須在政府機構服務若干年。唸完南洋大學，我就到稅務局工作，再考上國立大學讀二年後又回到稅務局，後來調到教育部服務，然後又調到總理公署擔任區秘書。最後，離開政府部門，和朋友合夥做生意，一轉眼也做了二十年，真是歲月不饒人呀」！

我拜託他：「令叔薛永麥先生有幾位子女也定居此地，麻煩你代為聯絡和彙整其姓名、出生日期、履歷，令叔的生卒日期與生平略傳，以及你們家人的資料，再傳送給我鍵入族譜檔案裡」。我倆交談十分投契、相得，直到凌晨一點鐘，方才依依不捨互道別離，今日一別，海天各居一方，兄弟叔侄下次要再相聚，又不知是何年何月？談話中過了深夜十二時，他家裡就打來三通電話催他回去，不過，他仍然意興遄飛，跟我談起台灣的自由，李敖的旋風等等，真令我心有戚戚焉！

五日上午十一時，我拎起行李到櫃台退房，交還鑰匙和電話保証金收據，櫃台小姐立即列印一份通話明細帳，並退還餘額。我就坐在大廳等候旅行社的小巴送到機場，準備搭乘下午一時的班機返台，沿途路上花草樹木夾道相送，不愧是「花園城市」的美稱。進入航站大廈劃位，通過出境海關查驗，一路閒逛各家免稅商店到候機室登機，坐定後看空姐抱著毛毯走過來時，想到前事不忘，後事之師，趕快招招手拿了一件舖在胸腹之間，果然溫暖許多。

拜現代空中運輸工具發達之賜，朝辭星洲白雲間，千里台灣半日還。飛機穿越雲層下降時，已是夜幕低垂夕陽西下，下午五時多，停妥後，旅客經由空橋魚貫下機，到達入境的出口後，我就轉到機場巴士站搭車前往台北過夜。次日一早往松山機場補位上機，一個小時後抵達金門機場，再乘車返回舒適安逸的家裡。珠山村史，重獲新生。

2005／12／01

第五回　欣見《顯影月刊》重生

《顯影月刊》保存者薛少樓先生不為己私，樂意將孤本出借予國立金門技術學院江柏煒教授複製重刊，居功厥偉。江教授歷時三年終於完成出版，採用電腦高階掃描，重新製版編輯，建立目錄，以及編制頁碼，顯影因此脫胎換骨，再以嶄新面貌重見世人。令人深感欣慰，實珠山之幸，亦金門之幸也！因此得特別感謝江柏煒教授，以及研究助理詹智匡、翁芬蘭、楊宏茹、蔡惠欣、黃依雯等六人的不計辛勞和付出，終能化心血為結晶。感謝你們的努力和貢獻，顯影才能獲得重生，並且造福月刊的愛好者及使用者。

顯影月刊能夠獲得完好的保存，必須歸功於當年（五十八年前）顯影月刊社顏西林社長，因為他受該社發行人——表兄薛崇武先生之托代為保管。在當時（一九五〇年）的烽火歲月中，他是冒著犧牲生命的危險忠人之事保存下來的，比之於當年其他村裏的刊物盡行銷毀，唯獨顯影與顏先生一起僥倖存活，那是多麼的不容易呀！真誠感謝顏先生用性命保護月刊孤本長達四十八年，才能夠讓珠山後人有幸親眼目睹它的芳容，以及重回珠山的懷抱，此一緣起可參閱筆者所撰《顯影月刊，重見世人》一文。

當時從顏先生手中接過這一套孤本月刊時，我就下定決心要加以複製，除妥善珍藏原稿本外，並將複製本公諸於世。經薛氏宗親會理事會通過撥款影印，立即將原稿送交印刷廠影印及裝訂，費時三年印製三十套，總共送出二十四套予社會各界人士及圖書館。自一九九八年起，幾乎每年都有人上門來向我借閱顯影月刊，我從未拒絕，目前更出借到遠在臺灣的金門鄉親。我也經常留意社會上對顯影的回響，終於拜讀到金城國中楊清國校長發表於二〇〇一年一月七日金門日報副刊上《顯影月刊與珠山學堂》的專文，專注於討論珠山小學的教育方面。因此，我想見賢思齊焉，為社會大眾寫一篇有關顯影的導讀，於是在同年九月十六日同樣在金門日報副刊上刊登《顯影月刊，重見世人》一篇。

首次複製採用交商影印方式，印刷廠需將原稿孤本拆開逐頁影印，完成後再分別將原本及影本裝訂成冊。由於這一拆一裝之間，原稿受到相當程度的損害，保存人薛少樓先生（薛崇武先生之令公子）為之心痛不已，致使此後屢屢有人商借原本影印時，少樓先生概不應承。當江教授告知我準備再次複製，所做企劃案已獲得公務部門若干經費支援，欲商借孤本使用，我即將上情說明恐不易得，建議他改用影印本，反正他手上有一套，我也有一套，方便得很。誰知他堅持借用原稿，我心想就讓他去碰個釘子吧！哪承想，經過他鍥而不捨的聯繫與要求，並解釋整個複製步驟系採取數位照相製版，無須拆開肢解原本，所以不會發生損害情事，敬請放心，少樓先生最終點頭應允了。

之後，江教授告知我以上結果，而且複製經費大部份已有著落，又有原稿可以使用，真是萬事俱備，即將開工複製。承蒙他的高看，邀我合作共同出力，我自然是一諾無辭，專等主持人分派工作。自此後我一直安心等待，可一年過後遲遲沒有分配給我任何工作，但又不便吱聲。直到二〇〇五年十月二日下午，我在桃園國際機場準備搭機飛往新加坡與宗族文化協會南洋慶賀團會合，臨上飛機前接獲詹智匡先生來電通知顯影月刊重刊工作將近完成，江教授囑咐我寫一篇序文配合，我立即承諾，只問他啥時交卷？他說時間很寬裕，寫好了告訴他一聲。

誰知一等經年，卻等來江教授電話說序文不寫了。我問何故？他說複製後才發現影印本中把原稿遺漏了三冊，分別是新村卷、六周年紀念刊、周季工作紀念刊，現在必須將這三冊補進來。而複製經費是依照影印本估算的，如此一來導致重刊經費超支，只好把其他的相關文章及序文通通省略掉，情非得已。我雖然理解，也不免悵然若失，但情勢如此又能奈何，只落得一個無事一身輕罷了！

盼呀盼的，總算在今年盼到新版的顯影月刊，這重刊本又比先前的影印本漂亮多了，超棒的，既現代又進步，於是顯影重生了！月刊不僅在外觀及裝訂上高貴肅穆，在內容及樣貌上更是原汁原味的重現。從此，重刊本又賦予顯影月刊新生命，我又有緣再重讀它一遍，真是不亦快哉！

雖然，我未能參與重刊工作，不免幾許惆悵；但是，聽江教授述說重製過程中種種難處，心中更加多少不忍。他說教育部補助十八萬元，卻因為編製技術上的困難，以致進度嚴重落後，進而造成製作成本的增加，時間延長了二年，經費暴增九萬元，不得已只好咬緊牙根自行吸收。原訂重製十套，概估不敷所需，勉強追加到二十套，印製完成後，除了上繳教育部外，剩餘者只能分贈金門技術學院、政治大學、中央研究院、國家圖書館，以及日本東京大學、美國哈佛大學圖書館典藏。期望地方政府重視此一代表閩南文化之結晶，未來再版印行時能夠惠予撥款贊助，光大刊物之價值。

再一次讀完顯影，我不由然的又勾起在影印合訂本首頁上，顏西林先生的那篇感言，再回頭讀它一次，還是深受感動，無以名狀！茲照錄如下。

2007/11/10

影印《顯影》月刊合訂本感言

顏西林

《顯影》月刊創刊於民國十七年，為薛丞祝和施伍（薛永麥）主編，其後為澤人（薛健椿）主持。初為珠山小學校刊，報導珠山鄉訊，間有浯島新聞。當一、二十年代，金門民風未開，資訊閉塞，海外鄉僑，關心家鄉資訊，若大旱之望雲霓，《顯影》月刊之傳播鄉訊，大受僑胞歡迎，厥功至偉。迨日寇竊據金門，《顯影》一度停刊，舅父薛公永楝，秘密記載大事記，名曰「八年滄桑錄」，雖簡略記事，甚寶貴資料也。勝利光復，海外鄉僑，渴望家鄉消息，《顯影》乃應運復刊，由薛崇武主編，著重地方新聞，每月發行數百份，免費送閱。南洋群島各地，《顯影》光芒，無遠弗屆，深受鄉僑歡迎，三十八年風雲變色，《顯影》也無疾而終。

金門蕞爾小島，四面強鄰環伺，自清末至民國，金門無日安寧，緣政府昏庸無能，貪墨腐敗，加之外受大陸強梁劫掠，內則弱肉強食，民不聊生。翻閱廿年來《顯影》島訊，無時不有匪盜綁架消息，政府毫無保護人民能力。光復末期，時局蕩動，混亂至極。《顯影》負金門喉舌之職，公正執言，不怕權力，幾與槍口對立，於今思之，猶有餘悸。

三十八年國軍進駐金門，這部《顯影》孤本，寄存我處，軍管時期，人人自危。我四十八年秘密收藏，冒白色危險，為保存珠山「國寶」，如今得完璧歸趙，遂我心願，亦珠山之幸也！茲以金門薛氏宗親會有影印之議，給這孤本不致孤獨，十分慶倖，願同仁珍視之。五百年前是一家，血脈相承不離分。

2007/12/07

第六回　兩岸薛氏一家親

那一天，是二〇一〇年四月暮春時節，正是鶯飛草長的日子。我剛下班回家就瞧見信箱裡靜靜躺著一封信，隨手抽出來一看，收信人就是我沒錯，可是收信地址只有「金門薛氏宗親會」七個字，但沒有詳細地址也沒有門牌號碼啊！我起先楞了一下，光是這樣的收信地址照講是寄不到我手上的，卻偏偏送上門來了；我隨即明白過來，這就是我們台灣郵差之所以被稱為綠衣天使的原故，把不可能化為可能的本事嘛！感謝郵差先生的傑作和成全。

再一看寄信地址竟然是來自泉州市，可把我弄懵了，我雖然藉著小三通之便出入廈門無數次，但是只在七、八年之前跟團去過泉州旅遊一次，匆匆停留一晚而已，未曾留下任何痕跡或地址，怎麼會有人找上門來呢？心想欲知信中究竟是何人何事？拆開一看便知分明。只見當中一紙龍飛鳳舞說道此君收藏一些薛氏族譜珍貴資料，歡迎借讀參閱，署名為薛保生，還附有一個電話號碼。哦！我明白了，原來是血源同脈的薛氏宗親跨海來聯繫，並願意分享寶貴之薛氏族譜。一則盛情感人，二則禮不可失，我得好好回敬為是。

次日，我立馬付諸行動，一通電話打過對岸去，接電話者即是薛保生兄，我自報姓名及所在地，告知已收到來信，感謝他的好意要與我分享薛氏族譜之寶貴資料。他聽完後甚為高興，歡迎我有機會到泉州時找他查看族譜，大家都是薛氏宗親，血濃於水，不分彼此。他又告訴我泉州市有成立一個薛氏宗親會，理事長為薛建設，並告訴我理事長電話。

隨後，我又再打一通電話給薛建設兄，先自報家門外，再說明接到保生兄的來信及內容，以及跟他聯繫的經過。建設兄聽完很高興，就熱情邀請我一起見面、互相認識，我深表贊成宗親會面，我告訴他是他到廈門來與我碰面，或是我到泉州去拜訪？他說這二種方式都可以考慮，希望能儘速促成。之後，經過幾次與建設兄用電話與短信的聯繫，終於敲定在五月二十二日早上，我由廈門搭乘動車前往泉州拜訪薛氏宗親。

是日，我抵達泉州火車站時，建設兄臨時因故無法前來，改派二位宗親來接我。我先打電話給保生兄告知已到地頭，他就住在車站附近，隨即過來會面。宗親首度見面，倍感親切，然後驅車前往市區酒店。進入酒店房間內，與十來位薛氏宗親相見歡，建設兄逐一為我介紹認識，大家互通姓名及互道仰慕，同宗之間不分彼此，其樂融融。其中，秘書長薛祖瑞兄遞給我一份《溫陵薛氏祖譜》稿本，以及相關資料，我翻看一下，知道泉州宗親正在編修薛氏族譜。

稍事寒暄之後，再轉到隔壁大廳，只見牆壁當中高高掛起一幅紅布條寫著：「熱烈歡迎金門宗親薛芳千理事長蒞泉聯誼」，席開四桌，每張桌子都是座無虛席，出席人數約有四、五十人。這景象及場面真叫我驚訝不已，我原本以為餐敘就是房間內這十位親同參加而已，一桌酒席就足夠了，不承想竟然是四桌的人數，真是太隆重、太盛情了。

就座後，建設兄首先致詞：「歡迎金門宗親薛芳千理事長訪問泉州，這是兩岸分隔六十年之後，泉州、金門薛氏宗親首次相聚一堂，多麼難能可貴！我們是同宗一姓，血濃于水，天下薛氏一家親。從今以後，大家像兄弟一樣要常來常往，相互尋根尋枝，增進了解及情誼。今天為了表示歡迎芳千兄的到訪，凡我泉州薛氏宗親各房各柱均推派代表參加歡迎餐會，和芳千兄互相見面認識。此外，今日正好是我們泉州薛氏祖墓一年一度祭祖的大好日子，又是芳千兄大駕光臨，真是雙喜臨門，可喜可賀」。

隨後我起立致謝：「感謝薛建設理事長及各位兄弟叔侄盛情款待，能有機會回到我們薛氏宗親的懷抱，真是既溫馨又親切。今天是我們泉州與金門兩地薛氏宗親相會的日子，又是泉州本地薛氏宗親祭祖的大日子，真是躬逢盛會，快慰平生。今後我們兩岸宗親要多多交流，加深手足之情，相互提攜、相互照顧」。

我在主桌逐一認識宗親及長老，才知道泉州薛氏宗親會尚有一位會長薛璋望叔，也是該會的負責人之一，璋望叔德高望重，齒德俱尊。而在薛振洲叔面前有一疊複印的文章，我翻看一下，全是我歷來所寫發表于「金門日報」的文章。感覺蠻不好意思的，又不好問他是如何搜集來的？然而，振洲叔卻告訴我說十幾年前就知道我的名字，我說怎麼會呢？十年前小三通還沒開放，我也沒有到過泉州或廈門啊！

他說十多年前馬來西亞的華橋回鄉，有跟他談起過金門有位宗親叫薛芳千，為薛氏宗族做了一些事，所以他對我早有耳聞。直到二〇〇六年泉州薛氏宗親會成立之後，他們就有跟我寫過信，但是寄出一次、二次通通沒有回信也沒有下文。我趕緊說明在這之前，我確實沒有收到任何信件。他說這一次倒是薛保生個人所寫的信，想不到就有了回音，我們才能見上面，真是薛氏祖先有靈有保佑，真的來之不易啊！餐後稍事休息，下午我又坐動車前往福州。

之後我就一直跟建設兄保持聯繫不斷，於同年九月初特地攜帶《金門薛氏族譜》再度拜訪泉州宗親。赫然發現兩地族譜中的幾篇譜序完全一樣，由此可知彼此淵源深厚，在修譜過程中極有相互參考之價值。這一次會面的宗親就十來位，談論最多的話題便是族譜，大家明白修譜確是宗族中一大盛事，卻也是一項艱鉅、複雜、龐大的工程。幸好，泉州宗親人才濟濟，在各行各業中嶄露頭角者所在多有，要同心協力、貢獻宗族事務者大有人在。目前是由祖瑞兄負責修譜事宜，已經規劃完整，也有初稿完成，假以時日，定能大功告成。

交談之中，建設兄與多位宗親提出擬組團前往金門拜會薛氏宗親並行聯誼，是否可行？何時為宜？我說那當然好，非常歡迎蒞臨金門，如果泉州宗親能到金門聯誼，意義非凡，金門宗親改日再到泉州回拜，對於增進兩地宗親情誼功效宏大。拜會時間以冬至日為宜，因為每年冬至是金門薛氏族人一年一度的祭祖日子，當天在外各地的薛氏子弟都會趕回珠山參加祭祖，祭拜完畢合族男丁就在薛氏家廟聚餐聯誼，稱為「吃頭」，最是一派興旺氣象。談話中達成結論，就以今年冬至日，由泉州薛氏宗親會組團前往金門拜訪、聯誼，並參加金門薛氏宗親祭祖。除了該辦的出境手續以及到金門的吃住和交通均由旅行社辦理之外，所有到金門的聯絡事宜均以我為對應窗口，並由我向金門薛氏宗親會報告拜訪事宜，雙方同時進行。

討論完畢，碰巧福清的上薛村薛氏宗親到惠安採購牌坊石材，一行十多位順道拜訪泉州宗親。我得便與上薛村委會書記薛從仁、村長薛從華兄弟會面，當我請問從仁兄貴庚多少，他回說五十五歲，建設兄緊接著說是跟他同年，我說也和我同齡，我也屬羊耶！大伙一聽可樂了，齊聲哈哈大笑說是三羊開泰，大吉大利哦！從泉金兩地族譜中譜序得知，福建的薛氏源自河南光州固始，再從福安的廉村開枝散葉，分枝到福清，由福清到泉州（溫陵），所以泉州宗親前兩年即專程上溯到福清去尋根聯誼。

十二月二十一日中午，泉州市薛氏宗親會一團十六人，由理事長薛建設兄領隊抵達金門水頭碼頭。我趕往迎接時，建設兄一行已經順利通關出境到候船大廳，兄弟彼此異地相見倍覺珍貴。隨後建設兄告訴我此行三天的行程是，第一天下午由旅行社安排導遊及車輛參觀金門風景名勝，第二天全程拜訪金門宗親進行聯誼，參加薛氏家廟祭祖與合族聚餐（吃頭），第三天上午繼續參觀，中午即行賦歸，重點就在第二天冬至日的訪親與祭祖活動。當天晚上，我陪著建設兄及祖瑞兄上街採購一對蠟燭、一對鞭炮、一對新鮮花籃，作為祭祖之用。

次日早上，我再奉陪泉州宗親前抵珠山，在薛氏家廟前介紹由金門薛氏宗親會換手接待，遂派員引導至「薛永南兄弟洋樓」進行簡報，並相互介紹兩會成員認識及互贈禮物。正午時刻，行政院政務委員兼福建省主席薛承泰兄抵達薛氏家廟前，先與建設兄等遠道而來的泉州宗親見面相識，互相贈送禮品，晤談甚歡。隨即開始祭祖，一如往年完全遵照古禮隆重進行，由承泰兄主祭，建設兄陪祭，其他全體宗親與祭。禮成之後，合照留影做為歷史見証，泉金兩地薛氏子孫歡聚一堂。拍照之後開始合族聚餐（吃頭）聯誼，兄弟叔侄把酒言歡，共話桑麻，歡樂喜悅洋溢會場，相約後會有期。

回顧此次冬至祭祖，泉州薛氏宗親跨海而來共襄盛舉，並行訪親聯誼，實屬一極為難得之盛會，意義重大。而且圓滿順利，為兩地宗親奠立良好互動的契機，殷盼有來有往，互相交流，共同攜手合作致力於薛氏宗族事業之推動。

回味建設兄所倡言之天下薛氏一家親，於我心有戚戚焉！而且除了此次之外，我亦多有參與，比如親自拜訪高雄市左營薛氏基金會、高雄縣茄萣薛氏基金會、澎湖薛氏宗親、彰化鹿港薛氏宗親、新加坡薛氏宗親、廈門奄兜薛氏宗親，派員訪問福建福安廉村薛氏宗親等。一九九四年我擔任金門薛氏宗親會理事長四年，就開始注意涉外事務，尤其是各地薛氏宗親團體的聯繫和聯誼，茲略述如下。

首先，透過高雄電信局同仁薛文益兄引介，二次親自拜會左營薛氏基金會，該會成員人數雖然不多，但是人才鼎盛、精英輩出，有醫師、律師、會計師、工程師，濟濟多士，而且向心力極為堅強。創會董事長薛國樑先生為旅居日本華僑領袖，曾任第一屆立法委員多年，對於宗族事務出錢出力，不遺餘力，創建一棟三層樓會館，購地興建一座薛氏族人專用靈骨塔，耗資五千萬元台幣，個人即獨捐五百萬元。

其次，通過電信同仁薛正昌兄介紹，和他的故鄉茄萣薛氏基金會建立聯繫管道，相互交換會務資料多年。根據台灣省政府統計，台灣薛氏人口有三萬多人，其中百分之八十來自高雄茄萣，薛氏子弟在各行各業中均有傑出人才。經過聯繫十年之後，我在二〇〇五年首度造訪茄萣薛氏宗親，並互相交換薛氏族譜參閱。

再次，於一九九六年專程前往澎湖拜訪薛光豐、薛光林兄弟；經過交談，得知他們計劃成立澎湖薛氏宗親會，以收聯絡宗親情誼、集思廣益及眾志成城之效，致力於興建薛氏祠堂與編修薛氏族譜等宗族事業。我亦告之如果成立宗親會以及修譜、建祠堂，金門宗親都願意盡力提供協助，就請隨時通知。經澎湖跨海大橋到西嶼鄉內垵村尋找分枝，會見薛先正兄，由《金門薛氏族譜》查知，內垵薛氏宗親即由金門珠山薛氏第十三世薛仕乾公移居繁衍而來，正是血脈相連一家親，情同手足，其族譜的幾篇譜序及昭穆輩份的排序跟珠山薛氏完全相同。

因著澎湖訪親之後返金，翻閱近日之「金門日報」，無意中瞧見有一篇社論的標題犖犖長寫著「金門各氏族應該組團到台灣尋找分支」，其看法恰與個人的做法不謀而合，難道是英雄所見略同嗎？原來該文是出自當時的李錫隆總編輯，也是相熟的鄉親。

又次，數年後到彰化鹿港探訪薛錦城兄之叔父家人，錦城兄係鹿港旅居高雄市經商有成，於一九九四年冬至日陪同其嬸母三人到金門尋根認祖，其嬸母均為薛氏媳婦，其丈夫去世前特別囑托她們代為返鄉尋根，為了卻親人之遺願她們一路輾轉打聽回到丈夫的原鄉來。金門族人為感念她們的真誠和盛情，特別破例，延請她們參與冬至祭祖和聚餐，這是有史以來首次有婦女進入薛氏家廟參加吃頭。

二〇〇五年，我單槍匹馬飛往新加坡，首先會見薛永傳兄。因為永傳兄返鄉省親多次，我在金門亦曾見過二次，此次異地相逢，晤談極為愉快。話題自然是離不開內蒙古和《薛氏家族志》，因為內蒙古設有一個「黃帝世家薛氏文化研究會」，全國十三個省市設有分會，薛振江兄擔任總理事長。振江兄在十年前通過新加坡僑社團體和永傳兄取得我的通信地址，開始和金門及旅台薛氏宗親會聯繫上。

幾年後他著手主編《薛氏家族志》一書，我們台金兩地薛氏宗親會均予捐助出版費用，尤其是新加坡永傳兄更是以個人資金給予大力捐助，使得該書才能順利出版，永傳兄因此而被授為該會副理事長一職。振江兄亦因編著《薛氏家族志》之皇皇巨著，而榮獲中共總書記、中國國家主席江澤民先生在北京人民大會堂接見及表揚，這不僅是振江兄個人的成就，也是我薛氏族人的榮耀，誠為美事一樁。

永傳兄即問我有沒有這本書？我回說沒有。他就表示要送我一本，當場打電話回金門找薛永寬兄說：「芳千叔現在新加坡我這兒，我在金門還有三部家族志，麻煩你送一部給他」。永寬兄也在電話中答應了，可是我回到金門後幾次碰見永寬兄，他也沒有把書拿給我啊！永傳兄又為我介紹薛振傳兄認識，振傳兄好記性，他說十幾年前他回金門安岐慶賀叔父薛天思先生新廈落成時跟我見過面。隨後我分別聯絡薛芳谷兄及薛承明兄見面認識，談談原鄉的景色及人物，他們的令尊都是星洲鼎鼎有名的人物，芳谷兄的父親薛前璧叔是著名報人，承明兄的父親薛永黍兄則是聞名教育家，曾任華僑中學校長多年。

二〇〇六年我專程到廈門禾山安兜尋訪薛氏宗親，因為在《金門薛氏族譜》中就有一篇文章和照片報導永傳兄參訪奄兜的記載，一直深印我的腦海，每每想去親臨斯地一訪。進村一問，那人恰恰正是親同，叫薛慧峰兄，他說他哥哥薛揚輝有在參與宗族事務，便打電話請來會面，揚輝兄再介紹我認識薛漢勝兄，並一起到薛氏祠堂上香秉告，以及獻上一份敬爐金。

先後造訪三次，拜會長老薛卜華兄及其他宗親，並將我帶去的《金門薛氏族譜》奉贈卜華兄的公子揚國兄。次年，廈門薛氏宗親有一中轉赴台旅遊團在金門停留一晚，透過導遊和我聯絡，我便陪同來自奄兜村委會書記的薛揚龍兄，在第二天一大早抵達珠山薛氏家廟上香參拜，揚龍兄就在家廟內遞送一份敬爐金，交由珠山長老薛承助兄開立收據。再之後，有來自禾山的薛永德兄三位宗親蒞臨薛氏家廟，由我陪同參訪珠山及參拜家廟，也是由承助兄收下敬爐金一份。

透過內蒙古薛振江兄的居中引介，金門薛氏宗親會也與位在福建福安廉村的福建省薛氏宗親會建立聯繫管道，該會理事長為薛宋清兄。旋不久福安廉村薛氏祠堂重修，金門薛氏宗親會亦匯款贊助之，次年落成奠安，宋清兄專函邀請蒞臨觀禮，因時間緊迫，証件趕辦不及無法成行，乃電請宋清兄代辦一切應備匾額、牲禮等物品，費用概由金門報銷。

之後我亦告知振江兄及宋清兄，金門宗親計劃前往廈門禾山尋根認祖，因聽我伯父薛自然先生提起他少年時祭祖便是在禾山的薛氏祠堂。不知他們有何高見？應該與禾山什麼人接洽？宋清兄說禾山長老為薛卜華兄，可以和他洽詢。但是，後來金門薛氏宗親討論卻是跳過禾山選擇往上溯源到廉村尋根。一九九七年金門薛氏宗親會為了組團到福建福安尋根祭祖，特別派先遣人員薛金福兄等四人前往探路及接洽有關事宜，諸事順利。便於次年組團五十多人正式前往福安尋根，受到當地各級領導的重視、接待及熱烈歡迎。雖然我因故不克隨團出發，仍然深感與有榮焉！

在宗親會任事四年，屆滿前二個月，薛明哲兄弟跟我提起宗親會應該組團前往菲律賓訪問及回饋華僑宗親，我深表同感。但因即將定期改選及辦理移交，要排入本屆理事會議程討論及執行，實在時不我予，只得請他伺機提交下屆理事會討論。果然，下屆理事會經過討論後於一九九九年組團專程赴菲律賓探訪僑親，並回饋台幣一百萬元，略表一九四七年菲僑捐贈原鄉興建「珠山學堂」之建校基金美金二萬多元的回報。當然，同樣的金額，當年的貨幣價值要遠高於今日的幣值囉！我亦拜託訪問團成員薛芳世兄代為尋找薛維山叔公的下落，待返金後芳世兄告知維山叔公已經過世兩三年，但是他透過衣里岸薛祖彬兄查知維山叔公之長女薛碧蓮姑定居於宿霧，並把她的電話號碼給我。

在宗親會任滿移交後，我就落得無事一身輕，真是一日無事小神仙，神仙快樂在心頭。便選在一九九九年初的除夕前一天，專程到土地銀行金門分行向陳維雄經理拜個早年，互道恭禧。談話中陳經理卻跟我說：「金門這麼多姓氏宗親會裡面，就屬你做得最好，把會務辦得有聲有色」。我趕緊回說：「您真是太過獎了，我可是擔當不起唷」。你敬我老我尊你賢，落實行動不落空話。

2011/08/16

第七回　什麼叫做敬老尊賢

十年前（二〇一〇年）的五月二十二日早上，我應「泉州市薛氏宗親會」理事長薛建設兄之邀，第一次由廈門搭乘和諧號動車前往泉州拜訪薛氏宗親。是日，我抵達泉州火車站時，建設兄臨時因故無法前來，改派一老一少二位宗親來接我。老者一頭燦燦白髮，名叫薛振洲，時年八十二歲，我只有五十五歲，年長我一輩了，我趕忙稱呼「振洲叔，你好」。誰知他卻叫我「芳千伯，你好」。我以為他喊錯了，這怎麼敢當呢？連忙稱「振洲叔，你喊錯了，叫我芳千就好了」。他微微一笑，沒有說什麼，旁邊另一位宗親點點頭也沒有開口說話。宗親首度見面，倍感親切，然後驅車前往市區酒店。此次相會緣於上個月我意外收到一封來自泉州市的信件，經電話聯系之後知道是薛保生兄郵寄來的，並介紹我與泉州市薛氏宗親會理事長薛建設兄電話聯絡上的。

進入酒店會客室內，與十來位薛氏宗親相見甚歡，理事長薛建設兄逐一為我介紹認識，大家互通姓名及互道仰慕，同宗之間不分彼此，其樂融融。稍事寒暄之後，再轉到隔壁宴會大廳，席開四桌，每張桌子都是座無虛席，出席人數約有四、五十人。我在主桌逐一認識宗親及長老，而在薛振洲叔面前有一疊複印的文章，我翻看一下，全是我歷來所寫發表于「金門日報」的文章。

振洲叔告訴我說十幾年前他們就知道我的名字，我說怎麼會呢？十年前小三通還沒開放，我也沒有到過泉州或廈門啊！他說十多年前馬來西亞的華僑回鄉，有跟他們談起過金門有位宗親叫薛芳千，為薛氏宗族做了一些事，他們在南洋看到金門日報所刊登我寫的文章，就予以複印之後帶回泉州。二〇〇六年泉州市薛氏宗親會成立之後，他們便幾次寫信到金門給我，可是一直沒有回信和下文，我說我確實沒有收到信件。

此時，振洲叔又一次喊我「芳千伯」，我還是以為他喊錯了，自然是不敢當了，趕忙說「振洲叔，你喊錯了，叫我芳千就好」。他笑一笑解釋說「我沒有喊錯，你叫我振洲叔，是因為我年紀比你大，你這是敬老；我喊你芳千伯，是因為你為宗族做出很多事情，我可是尊賢」。喔……原來是這樣子啊！大大出乎我的意料之外，我原以為是老人家一時口誤，卻是一點也沒錯，這是人家有所本的一種稱呼啊！雖然敬老尊賢，大家耳熟能詳，但是會這般身體力行，卻是難得一見，也叫我愧不敢當。

隨後建設兄告訴我，振洲叔的一位公子是本省司法廳長，一位公子是集美大學教授，這種家庭背景堪稱是閥閱之家了。乖乖隆的咚，廳長可是僅次於省長的高幹，高於縣長與市長同級的幹部哪！之後，泉州市薛氏宗親會秘書長薛祖瑞兄告訴我說，振洲叔是個好宗長，對於宗族事務竭盡全力，待人接物以禮以誠。而且他的學歷高，一九五〇年代從廈門大經濟系畢業，學識淵博。我聽完深感欽佩，要是能跟他多親近，自己身為晚輩定然受益匪淺。

同年十二月二十一日中午，泉州市薛氏宗親會一團十六人，由理事長薛建設兄領隊抵達金門水頭碼頭，我準時趕往迎接。次日早上，我再奉陪泉州宗親前抵珠山，正午時刻，福建省主席薛承泰兄抵達薛氏家廟前，先與建設兄等遠道而來的泉州宗親見面相識，互相贈送禮品，晤談甚歡。隨即開始冬至祭祖，一如往年完全遵照古禮隆重進行，由承泰兄主祭，建設兄陪祭，其他全體宗親與祭。禮成之後，合照留影做為歷史見證，泉金兩地薛氏子孫歡聚一堂。拍照之後開始合族聚餐聯誼（吃頭），兩岸薛氏一家親，兄弟叔侄把酒言歡，共話桑麻，歡樂喜悅洋溢會場，相約今後常來常往，後會有期。自古隸屬泉州，同為海濱鄒魯。

2020/12/17

第八回　廈門及泉州尋根探源之旅

今年（二〇〇七年）七月二十一日（周六）接獲金門縣宗族文化研究協會理事長電話詢問：本協會組團前往廈門、泉州考察五天，能否參加？我立即答以能夠，就此一錘定音。但是掛斷電話隨手翻閱桌曆才發現，二十三日便是「大暑」節氣呢！之後又是三伏天，那可是一年當中最酷熱的天氣耶！選在這個時節頂著大太陽出門去考察，難道不怕烤焦嗎？對個人體力、耐力、抗旱能力都是一大考驗，心想我本農家子弟出身，自小在烈日艷陽下耕種于田邊水湄，區區小事應該難不倒我吧！

二十八日早上，大夥在水頭碼頭集合出發上船，由宗族協會及采風協會合組一團，兩會黃理事長與陳理事長共同領隊。兩會一團共有會員二十五人，會員子女三人參加，會員年齡最大者六十三歲，最小四十四歲，平均為五十五歲多一點。船行迅速將近廈門時，總幹事葉鈞培已經在忙著打電話聯絡：「喂，再勇呀，我是葉鈞培，大船即將準時入港」。全體團員通過檢查出關後，早已看見「廈門市姓氏源流研究會」陳淑娥會長、高志超副會長、俞華毅秘書長及陳麗端副秘書長三人，笑臉盈盈，神采奕奕的站在遊覽車前招呼大家上車，待眾人坐定後，陳會長立馬致詞熱烈歡迎金門鄉親的蒞臨，遞送每人一張行程表，略作解說後旋即驅車抵達酒店入住。

住房安排由執行秘書，年輕貌美的協會之花黃美玲小姐分配房間，各人稍事休息，隨即搭乘專車往海滄區進發，車上海滄大橋時，美麗迷人的導遊小余介紹說：「這座大橋是採三跨式全飄浮鋼箱樑懸索設計，由市區直通海滄區，車程只需十幾分鐘而已；此橋尚未建造之前，從市區繞道往海滄，行車需費時四十多分鐘，此橋的通車可大大節省許多寶貴時間」。由此可見時間就是金錢的可貴，以及交通為建設之母的道理，誠不我欺也！

用過午餐，便展開第一站調研，蓮塘別墅歷經百年風雨，于今目睹不勝感慨萬千。蓮塘別墅坐落於海滄村一片蓮花洲上，早年四面環繞小河及水塘，由陳氏宗祠、學堂及民居所構成完整生活機能的田園聚落。現而今無河無塘，一片荒野沙丘中僅見數棟紅磚古厝，孤〇〇兀立其中，怎不叫人感慨系之！清代本地望族陳炳煌、陳炳猷兄弟源出同安區田洋村（松田村），也就是陳健派下后裔；炳煌中舉出仕，炳猷遠涉重洋經商越南致富，光緒年間攜金返鄉籌建田園，落成于一九〇六年。

陳家后裔人丁興旺，人才輩出，第二代陳其彬擔任中國投資公司駐香港總裁，第四代陳全志任廈門菸草局局長。蓮塘學堂是方口形紅磚建築，柱子上書滿楹聯，磚牆上有著豐富的磚雕，刻劃出栩栩如生的百花圖、百獸圖，以及山水人物，民間故事，真是美不勝收。臨走前，陳會長特別提到，金門的陳國興也曾專程來此參訪過，經過擺譜之後，金門庵前和蓮塘別墅的陳氏還是淵源深厚呢！

第二站開往青礁慈濟宮祖廟，慈濟宮奉祀保生大帝，即吳真人，俗稱大道公。因青礁廟稱慈濟東宮，係吳真人升天之處；而白礁廟稱慈濟西宮，乃吳真人降生之地。吳真人為北宋時代人，是民間名醫，一生在泉州及漳州行醫，活人無數，逝世後受人建廟奉拜。越一百多年，南宋時代吏部尚書顏定肅，即顏師魯奏請皇帝賜建五殿式廟宇祭祀，至明代御封吳真人為保生大帝。由於顏尚書之故，自從建廟八百多年以來，青礁慈濟宮一切事務，以及幾番重修、重建，也都離不開顏氏族人的出錢出力及維護。

明末，民族英雄鄭成功為驅逐台灣的侵略者荷蘭人，在廈門整訓忠貞軍民籌建戰船，向保生大帝禱借二殿木材，并奉塑神像金身壓船助陣，終於驅逐荷蘭，光復台灣。

當我們立足於慈濟東宮山門前，眼望左側為金碧輝煌、飛檐畫棟的慈濟宮，右側為步步石階立於山頂之吳真人塑像，仰望石梯彌天之高，詢問之下方知梯高八百十一級耶！眺望石梯上有人在攀登，夥伴中馬上有人發出豪語：不登階梯非好漢！

團員中頗有自告奮勇及摩拳擦掌意欲挑戰此項體能者。然在溽暑下午三點鐘，正是酷熱難當時刻，怕只怕發生任何意外，所以，禁不住嬌小迷人的導遊小余苦口婆心勸阻，切莫以身相試艷陽的曝曬，最終有意躍躍欲試者亦不得不聲言放棄，以免辜負美女一番好意。稍後，「廈門市姓氏源流研究會顏子文化分會」便假慈濟宮旁二樓會議室與我團進行一場座談會，互贈紀念品，互相交流意見。會長顏明燦，曾任改制前海滄鎮鎮長，副會長顏建春，年輕企業家，熱心公益事。他們提及將於八月九日到十一日奉請保生大帝金身到金門做遶境巡安活動，屆時兩岸鄉親又能易地相見，不亦樂乎！

晚飯之後假廈門市鑫成大廈會議室，廈門市姓氏源流研究會與本團舉行一場座談會，由陳會長及黃理事長和陳理事長一起主持，龔潔專家顧問列席指導（前廈門市博物館館長）。互贈禮品之後開始發表意見，團員李尚仁先生說：「金門李氏宗親錯把李君懷當成五山祖來迎祖及巡安，但是，考據時間前後及種種文獻記載，比如五山祖曾任節度使一職等，均非李君懷本人，而是另有其人。雖說李冠李戴都是一家人，終究此冠非彼冠也，未可混為一談耶！可是，大家將錯就錯地在金門熱熱鬧鬧、轟轟烈烈的進行環島迎祖活動，我都看得手腳發涼、頭皮發麻，只好忠言逆耳通告部分族老，建請等考証身分確實後再行迎祖」。

龔潔老師有感而發說：「尋根認祖當然是一件好事，但確認祖宗身份也是很重要的事，不應該冒然行事，萬一認錯祖宗或接錯宗枝可是一場笑話。兩年前我隨姓氏源流研究會到金門參觀過，對於金門在古厝保存方面做得很好，印象深刻，不像廈門一棟一棟的拆掉，拆了就沒有了。我們曉得農村有三要素，那就是祠堂、學校及民居，蓮塘別墅完全具備這些條件。可是，像蓮塘別墅那麼美麗、歷史悠久的房子也是岌岌不保，這幾年我為了保存它盡力地奔走著，也陪同市裡的領導實地到現場調研過，我也不知道還能夠維持多久？很多西方著名建築師到廈門參觀過之後，總是告訴我說那些高樓大廈，都是西方建築中醜陋的垃圾，唯有本地的傳統建築才是美麗的代表，才是不得了，了不得的藝術結晶」。

廈門市姓氏源流研究會烈山分會高志超會長說：「在同安區我們高家碩果僅存的一棟閩南古厝，就在前幾天被剷除一空，令人扼腕浩嘆不已；我們除了自己奔走搶救之外，也透過台北市高氏宗親會出面並發出公文到市裡參與搶救高家古厝，可惜依舊難逃灰飛煙滅的命運，只留一堆塵土說與誰人知」？

潁川分會陳招成說到蓮塘別墅存亡未卜，難敵怪手及剷土機的威脅，思之令人寢食難安。說到激動處感慨陳詞，其愛鄉愛土以及愛家之情溢於言表，在座聞者無不動容，不愧是蓮塘別墅傑出的後代子孫，真是好樣的！陳永寬接著說，搶救蓮塘別墅是陳氏後人無可推卸的責任，期能達成保護寶貴資產目的，無愧於先人建設之恩澤，台灣宗親也曾經給政府寫信要求保留蓮塘別墅。

散會後回到酒店途中，夥伴們紛紛討論著漫漫長夜，如何打發？只聽陳木漳先生說：「我們會花黃美玲小姐是廈門通，夜間部主任一職非她莫屬，夜生活自然交給她來安排囉」！因此，大家一致將目光對準黃主任，開始籌畫美好夜晚。

第二天早上八點鐘整裝出發，車停同安區接到一位長者上車，車內頓時響起一片歡呼聲，原來很多人跟他相識相熟，彼此問候及打招呼。此君不是別人，正是顏立水先生，曾任同安縣文化局局長，對同安與金門兩地的臍帶關係，以及鄉賢名人瞭如指掌，有幸得能邀請他解說同安古文化，真是我們的一大福氣。雖然我是初次拜識廬山真面目，但是卻經常在金門日報上拜讀他的許多大作，例如《金門發現同安「橋東劉氏世譜」》、《洪旭故鄉》等，文筆生動，見解透澈，他的大名早就如雷貫耳！

看他精神矍鑠，一副仙風道骨模樣，不愧是復聖顏回的後代，正字標記，如假包換哦！第一站到同安孔廟，觀賞廟旁二百多件石雕和碑刻，樣式繁多，這些古物是顏先生在文化局長任內從全縣各地收集而來，號稱「同安兵馬俑」。在解說中，顏先生還特地談到「妙筆生花」典故的由來，做夢者在當年科考中果然一舉高中金榜。

第二站是楊氏貞節牌坊，明代蔡宗德小妾楊氏，在宗德及其元配先後去世之情況下，獨力撫養蔡貴易及蔡獻臣父子成材，前後考中進士，稱為「父子進士」，因而蔡獻臣呈請皇帝旌表祖父的小妾，終獲賜建「貞節牌坊」，開小妾立坊之先河。接著參觀蔡獻臣墓，蔡獻臣和父親蔡貴易都是明代進士出身，其出生地平林村，更因為蔡獻臣的學問純正而獲得皇帝御賜里名為「瓊林」，著有《清白堂稿》傳世。父子進士加上祖父蔡宗德併列同安鄉賢，其子蔡謙光又考中秀才，一家四代見証了「無金不成同」的史實。

接下來參觀陳健之岳伯坊及受饗宮，我們這一團所要尋根者，泰半均與他有關。陳健號滄江，明代金門陽宅人，八歲遷居同安松田，從宗叔陳廷魁學文，二十四歲考中秀才，越四年中舉人，三十五歲中進士，初授刑部主事，歷任三郡知府，受中傷罷官而後再被起用，累官升至刑部郎中。陳健任官十六年多有政績，受眾多地方官建坊表彰，名「岳伯坊」，岳伯者，邊疆官吏之泛稱。岳伯坊背面題字秋官者，蓋指刑部官員，因陳健曾任刑部主事之故。受饗宮本為陳健所創建，奉祀岑府太保，後人便塑陳健神像同祀於宮內。

陳健墓位在同安區后蕭村畔，立有石馬、石虎，墓前左右兩側護手往前伸出各有三節，山門上題字「恩榮」。陳建故居在同安區田洋村（松田村），初建時原設計為三落帶六道護龍大厝，型制及規模異常龐大，共有九十九間房，因此有「九十九間」之稱，但最終護龍部分並沒有全部完成。左側護龍有一口「大某井」，右側護龍則有一口「小姨井」，各安其所。

又考察集美區張素齋墓，墓形非常完整，非常罕見，墓前左右兩側護手向前伸出各有五節，一直延伸到墓前的半月池為止，但沒有石馬、石羊。墓主張暉號素齋，金門青嶼人，為明代有名太監張敏從侄。張敏為三朝太監，有功於皇家三代，備享榮寵，曾經代拆代行皇帝職權七天，權傾一時，號稱「七日權君」。

三十日早上八點準時乘車出門，車行途中，陳延宗先生衝著美女黃美玲喊：「會花，唱首歌吧」！不想夥伴中有人誤解其意，竟然跟著用閩南話喊「會花去，會花去」，一字之差，卻有天壤之別，可見諧音的有趣，惹得全車人員哄堂大笑，笑著說：會花去豈不是去了了？車到同安，再接超級解說員顏立水先生上車，接著直奔大嶝島，途經寬闊的翔安大道，顏先生說：「大道兩旁原本盛產花生與蘿蔔，但是現而今都不再種植農作物，你們知道改種什麼嗎」？沒有人知道，只好要求公佈答案，顏先生說改種房子，果然看見大道兩旁蓋好一片片、一處處的房子，有三層樓，也有五層樓。大嶝橋完成於一九九一年，連接大嶝島和翔安區新店鎮，橋長五百多米。越四年，大嶝鎮上設立「廈門大嶝對台小額商品交易市場」。

車到大嶝碼頭，已有多人佇立等候，隨後陪同我們分坐二艘小客輪馳往小嶝島，上岸後，我聽得人群中有一響亮異常卻又透著親切的嗓音不停地招呼，我尋聲望去，沒想到竟是出自一位五短身材粗壯漢子的口，我就近遞上自己的名片並自報姓名，他也回送我一張名片，我隨意一瞧，原來是張再勇，就是葉鈞培在船進廈門港時所聯絡的對象。他是大嶝鎮陽塘村人，任職翔安區委辦公室，福建省作家協會會員，乖乖隆的咚，居然還是金門縣政府顧問呢！也曾經拜讀過他的大作《城隍威靈，晉金共仰》。

英雄三島，係指大嶝、小嶝、角嶼，在民國四年金門設縣時，劃為金門所轄之二鄉，小嶝面積只有零點八八平方公里，距離金門最近僅有一千二百米。島上只有兩個村落，一名前堡，居民姓邱；一名后堡，住民姓洪。一行分乘二部電動車環島一圈，抵達邱氏宗祠與邱氏族人敘舊。話匣子便從邱氏始祖邱葵談起，邱葵號釣磯，是宋代晉江人，元軍攻克泉州時，浮海至大嶝，隱居於小嶝，繁衍邱氏一族。邱葵年登古稀，元帝派人徵召出仕不肯，作《卻聘詩》一首明志：「天子來徵老秀才，秀才懶下讀書台。商山肯為秦嬰出？黃石終從孺子來。太守免勞堂下拜，使臣且向日邊回。袖中一卷千秋筆，不為旁人取次裁」。其高風亮節情操，光風霽月胸懷，令人讀之感動肺腑，蕩氣迴腸百轉，千古傳唱。

用罷午餐離交通船開航時間尚早，村長及書記邀我團往居委會前人防地道（地下坑道）體驗一遭，眾人爽快應承。原來整個小嶝島地下全是人防地道，縱橫密佈，四通八達，我們只走主幹道，深入地下二十米，僅容一人通行，全長一千米左右，我走在張再勇身後。前半段有燈光照明，步行涼快又輕鬆，暑意全消，詎知，到後半段燈光失明，一片漆黑伸手不見五指，一片尖叫聲隨之而起。

大家無奈何只好停下腳步摸索，並等待視力的恢復適應，此時前頭的再勇伸手往後拉住我的左手，我的心因此篤定下來，沒有任何惶恐。有些反應快的同伴隨即打開手機，藉著微弱的光線方便不少，一會兒前后十幾支手機都亮起來，可惜只能維持十幾分鐘而已，再度陷入無邊黑暗之中。經過摸索前進十多分鐘，終於見到地道口的照明燈光，不久日光亦能照射進來，我心想這一段燈光不亮興許是人家刻意安排的吧！地道口方正寬敞，設有指揮部，還配備有桌椅等用品齊全。再勇一直陪我們坐船到大嶝碼頭上車後才揮手互道珍重，後會有期。

身材迷人的導遊小余在車上詢問眾家，行程時間寬裕，可有意願往大嶝鎮上聞名的免稅商店血拼一番？大夥兒也樂意去拜訪一下。進入「廈門大嶝對台小額商品交易市場」內一看，適逢停電，只好到陰涼處找個地方閑坐聊天，權做打發時間。

回程到陳太傅祠參訪，承蒙陳氏族老及長老殷勤接待，贈送純淨水（礦泉水）解渴。陳族老解說太傅祠的由來及歷經多次修建，最近一次在十年前完工；原本倡議重修多年未決，招致鄰里街坊嘲笑陳氏族人真是一群「開腳陳」，成事不足，最後基於輸人不輸陣總算拍板定案，集資動工後終於完成。沒想到在金門歷次選舉中，陳姓子弟從不缺席，而且經常上演鬩牆之爭，往往落得兩敗俱傷，所以旁姓鄉親常會嘲諷開腳陳，無獨有偶，同安陳氏也贏得街坊鄰居如此嘲諷稱謂。臨別前，陳族老特別提及，金門的陳國興也曾專程來此參訪過，跟我們合作編修《浯陽陳氏祖譜》，金門庵前和同安田洋的陳氏還同是陳健派下後裔呢！

離開陳太傅祠，順道拜訪正前方的蘇頌故居與蘇氏宗祠蘆山堂，蘇頌是宋代泉州南安葫蘆山人，官至宰相，為一科技巨擘，留下多種科技著作，首倡世界第一座天文鐘「水運儀象台」模型。

第四天早上由同安出發，顏立水先生沒有再上車了。首站到蔡復一墓，墓址在翔安區小盈嶺山上，墓前兩側立有石馬、石羊及石翁仲。蔡復一為明代金門蔡厝人，是金門傳奇「七鶴戲水」中的主人翁，天生少一目，駝背又跛一腳。幼年時常受村童欺凌，卻在十九歲考中進士，二十歲奉旨娶妻同安縣城李氏十五歲，任官至五省經略，持尚方寶劍得便宜行事，節制南疆湘鄂桂雲貴。李氏為節省其夫用餐時間，特別發明「薄餅」吃法，俗稱七餅或潤餅或春捲。

全部行程中，就以這一趟山路最為辛苦難受，在驕陽直射下，步行上山需時三十分，下山亦需二十多分，上車時個個渾身汗水溼透，但是全團沒有一個人喊累，也沒有人偷懶，充分發揮金門精神。黃振良先生說：「各位夥伴辛苦了，感謝大家這麼勇氣可嘉的走完這段崎嶇不平山路，當初在規劃這次行程，我最怕的就是這段山路會把人累垮，但是現在看各位奮力走過，確實精神可嘉，謝謝大家」。

次站往南安市石井鎮東安下村參觀黃華秀故居與宗祠，明代萬曆朝是金門人科甲聯登的鼎盛時期，先是在前一年鄉試考中舉人，這一榜中金門有八人，號稱「八鯉渡江」；後是在次一年會試高中進士，這榜金門有五人，稱為「五桂聯芳」，譬之無地不開花，黃華秀兩榜都能名列其中。黃華秀先祖是從內地渡海到金門，傳至第四世遷居桂林，立籍南安市東安下村，村中現有保存完整的進士墓及黃氏家廟。傳到東安五世黃華瑞、黃華秀兄弟同榜中舉，次年黃華秀更上層樓再中進士。

中午抵達晉江市，略事休息，「晉江市譜牒研究會」假僑聯會所與本團進行一場座談會，由周儀揚會長和陳理事長與黃理事長共同主持。首先互贈紀念品，其次由周會長介紹晉江市各方面出席與會的領導，最後介紹該會的粘良團副會長及黃龍泉秘書長等人。該會成立於一九九七年中秋節，為全國獨一無二的研究譜牒法人社團，今年即將屆滿十週年，並進行換屆選舉，產生第三屆理事會及會長。

宋代劃金門隸屬於泉州府同安縣管轄，從此締結下泉州和同安與金門無法分隔的臍帶關係，至明代金門文風鼎盛，人才輩出，極一時之盛，進士達三十八人之多。金門面積僅及同安十分之一，科甲中第人數卻佔三分之一，為同安縣擎起科舉中式之冠。

會後驅車前往晉江市龍湖鎮衙口村參觀施琅紀念館，施琅在清代任福建水師提督，於一六八三年率軍二萬餘人東征台灣，經過七日海上鏖戰攻克澎湖，鄭克塽投降，台灣重回中國版圖，清帝加封施琅為靖海侯。施琅次子施世綸為官清廉，受皇帝封為「天下第一清官」，施世綸即演義小說中《施公案》的主人翁。順道參訪石井許氏大宗祠，只見那牆壁上石刻捐款芳名錄上不僅有姓名，還有石刻影雕玉照，為金門所沒有。

八月一日早晨由晉江開拔，前抵南安市官橋鎮考察蔡資琛古厝群，今早只此一站，考察完畢即返回廈門。此地古厝類似金門山后民俗文化村的十八棟，但格局和規模都比山后村大許多，大到什麼程度呢？山后的一落厝正面為三開間，此地為雙突歸的七開間，由此可以想見得到。解說員蔡先生說話乾脆俐落又相當自信，一口泉州腔很有特色，導覽完畢還熱情邀請我們到他家裡泡茶，黃理事長很承他的情，特地贈送他一瓶金門高粱酒以為回報，把他樂得都不行了。上車後直放廈門費時將近二小時，陳淑娥會長設宴招待豐盛午餐送行，用罷午飯，團員們上街胡亂採購些許特產捎帶回家餽贈親朋好友聊表心意，隨後抵達和平碼頭，班師回朝回到金門溫暖的家。木本水源，端看族譜。

2007/09/01

第九回　族譜展感想

筆者在工作餘暇，有幸多次參與金門縣文化研究協會所舉辦的族譜展覽。比如，世界六桂宗親會在金門縣立體育館召開懇親大會的會場外，世界金門日于金門縣文化局舉行之會場外，鄭成功文化節在台南延平郡王祠會場內，台北縣三重市雙鯉公共事務協會，台北縣中和市烈嶼公共事務協會，高雄市金門同鄉會，新加坡金門會館等等，都有我們協會夥伴展覽族譜提供金門鄉親及宗親閱覽和查詢各姓氏族譜的身影及足跡。

經過接待以及接受各種詢問之後，我們發現有興趣查閱各姓本家族譜者，年齡層大約以三十歲以上者居多，而且，年齡越大者翻閱就越仔細，發問就越用心。所以，我們夥伴相互推敲這項年齡層的原故有幾點，其一是年輕人少有機會接觸到族譜，這是最根本也是最直接的原因；即使家中有譜，也大都在家長的手中珍藏著。其二是年輕人少有興趣主動了解族譜，究其故也都是在於沒有接觸族譜的機會，久而久之，自然會以淡漠視之。因此，當前某些小學有見及此，便指定小學生要編寫自己的家譜做為學習的功課，不失為第一類接觸。其三是中年人在工作及生活穩定後，才有時間、精神及餘力探求自己本身和父輩的血緣來歷。其四才是老年人對於宗族的回饋，以及對於自身事業與成就留下令名美譽。

推而遠之，一個人或者一個家庭在歷經若干年代的繁衍成族之後，人丁興旺，人材輩出，家族便會聯合其他同姓家族結成宗族。形成宗族後，為了永續發展和凝聚宗親向心力，首先，會共推開基始祖，修建祖墓，做為血緣聯繫開端。其次，便會修建祠堂，又稱家廟，或稱祖厝，用來祭祀共同祖先以及列祖列宗。再次，就會編修同宗共祖的族譜，以明瞭宗族的起源及變遷，以及族人在全體宗親中的相對位置和排序論輩。于是，祖墓、祖厝和族譜，共同構成一個宗族不可或缺的三大要素。

我很幸運，自孩童時期就接觸到祖墓及祖厝，那是每年宗族清明祭祖，由族中長老帶領全族兒童到珠山村郊薛氏祖墓所在地的石井坑去祭祖掃墓。長老們重視的是祭如在，以及慎終追遠的儀式；兒童如我們所關心的卻是在掛完墓紙後列隊領取每人一份的幾顆糖果和幾塊餅乾，在物質匱乏的四十多年前，那可是小孩子一年一度有利得和歡笑的快樂時光。

年底冬至日祭祖就在珠山村內的薛氏家廟舉行，祭罷，於午間就地席開十三桌，合族宗親共聚一堂圍桌會餐，聯絡兄弟叔侄感情，即是俗稱「吃頭」。按照族規，有資格進入祖厝吃頭者，必須年滿十六歲以上的本族成年男丁，但必須繳交一斤豬肉代金；因為各家成年男丁難免有出門在外，或到台灣就學就業或旅居南洋者，只要盡到義務，便可由家中或同房柱其他未成年男丁代替出席吃頭，飽餐一頓大魚大肉。那是我終年夢寐以求的一樁美事，上小學之後，我的美夢少有落空呢！

至於接觸薛氏族譜可就晚了，一直到三十七歲那年我才有機會買到一冊最新版的族譜。一打開薛氏族譜，在長房的世系表中看見已和兩個兒子的名字，感覺真好，直覺有一股熱血沸騰，盈滿胸膛和腦海。再看到世系表後面父子三人的照片，那一副熊樣，別說還真有趣得很呢！

經過幾次展覽並順手翻閱各姓族譜後，我發現各姓氏在修譜方面差異性非常大，不論新譜或百年以上的古譜差異都很大。例如，族譜的核心就在世系表，它是族人名字在世系表中的輩份及位置，有橫排也有直排，多數僅有名字而已，少數在名字中還加註人物小傳。而族譜的靈魂便是譜序，可是古譜中的譜序幾乎都是文言文，美則美矣，卻很難讀懂，很少人能讀懂，實在有必要加註一份白話文譯本。

說來湊巧，在前幾天碰到老兄弟陳國興談起他參與《浯陽陳氏族譜》的修譜經驗及見解，給了我很大的啟發。他說他們這譜可是由金門庵前與同安田洋的陳氏宗親共同攜手合作修成，其中有幾篇譜序也都是文言文，他們便加註翻成白話文譯本，兩相對照，方便不少。我問他白話文是誰翻譯的？他說是同安田洋的陳金城宗親，此君乃廈門大學歷史系畢業的高材生。

他還提到他自己翻閱金門多數族譜，加以比較高低，認為最具代表性及經典的作品，非盧懷琪主編的《盧氏族譜》莫屬。我問其故，他說盧譜世系表採直排編寫，名字下面加註生卒日期及人物小傳，充滿生動及有趣。

經過幾番族譜展覽之後，我的最大感想是要趕快建立一套製作族譜的規範或標準，將族譜必備的元素臚列開來，把族譜的編寫架構和次序排列出來，提供給有意修譜的各姓人士做為取捨與參考之用。反清復明鄭成功，出師未捷身先死。

2007/10/05

第十回　鄭成功文化節展覽族譜

二〇〇五年暮春時節，正值鶯飛草長，大地一片欣欣向榮，當此美好春天，正宜攜手同遊，郊外踏青賞景。可我們宗族文化協會成員卻在四月二十七日晚上召開行前工作會議，準備于次日中午搭機前往台南市參加市政府所舉辦的「鄭成功文化節」，代表金門縣文化局作金門各姓氏的族譜展覽。工作會議所討論的多項重點如下：一、各姓氏原有族譜及數位版族譜是否並列展出？討論後決定新譜和舊譜一齊展覽才能呈現譜書的風味。

二、譜書展出應如何陳列？結論是依照譜書的姓氏筆劃多寡排列順序編號，展出和收藏時均依編號而行，如此又迅速又方便。三、以前四次族譜展都發生譜書遺失，實在令人頭痛，解決之道是製作二張紙牌，上書「歡迎查閱，恕不贈送」八字，置於譜書上面，降低遺失的可能性，效果如何，且待展完檢驗結果便知分曉。四、如何宣揚協會展覽族譜的意義和目的？尤其是遇有記者來到展場採訪時，如何解說？決定是委請吳秀嬌總幹事起草撰寫新聞稿，闡釋協會赴台展覽族譜的用意及精神，影印十份備用。

二十八日正午，我們一行六人在尚義機場會合後，開始由黃理事長率隊登機，準時抵達台南機場降落。台南市文化局許耿修局長已經在場迎接金門縣政府代表團人員，隨即在遊覽車上熱情致詞歡迎，並介紹隨車解說員李清山先生之後，因另有公務先行下車離去。李清山伙伴嫻熟台南市文化悠久的名勝古蹟，一路上詳細解說，直到下榻的河景飯店略事休息後，再上車繼續參訪台南市著名的觀光景點。

我因早於出發的三天前，以電話通知高雄縣茄萣鄉薛氏基金會，謂：將於是日抵達台南市後立即前往拜訪同姓宗親。台、金兩地薛氏宗親素未謀面，有宗親自遠方來，不亦悅乎！當我和李尚仁兄剛踏入旅館房間，便接獲茄萣鄉宗親來電詢問何時前往？我答以剛到旅社，馬上就要出門搭車赴約，並問車程需時多久？應在何地下車會面？經告知約需三十分鐘而已，在下茄萣金鑾宮口碰面。我便告訴尚仁兄下午的行程不克參訪，將前往茄萣鄉拜會和認識當地薛氏宗親，明天早上七點之前一定趕回飯店集合。

步出旅館，揮手招來一部計程車，直奔茄萣會見宗親代表，有前任董事長薛坤雄，以及薛進中、薛文仕等人，該會創會董事長薛清財，現居高雄市，亦來電關心我的到訪。彼此互道久仰，首次晤面，備感快慰平生。交談完畢，驅車前往薛氏宗祠上香祭拜開基始祖薛玉進公，隨後贈送我一部精裝本之《茄萣鄉薛氏族譜》，比《金門薛氏族譜》還有份量。夕陽西下，夜幕低垂，我們一群宗親兄弟轉往海堤上享受晚餐，一邊大啖海鮮，把酒言歡，不亦快哉！一邊觀賞天際線的燦爛晚霞，海風習習，無比舒暢。酒醉飯飽之後，我就留宿當地，次日早晨六點多，宗親便用專車送我回到飯店，只花二十分鐘而已，互道珍重，期待再相會。

二十九日上午，我進入一樓餐廳後，伙伴們也陸續出現，黃理事長一眼看到我的餐桌上擺了一部族譜，笑著說：「你來台灣的第一天就有收穫，真不錯」。大夥看見也都跟著開懷的哈哈笑，意味著好的開始，便是成功的一半，此行的族譜展必然馬到成功，圓滿達成目標。用餐畢，全員到齊圍在休息桌椅上，一邊召開小組會議，一邊由理事長電請他的台南市好友支援人車前來飯店載運六位人員及七大箱譜書。八點整，理事長的好朋友黃武雄先生駕駛廂型車到達，分二趟運送我們去延平郡王祠。

我們第一批抵達郡王祠園區門口停車卸貨，下車後要先把工作證掛在胸前，然後，赤手空拳將那每箱重達三、四十公斤的譜書拎在手上，抓住塑膠繩的手指和手掌疼痛難當，正思不知如何是好？卻見理事長上前一抓一甩，就把箱子扛在肩膀上，輕鬆的邁步向前走。我和蕭永奇兄一看，相視會心一笑，這可難不倒我們鄉下人，立即跟著依樣畫葫蘆，一人扛起一箱運進祠內，直到第二進大殿左側的文物陳列室，才放在地板上開箱，理事長和總幹事忙著排桌子擺設譜書，永奇兄與我兩人繼續運貨二趟。

當我們將寫有協會名稱的紅布條和兩盞燈籠掛上去時，整個展場氣氛頓時烘托起來，吸引無數密密麻麻的圍觀人潮，許多遊客紛紛拿起照相機來拍照留念。六張工作桌一字排開，恰好擺滿全部九十一本的譜書，以及一疊由協會所印製出版的期刊《金門宗族文化》，我們總共帶來二百本，每本義賣新台幣三百元，所得作為籌募修譜基金之用。不到二刻鐘，大家便把族譜擺設就緒，也在族譜上放了二張紙牌，寫著「歡迎查閱，恕不贈送」。

此時，院子裡廣場站滿了參與祭典的人員，九點整，祭典開始，莊嚴肅穆，井然有序，祭禮長達一個小時後結束。我們也樂得免費觀賞一場古意盎然的祭典，因為，進入祠內必須購買門票，每張五十元，不比祠外園區是免費的。十點過後，漸漸有人潮移到展場來看族譜，很多人都說是第一次看到有這麼多各式各樣、各姓各氏的族譜，真是大開眼界。也有人來詢問他的姓氏淵源，如堂號及燈號的意義，我們每個人都能給予詳細的解說，並提供桌子上的專書讓他自由閱讀。

對於到場看譜的來賓，協會一律免費贈送每人一張彩色的「鄭成功世系表」，絕不叫他空手而回；貴賓若義買一冊《金門宗族文化》期刊者，再加送一張「中西曆對照表」。下午，永奇兄在展示桌另一頭喊我，說：「來了一位貴宗親，請你過來介紹吧」！我馬上趨前請問，原來是一位小姐，她填了一張「尋根尋親單」，名叫薛玉岱，住台南市北區。

我即刻遞上一張名片自我介紹，說我也姓薛，來自金門，請問她老家是何處？她說是澎湖。我說民國八十五年，我去過一趟澎湖專程拜訪薛氏宗親，西嶼鄉內垵村的薛氏居民即是源自金門珠山薛氏的第十三世族裔。其他的宗親則是由大陸福建地區直接遷移澎湖，像薛光豐曾任馬公中學教務主任，他的弟弟薛光林任職澎湖電信局。誰知她聽了竟然嚇一跳，說他們兩兄弟是她的堂叔，想不到我居然會認識。我又說前年薛光華到金門也來看過我，他在馬公市開設中藥房，我還特地帶他到珠山參訪薛氏家廟呢！她說薛光華正是她的叔父，沒想到我也認識他。

我告訴她《金門薛氏族譜》有記載內垵的宗親，但沒有她們的資料，以後，我會再跟薛光豐等人連絡，提供澎湖薛氏修譜的相關資料和協助。白天，我利用時間迅速的翻閱和瀏覽一遍茄萣薛氏族譜，意外的發現，金門薛氏族譜沒有一字提到茄萣薛氏宗親，但是，茄萣族譜不僅了解金門薛氏的源流和開基始祖為薛貞固公，而且知道金門薛氏族人分枝有什麼人移居澎湖、彰化鹿港，令人不勝感佩。

晚上，金門縣李炷烽縣長率領縣府官員假下榻的飯店，設宴款待金門旅居台南縣、市同鄉會的鄉親，並回請台南市許添財市長及市府官員，席開六桌。我們協會的六位成員全體出席宴會，遇見熟識的金門鄉親，那可真是他鄉遇故知，倍覺親切，席間把酒言歡敘舊，一片問候問好之聲，不絕於耳，水乳交融，其樂融融，不亦快哉！李縣長首先上台致歡迎詞，除了介紹兩縣市幾位局長外，特別盛讚本協會的參展族譜意義非凡，殊具文化本質，然後，逐一點名六人起立向眾位嘉賓介紹各人姓名和背景。更誇獎蕭永奇、吳秀嬌二位伉儷情深，雖然全年無薪，仍舊攜手同心協力投入修譜事業，令人欽佩不已，為聯繫金門唐山子民和海外鄉親的族譜作出重大貢獻，非常了不起。

三十日的展覽，適逢周六例假日，八點鐘之後，湧入大批國中及國小的學生和父母進來祠內；學生們人手一張學習單，也來找我們詢問學習單上所列舉問題的答案。黃美玲小姐不愧是名嘴，不但有問必答，而且知無不言，樂得家長跟孩子們不迭聲的說謝謝老師，美玲更是笑呵呵地贈送每位小朋友一張鄭成功世系表。我從旁觀看這一幕，一方面欣羨學生的幸福，另方面也感嘆父母的望子成龍，願意陪著孩子一起學習和做功課，果真是「現代孝子」，不是孝順父母，而是孝順孩子！

過了十分鐘，目前定居高雄市的薛文理宗親，專程開車趕來展場看族譜，並與我會面認識，彼此相見歡，他是尚仁兄的好朋友，應邀前來。上次在金沙文化假日廣場展覽族譜時，我曾與他通過長途電話，今日有緣相識，幸何如之！聽他開講，可把兩位美女秀嬌和美玲逗得笑開懷，只因他說：「我們的始祖是從金門珠山過澎湖開枝散葉的，然而，看我們祖婆的畫像，濃眉大眼，人高馬大的，完全不同于漢族婦人，此其一。

我們的祖先大約在三百年前渡黑水溝到內垵，剛好是鄭成功從金門渡海攻台驅逐荷蘭人的時代，所以，我懷疑祖婆是荷蘭女人，此其二。你們再注意看我的眼珠子哪裡不同？是不是很像歐洲人常見的那種湛藍眼球？而且，我的家人頭髮都是少年白，早生華髮，此其三」。眾人聞之不禁莞爾，我說：「文理兄，說不定你還是荷蘭女王的王位繼承人之一呢」！

愉快談話完畢，永奇兄立刻將展示桌上的數位版金門薛氏族譜當面贈送他，文理兄開心地直說謝謝喔，然後才依依不捨的離開台南。夜晚華燈初上，正值吃便當時分，忽然聽到秀嬌喊我招呼一位來賓，我立起身來邀請貴賓就座，先請他填寫尋根尋親單。曉得黃敏宏先生在南一書局服務，他說父親生前交代他有朝一日要設法尋根，可是，只留給他四個字「海城六都」，無如不知任何含義，無從下手，深以為苦。

我一聽莫宰羊，只有反問他那是什咪碗糕？他苦笑說要是知道的話那可就好囉，從歷史上曉得民族的遷徙方向是從中國大陸北方移往南方，再由南方移到外島；現在反過來追根溯源，自然是要由台灣往大陸內地去尋找，然而，這海城究竟是哪裡？這六都又是什麼呢？身為人子的他，總想為父親盡一份心力，完成其生前之囑咐，可是，多年以來卻一直苦於無從下手呀！

他說得多，我反而聽得多，這樣子交談了一個小時，眼看美玲她們都吃飽晚飯，我只好繼續堅守崗位了；也好，我一邊聽，一邊遐想，突然腦際中閃過一絲靈光，想起昨天看茄莖薛氏族譜中的一條線索，我立即打斷他滴滴答答說不完的話匣子，我問他：「你說的海城是城市的城，還是澄清湖的澄」？他說：「是澄清湖的澄，我寫給你看，但是，這又有什麼不同嗎」？我說：「大大的不同哦！海城是何處仙鄉，我不得而知；不過，海澄縣屬于漳州府，我卻是知道，就在福建省南部呀！你看我這本茄莖族譜就有記載來台薛氏宗親，有來自泉州府浯江（即現在的金門），也有來自漳州府海澄縣。至於六都就像保甲制度中的一種戶口，比如說金門屬于泉州府同安縣翔風里十七都、十八都、十九都」。

我說完馬上把族譜翻找到那一頁，再交給他自己看；他一瞧果然是千真萬確，如假包換，高興的說：「我找到了，我終於找到線頭，接下來我就能夠上網到海澄縣網站去查詢，謝謝你的幫忙」。我說小事一樁，何足掛齒，專等佳音。他起身離開時，秀嬌便邀請他買一本期刊，贊助修譜基金，他搖搖頭就急匆匆的走出去，秀嬌對著我笑一笑，我只能將頭搖一搖。誰知，不出三分鐘，黃先生又折回秀嬌面前，略帶一些不好意思的說要買一本期刊，秀嬌一頭霧水的收錢交書後，走過來問我怎麼一回事，我一五一十的把談話經過和結果，向總幹事報告完畢，她聽完又笑了一下。

五月一日上午，我們仍舊準時在八點鐘到達展場擺開族譜，大夥圍著總幹事詢問今天即將班師回朝，搭乘幾點的班機？秀嬌說：「坐下午四點十分的飛機，我們預訂下午二點打包收攤就行了。想我離開金門三天，我那四個可憐的孩子不曉得有沒有餓壞肚子？回家後我要煮一頓好料的、有料的晚餐好好補償她們」。說得真好，做媽媽的牽腸掛肚的還不都是那些心肝寶貝孩子，大家聽了也都各自想念著自己的家人。

打包時，我特別請問秀嬌，此行義賣了幾本期刊？她說將近三十本，只有六分之一，其餘的還要帶回去。清點譜書時，總計九十本，除了贈送薛文理兄一本外，其餘的完整無缺，毫無遺失，這跟採用編號及豎立紙牌的設計良好，效果宏大，真可說是萬無一失了。二點鐘過二刻，黃武雄大哥和他的車子已經在園區門口等候，感謝他這三天來早晚的接送，給了我們最大的舒適跟方便。在理事長一聲令下，我們即刻開拔，直奔台南機場，登機後，一路騰雲駕霧，轉眼抵達金門，回到個人溫暖的家。向上尋根，往下尋枝。

2005/06/01

第十一回　族譜架金橋，鄉情永相隨

金門縣宗族文化研究協會承辦「二〇〇五年金門族譜巡迴展」，展出的主旨，以保留本島傳統宗族文化之起點，建立旅台金門同鄉會與協會合作修譜機制，推動金門為尋根尋親之原鄉，發展文化產業，促進母島永續發展。第一場展出時間為民國九十四年十一月十一日至十二日，為期二天，展出地點為台北縣三重市自強路二段，金門雙鯉公共事務會之會館。

本會黃理事長及夫人，特於十一月十日下午偕同協會許嘉立顧問，率同吳秀嬌、蕭永奇、李尚仁、葉鈞培、陳木漳、盧懷琪等人由金門開拔前往台北。攜帶金門各姓氏手抄本、印刷本、影印本、數位版稿本之族譜，合計一百多本，協會期刊《金門宗族文化》第一期和第二期共計五百本，以及相關文獻與資料，作為參展、翻閱、查詢之用。

一、三重鄉情

個人因工作之故，於十一日晚上七點鐘自行單飛台北，再搭車抵達三重市雙鯉會館，與黃理事長會合進餐後，一同驅車到永和市下榻之飯店過夜。次日早上，一行十人分乘三部計程車回到三重市展場，開始一天不很忙碌的展覽。下午時分，突然聽到吳秀嬌總幹事呼喊我，連忙站起來應答，她說這位李先生有事要詢問珠山來的人，我立刻趨前向滿頭銀髮的李先生點頭致意，並遞上名片做自我介紹說：「我是在珠山出生長大的，請問你貴姓大名」？他說：「我原本名叫李水土，只因同名同姓的人太多，便去改名作李濱宇。我的內人叫薛晚治，丈人為薛永任，不知道你認識不認識」？

我說：「薛永任兄我認識，去世很多年了，他的輩份低我一輩；永任嫂還住在珠山，現年九十歲有餘，身體健朗，精神好得很，名叫李粉，娘家就是古寧頭。永任兄的女兒我倒是不認識，他有三個兒子，我都認識，老大金發已經不在人世，老二金萬、老三金贊讀小學時都是跟我唸同一班級」。濱宇兄說：「喔！你的輩份比我丈人高一輩，那就比我老婆高二輩，她豈不是要稱呼你叔公囉？我老婆晚治是長女，比金發年紀大，有二個妹妹叫招治和瑞治，我回去跟她說她的叔公從珠山來到這裡，她肯定會很高興，叫她來和你相識一下」。

說完，他就離開了，不到一個鐘頭，濱宇兄果然帶著他的老婆大人和小孫子來尋親。我一看晚治眉開眼笑，天庭飽滿，一臉福相，溫柔婉約又賢淑，端的是一個家庭中不可缺少的賢內助，尤其是她那模樣兒和她的母親十分相似，幾乎便是永任嫂的翻版。她說她今年將近七十歲，問我年紀多大？我說剛好五十歲，她說「做客」的時候，她尚未滿二十歲呢！那時節，我才二、三歲而已，難怪她會不認識我。

晚治又說：「雖然，我比你年長將近二十歲，不過，論輩無論歲，我還得叫你一聲叔公呢！難得大家同宗又同村子，那可是親近得很，晚上，我和我先生做個小東，請你吃個簡單的晚餐，順便共話鄉情」。我說怎麼好意思讓妳破費呢？我這兒有二本《金門宗族文化》期刊送給妳，裡邊都有文章介紹到珠山和薛氏族人的事蹟，空閒時不妨翻翻看，並請你順便把妳和二位妹妹的名字等資料填寫在表格內，我們回去後再鍵入數位版薛氏族譜稿本裡頭。

二、中和鄉情

十三日早上，大夥兒合力把十來箱的族譜搬上車，帶到中和市烈嶼會館佈置展覽；

而且，今天又多了一位生力軍陳順德，他是昨兒夜裡專程從金門趕來共襄盛舉。第二場展出時間為九十四年十一月十三日至十四日，為期二天，假台北縣中和市景平路，烈嶼公共事務協會之會館展出，會館正好位於中和市公所右前方。中午時辰，有一名中年男子進入會場，走到我面前對我說：「我也是珠山人，經常在報紙上看到你所寫的珠山人事物，我都會詳細閱讀」。

我很訝異，原來他認識我，趕緊請問他的大名，令尊是何人？他拿出一張名片給我，叫薛永志，任職于中和郵局，他說父親是薛芳陣。我說：「喔！我想起來了，你爸爸在珠山做麵條，跟我輩份相同；你大姊叫美華，小我一、二歲。你父親有三兄弟，大哥薛芳佳，二哥薛芳敬，前幾年兄弟三人剛在家鄉合力修建一棟共有的古厝，修得古樸結實，古意盎然。你們一家離開珠山到台灣奮鬥二、三十年，很有成就，我們也有二十幾年沒見過面了，難得你還沒有把我忘記」。

接著，我仔細地跟他解說數位版薛氏族譜的特色和優點，並介紹他認識協會蕭永奇、吳秀嬌夫婦，以及他們所精心開發設計出來的電腦軟體，功能強大，效果美好。永志兄瀏覽了一遍該族譜後說：「你們可知道我看了這本族譜以後，腦筋裡在想什麼嗎」？我們聽了頗感興趣，立刻請問他所想者何事？他說：「我在想利用晚上你們不在的時候，偷溜進來將這本族譜拿到街上去影印一本後，再送回來」。我們聽完，不禁為之莞爾，我說：「這本族譜要影印立時可辦，容易得很，不過，這裡面各家戶的資料尚在蒐集增補中，並非很完整，我們並不以目前的資料為滿足。等將來補充到一定程度時，薛氏子女每一個人都可以擁有一本。現在重要的是，請你把家裡面父母親、兄弟姐妹及子女的姓名等資料填寫完整，交給我們來鍵入檔案」。

三、高雄鄉情

第三場展出時間為九十四年十一月十八日至十九日，為期二天，展出地點在高雄市大安街，高雄市金門同鄉會會館。同樣也是由黃理事長偕同許嘉立顧問，率同吳秀嬌、蕭永奇、王建成、盧懷琪等人，於十一月十八日上午從金門出發飛抵高雄展覽族譜；個人則於晚上七點鐘，趕抵高雄會合。十九日早上，我們一行七人搭車前往高雄市金門同鄉會展示族譜，同村宗親薛永頌兄聽說我在會館，便要過來相會。

永頌兄年長我七、八歲，他家和我家前後相望，中間只隔著一戶人家而已。小時候知道他投筆從戎，就讀陸軍第三士官學校第一期，從軍報國去，此後便沒有機會再跟他見過面，屈指算來，整整睽違四十年之久。稍後，永頌兄出現展場，兩人握手寒暄，互道問候，他就邀我到他府上參觀並拜訪永頌嫂，她擔任小學教師多年，娘家姓高。永頌兄說他還記得我兒時的某些情景，近年來也曾聽到他弟弟及宗親們談起我很用心為珠山家鄉做了一些事情。我連說不敢當，那是宗親大家分工合作，同心協力的結果。

四、金門鄉情

第四場也是最後一場，展出時間在九十四年十二月十七日至十八日，為期二天，地點為金門縣文化局，十七日早上九點整，展覽會場迅速佈置完成，協會參與人員十幾人通通就定位，開始一天熱鬧中帶著喜氣洋洋的展出。中午過後，一群由馬來西亞金門華僑子弟組成返鄉參加救國團尋根之旅活動的青年二、三十人，湧入展場翻閱各姓氏族譜。其中，更有多位僑親拿著父母親交代的長輩姓名要來尋根，他們講的華語帶有濃濃南洋椰風蕉雨般獨特的腔調，明顯可辨，一聽便知不是本地或台灣的口音。

十八日下午，偶然瞧見有人拿起《金門薛氏族譜》翻閱，我立刻站起身來打招呼，一看原來是同村同宗的薛承敏兄，他一直盯著族譜上「獻禎」的名字不放，告訴我說：「薛獻禎就是珠山大展部那棟房子主人王月裡的丈夫，新婚不過幾個月，丈夫便落番到印尼發展事業有成，家裡只剩下月裡和朝類嫂二位妯娌看守那棟大房子。大展部，乃閩南式傳統建築語彙，指的是兩落大厝加雙護龍，並且加大尺寸，把房子放大展開來。可是，我們看現今的大展部，前後二落大厝和右側的護龍仍在，唯獨不見了左側的護龍，其故何在呢？聽父執輩提起，原來是因為南洋僑匯中斷，生活困窘之際，屋主將左護龍木材和石材拆下來出售換取生活費度日，真是有夠艱苦的歲月」！

我說：「獻禎這一家和你家是同一房柱，也難怪你會對大展部這麼了解」。我回頭一望，剛好看見珠山的薛正中兄在注視架子上的照片，我立即過去跟他點頭致意，並拿起數位版薛氏族譜向他介紹其優點和特色所在，他聽後頗表興趣地坐下來翻閱。

下午五點半，室外已是夜幕籠罩大地，一片漆黑，只因冬夜來得迅猛，室內翻看族譜的來賓逐漸離去，大夥兒便動手將全部譜書收拾裝箱。歷時二個月，繞過台灣回到金門的「二〇〇五年金門族譜巡迴展」，至此劃下圓滿的句點，令在場全體工作人員頓感一身輕鬆，就連本會許嘉立顧問也不禁提議道：「辛苦奔波多日，歡呼結束一時，晚上，由我來作東請大家一起吃個快樂的晚餐」。嘉立伯仔是年紀最高的長輩，古有明訓：長者賜，不敢辭也！提起本會此老，不愧金門一寶，今年高齡七十七歲，一生奉獻心力于許氏大宗祠族譜事業達半個世紀之長。近十年來，投入電腦鍵檔工作，不但打字一級棒，燒光碟也是熟能生巧的好手，一點也不輸給時下的年輕人喔！哀哀生母，生我劬勞。

2005/12/20

第十二回　祭生母文

維二〇一六年七月三十一日，不孝子薛芳千謹以鮮花素果不腆之儀，祭拜於生母洪卿雲老夫人之靈前曰：

嗚呼！上個月養我的母親辭世剛滿「對年」，今日又逢生我的母親往生告別式，不孝子只能匍匐跪拜於遺像及遺體之前，略盡人子送終之義。

一九五五年母親在金門城懷我十月，一朝分娩還在珠山，胎兒呱呱墜地便以千元賣斷，從此母子分隔未再相見。十三年後我就讀金城國中一年級，在學校西方側門水溝外有一婦人蓬頭垢髮尋找其子，聲聲呼喚，狀至狼狽，同學們皆未知何人也？三十年後哥哥陳世裁告知我，那時節到處思子尋子心切者，即是他的母親，也是我的母親。

當時社會閉塞，民風傳統保守，迥異於今日之開放前衛；那是一個兵荒馬亂的時代，更是一個動盪不安的局勢，母親懷胎異常艱難。其間也曾服用紅花藥，意圖消彌於無形，幸好老天垂憐，留我一條小命，最終瓜熟蒂落，到如今立足天地間，轉眼一甲子。

別人出生是來討債，我的出世卻來還債，自幼總聽村人說起，一枝草一點露，天無絕人之路。話雖如此，在雞犬相聞的傳統農村中，任何家戶的一點點風吹草動，轉眼眾人皆知，由於身世異於別人，因此，我的成長路備嘗艱辛，不足為外人道也！

最後能與母親相見相認，是一九八四年來自葉榮華伯父的協助及安排，於一九九九年在金門城的《祭葉榮華伯父文》中也曾提起相認的經過。只因身分及家庭的關係，母子協商同意此後互相關心，其他不做任何改變。當時我有子女四人，一家六口獨自賃屋居住，正當建家立家之時，生活往往捉襟見肘，並不寬裕，空有心意，難有能力。相認之後又過三十二年，究竟不能盡到奉養之道，血肉相連的苦難母親，雖然高壽九十有五，一生終是未嘗享過清福，於今見背，兒之過大矣！

嗚呼哀哉！伏惟尚饗。

2016/07/25

祭葉榮華伯父文

維一九九九年七月七日，晚輩薛芳千謹以鮮花素果，祭拜於　葉府榮華伯父之靈前曰：

嗚呼！晚輩在一九七四年春天，隨令郎葉漢談到金門城　貴府拜會，承蒙惠賜飯菜及酒食，把酒言歡，不勝愉快。此後，我便經常和葉漢談、蔡海塔、許志新四人一起到府上，陪　您共飲好酒，並請教誨，令我們受益匪淺。

十年後的一九八四年某一天，我一如往常，獨自一人前往　貴府，把酒聊天之際，向　您提出詢問一件事及一個人──那是有關於三十年前的人與事。不料，　您不答反問我說：「你所問的這件事和這個人，是不是你自己」？我大吃一驚，不敢隱瞞，從實招來，我說：「真人面前不說假話，我所要問的正是我自己，這件事情擱在我心裡已經有二十多年了」。

然後，　您便告訴我這件事情的大概情形，也安排我見到我思念了二十幾年的「那個人」，我非常感激　您的協助。

這些年以來，我也經常到府上去探望和請安，並將　您獨居的近況通知遠在台北的令郎葉漢談。每每看到　您的身體和健康越來越差的情形，令我時常惦記在心頭，憂心不已。

嗚呼哀哉！伏惟尚饗。

1999/07/07

第十三回　緬懷鄉賢薛崇武先生

珠山鄉賢出錢出力，備受推崇堪稱族長。

二〇〇四年八月十日上午，我從電腦上網到咱們「珠山社區」網站，本想觀賞有關珠山及薛氏宗親之活動概況，詎料，頭條標題赫然出現「珠山小學創辦人薛崇武先生因病別離人世」！是前一天張貼的，內容簡述崇武先生於八月八日晚，病逝於台北板橋亞東醫院，享年八十九歲。霎時令人驚愕、措手不及，不由得擲筆三嘆，豈不是「哲人其萎」、「天不假年」、「草木同悲」！

三天前，我方才利用周末假日獨自回到珠山老家去轉了一圈，順便繞到龜山頂正在建造施工中的「薛崇武住宅」參觀一遍。房子是二樓半的型式，主體構造的樓板和樑柱使用預拌混凝土灌漿，牆壁則採用紅磚砌成，內外業已完成百分之八十以上，大約再有一個月時間就能全部完成了。這棟房子長約十五公尺、寬約十公尺，正面是左右對稱的

「雙手房」型式，氣象宏偉，居高臨下，恰可俯瞰珠山全村景觀，並且遠及村外的珠山靶場和周邊的防風林。萬萬想不到設計理想的房屋即將落成之際，為屋主提供一個愉快、美好的晚年生活環境，豈知主人竟然撒手人寰、與世長辭，怎不叫人為之心酸神傷矣！

自從去年底回鄉聽說崇武兄要在自己的故鄉珠山建造一棟新房子，作為離台返鄉定居之所，村人們都興高采烈的等待他老先生能在晚年回來自己的土地定居，和大家一齊生活，共話桑麻。我也深深感受到這一股歡愉的氣氛，所以，三不五時便回到老家和兄弟叔侄泡茶兼開講，順道也看看這棟新房子的施工進度，眼看著一樓的樓板完成灌漿，然後是二樓、三樓的樓板和牆壁陸續完成，也曾走進屋內探看其內部的格局，的確非常先進又現代化。

而且，鄉人還說崇武兄預訂在今年中秋節前完工「入厝」，同時也要為自己做九十大壽的生日，到時候，華夏落成兼九秩華誕，可是雙喜臨門喔！那不僅是他個人的喜事，也是全村子的喜事耶！我的內心和大家一樣雀喜不已，巴不得九月二十八日中秋節那一天趕快來臨，好讓我們一同沾沾他的喜氣，分享他的喜悅。誰知天有不測風雲，就這麼樣一記晴天霹靂打下來，震得我驚慌失措，感傷無已。

回想起崇武兄一生的道德、學問、貢獻、犧牲、付出，真是一言難盡矣！有載之於「金門縣志」者，有載於「薛氏族譜」者，也有載於「顯影月刊」者，還有更多的事蹟是傳誦於珠山村人的口耳之中。不論住在本村、外村、或台灣、或南洋者，人人讚賞，個個欽佩，五十年來，他的一舉一動、一言一行，無不都是為了珠山，無不是為了薛氏族人，無人不知他對珠山充滿了濃厚的關懷與熱情。我生也晚，未能躬逢其盛，僅能從縣志、族譜、顯影當中窺知一鱗半爪，聽聞較多者泰半來自於村中的長老，如扶山叔、芳世兄、承立……。始知他一生的職志在教育，在於對族人智慧的啟迪，蓋因半世紀之前的教育並非由政府出資開辦的，而是由民間私人所興辦，也就是由各村里集資興學。正如他的夫人，王錦羨女士所說的「崇武很愛孩子讀書」。

民國以來，珠山先賢人才輩出，此皆因為接受現代教育之故，並轉而重視教育，因此出錢出力，不遺餘力。自十七年發行顯影月刊起，首卷即倡議興建專屬的珠山小學校舍為要務，取代借用祠堂之因陋就簡，以改善教學環境及提昇教育水準。可惜，建校事情一波三折，前賢們的理想一直欠缺臨門一腳，海內、外宗親同心一志，誓言建造一所嶄新的校舍，一償宿願。

無奈，好事多磨，遷延日久，整整經過了二十個年頭，終於由崇武兄的哥哥薛承爵及里人薛芳城，僅僅在菲律賓一國向珠山鄉親勸募，而捨棄印尼、新加坡、馬來西亞等地的宗親。集資二期的工程款總計美金二萬多元，然後匯到金門由崇武兄保管建校基金，並規劃、設計建校藍圖，旋於三十七年十月初，與廈門雲燦營造商王文彩簽訂工程合同，於十月十日國慶日開工動土興建。費時一年，完成大部份，因為，大批軍隊從大陸轉進到金門，工人無法繼續施工，只好作罷。

新校舍落成，為全島之最，巍峨壯觀，氣派非凡，二十年來村人日夜魂縈夢牽的理想終於實現，全村為之歡聲雷動，珠山人揚眉吐氣，引以為傲，稱之為「珠山大樓」。這是前輩先賢眾志成城，而終能克竟全功者即是繼起有人，由當時珠山小學董事長薛崇武集其大成，斯時，他的年齡不過三十四、五歲而已。不過，好景不長，珠山小學新校舍啟用不到一年，即被軍隊佔用而遷至「頂三落」四、五年，再遷到官裡村，最後落腳到歐厝村。

顯影月刊為當前金門碩果僅存的一部七十年前的期刊，顯影得以保存，實為珠山之幸，也是金門之幸，此言絕非過甚之詞。顯影月刊是珠山小學校友會所創辦，創刊於十七年九月，每月一期。民國三十七年以前，金門本為僑鄉，僑匯充裕，各村里無不大力興學，並傳播教育之重要性，傳播之媒介即是刊物之發行。因此，各村各校均有期刊印行一、二十年，極一時之盛也，例如：湖峰學生、鼓崗學生、塔峰月刊、浯江月刊等，但是到三十八年以後，由於部隊進駐金門，實施軍政一元化，所有的刊物均在一夕之間盡行燒燬，珠山也不例外。

僥天之倖的是，崇武兄的表兄弟顏西林先生，冒著自己身家性命的危險，保管一套絕版的顯影月刊達四十八年，直到八十五年春天才交由我轉寄還給崇武兄，我和薛少樓商議加以影印後寄還台北的崇武兄，經薛氏宗親會理事會通過後，影印三十部，除贈送顏先生一部聊表感謝代為保管之情外，分送圖書館及相關寫作金門鄉土文學者，一則妥為保存，一則廣為流傳。

從顯影月刊首卷就能看見崇武兄自小就嶄露頭角，當時小學由秋一級讀起，到秋五級畢業，他為秋五級學生，由老師領隊帶畢業生乘船到廈門旅遊五天。回校後有好幾位學生寫了旅遊日記刊登在顯影上，崇武兄也是其中之一，刊登二篇遊記，其中，有一篇描述他充當同學們小老師的種種感受呢！珠小畢業後，他曾進入廈門就讀集美中學，二十歲左右讀廈門廣濟大學預科，再讀廣西大學農科，只讀一年遇上中日抗戰爆發而停學。

戰後返回金門擔任珠小校友會幹事，顯影月刊發行人，私立金中中學於三十六年復校，受聘為事務主任，珠山小學董事長任內興建新校舍，三十九年出任金門縣金山區區長。四十七年八二三炮戰，接受政府疏遷到台灣，滯台期間，澎湖薛氏宗親還特地組團跨海到台灣去慰問金門宗親，顯見血濃於水的氏族之情，並合影留下歷史性的照片。

崇武兄另一職志在金門薛氏族譜之編修，自六十五年與薛前瑜、薛永嘉合作增補族譜，八十年乃獨力編印，向菲律賓鄉僑勸募新台幣十四萬多元，印行四百冊，印刷費共計三十四萬餘元，不敷二十萬元。並且，計畫到九十年時要再來重新編印薛氏族譜，其雄心壯志，怎不叫人敬佩，誠不知老之將至矣！社會賢達人士，關照珠山村落。

2004/08/15

第十四回　緬懷鄉賢顏西林

二〇一二年十一月十一日是個特別的日子，因為月與日正好是四個么，卻也是個休息的星期天，最適合出門走親訪友共話桑痲了。可我要去拜訪的顏西林老先生，我卻只能上香敬禮，再也無緣話家常了。此因顏老已經駕鶴西歸，位列仙班，我自當前往靈堂親上一炷清香，行禮三鞠躬。昨日在後浦總兵署前不期而遇見到久未晤面的老友莊美榮兄弟，承他告知顏老先生早登極樂世界，棺木剛剛由台灣運回金門返抵家門。語畢，他隨即叮囑我應當親往喪宅祭奠一番，用表致謝顏老當年以身家性命護衛珠山「顯影月刊」之盛情，我回以那是、那是，理應如此，我先回去珠山通報再登門弔唁，而且，我與顏先生曾經有過幾次接觸及交談，殊感情誼深重，容後表述。

我在孩提時代生長於淳樸鄉村的珠山，自小即經常聽聞父執輩們集會商議村中公共事務，諸如水溝、巷道之橋毀、路塌亟需修造事宜。眾議之後所需執行之土木材料，其中以鋼筋及水泥之費用最為昂貴，村人無力承擔，至於其他如勞動人力、工具器材並無匱乏，但是對於建材之之購買確實無錢莫辦，所以，決而不行。唯有一項但書，能夠保住一份希望，那就是將議決事項派專人向顏西林先生報告，尋求珠山薛氏姑爺的大力鼎助，如蒙允諾幫助，事情可辦。隨後聽得專人回報說顏先生一諾無辭，慨允一力承擔全部所需修造費用，儘管剋期施造。

往後隔三差五，凡有求於西林先生者，從來無一落空。凡是對於珠山的修橋鋪路等公益事業，只要有求於他的，一概都是有求必應，更是出錢出力，不遺餘力。也因此在我的小小心靈中萌生好奇之心，想那顏先生何許人也？屢次慨施援手，慷慨解囊，造福珠山，功德無量。經我詢問於長輩及大人後，方知其中梗概，原來顏氏乃珠山之外甥，後來又兼珠山之女婿，一人具有雙重身份，伊是珠山「上三落」薛永棟的外甥，為薛崇武先生的表弟，又是「下三落」薛永乾先生的女婿，為薛承立先生的姐夫。珠山只有二棟三落大厝，竟然都跟他聯結上關係，可真是獨一無二了。

我家位於珠山「大道宮」的正對面，中間隔著一方水池「宮橋潭」相望，大道宮供奉主神大道公，在一九五八年的八二三砲戰中遭受砲火蹂躪，成半毀狀態。每年香火最盛時日只有正月十五的元宵節，重頭戲就是鬧花燈，那一晚更是調皮少年的我大顯身手的好時機，只見我舉著用竹筒做成的火把，擠在小孩提著元宵燈籠的人群中伺機放火點燃別人的燈籠，待惡作劇得逞後一閃而過，消失無蹤，可是害得兒童哇哇大哭。但是，當我在宮裡竄進竄出時，總會瞧見供桌上高高豎立一對最大號的蠟燭點燃著，那一定是顏先生叩謝的，而且，也會看見他來上香祈福及叩拜，行禮如儀，年年如此。

西林先生的岳丈是下三落的薛永乾先生，他家就在我家的斜前方，同樣挨著宮橋潭，他的丈母娘永乾夫人的閨名是許雪緣，但是，在珠山薛氏宗親的稱謂中，除了稱呼輩份之外，她更有一項獨一無二的通稱「緣官」。若論輩份，我還高她一輩，可她從來都是叫我阿千，我稱她緣官。在我唸小學五、六年級時，她從南洋省親回來，送我一件又漂亮又溫暖的做羊毛背心，那件衣服陪我度過好幾個寒冷的冬天，讓我無懼於蕭瑟的北風。我與緣官碰面的機會不多，經過三、四十年之後，只要一見面聊起天來，談起當年她帶著孫子薛祖耀從台灣回到珠山唸小學六年級，他跟我同班自愛華國小畢業，她都能如數家珍記得一清二楚。

後來，她搬到後浦女兒、女婿家居住，我也會上門去看望她，一見我到訪她會馬上吩咐身邊的孩子為我們泡來兩杯咖啡，一起閑來話話家常。顏先生跟他的夫人薛黎明女士看到我來訪，會告訴我說老人家這兩天還在唸著阿千最近怎麼都沒有來看她呢？當我要離開時她會把她親手縫製的小孩衣服送給我，她知道我嫁女兒也做了外公，讓我把衣服轉送給我女兒的小孩。那時候，她已經高齡九十七、八歲了，眼力仍然很好，雖然不能穿針引線，但是照樣能夠縫製嬰兒、幼兒的衣服呢。她百歲那年回到珠山做大壽時，我四十五歲，她年長我五十五歲，可我們交談融洽又愉快，毫無距離與隔閡。

一九九四年二月我接任第三屆薛氏宗親會理事長，交接完畢，我立即召開第一次理監事會議，討論通過議題二十項。會後的餐敘，由我特別邀請西林先生出席參加，當面感謝他多年來對珠山的關懷備至，以及無私付出。其中一項決議是捐助浯島城隍廟重建基金二十萬元，由我及總幹事薛少樓、理事薛永嘉三人親自將捐款送達內武廟，當面交付重建會主任委員顏西林代表接受。一九九六年春天接獲宗親薛永順兄電話通知：顏西林先生手上有一批《顯影月刊》要交還託管人，旅居臺北中和的薛崇武先生，也就是他的表兄。我立即會同薛少樓前往接洽，我提議由薛氏宗親會提供經費交由印刷廠影印若干部，一則妥為保存，再則公諸於世，廣為流傳，當場獲得顏先生的首肯。

我與少樓在顏老面前會合時，聽少樓尊稱他「西林叔」，因為少樓是崇武先生的公子，顏先生正是他的表叔；少樓年長我四、五歲，而顏老又年長我三十五歲，因此，我便跟著少樓一起稱他「西林叔」。不承想，他立刻說：「少樓可以稱我叔叔，你卻不能稱我叔叔的，因為你的輩份比我丈母娘還高一輩，我若是按我太太的輩份來算，還得稱你叔公呢！我看你還是稱我顏先生就好，彼此方便」。後來，我們之間的稱呼就是這樣子。

顯影月刊經過十多年的傳閱之後，我經常可以看見很多博士及碩士論文，不是以顯影為主題，就是援用或採用顯影的資料，足證當時將其公諸於世、廣為流傳的宗旨取得宏大的效果，這也都是顏老辛苦保存月刊的另一層功勞及貢獻矣！

我很幸運，因此擁有一部顯影月刊的影印本，總共有二十二冊，我詳細拜讀之後撰寫一篇讀書心得《顯影月刊，重見世人》發表於「金門日報」浯江副刊上。從閱讀月刊中，我也知道顏先生與顯影月刊的關係密切、淵源匪淺，初時任顯影之記者，後任主編，再後任社長，筆名紫峰。他曾經走過烽火連天、動蕩不安的歲月，敢拿筆桿子與槍桿子爭是非，無所畏懼，充分展現文人風格及鐵筆直書的骨氣，令人讚佩不已！

一九九七年之間，我接到崇武先生來電告知，他的二個妹妹薛彩雲及薛彩鳳不日即將返回金門看望表兄弟顏西林，讓我到顏府與他妹妹會面認識。當天上午我到達顏府時，顏先生正在親切接待二位表姐妹，臨近中午時，他還特地親自下廚烹煮一桌美食款待佳賓，想不到，他不但是一位美食家，還擁有一手好廚藝。臨上桌前，他把我拉到一邊說：「彩雲的家庭富裕，她又特別大度，要是你們珠山或薛氏宗親會有什麼需要，只要你向她開口，她必定不會叫你失望的」。

我瞭解他的好意提示，我說好的，我會好好盤算的，因為我深知我們珠山是好女兒山——就是說薛家的女兒嫁出去後，特別支持珠山娘家的公益事業，出錢出力，絕不後人，比如說西林先生的夫人就是其中之一囉！只可惜，等我後來有了腹案準備要跟彩雲聯繫的時候，驚聞她的家庭發生變故，家道中落，此議只好作罷。

從我跟顏老的接觸中，深切瞭解他的為人總是樂於對他人關懷及付出，此外，我也從其他人與顏先生的來往中知道他具有悲天憫人與樂善好施的高貴情操。十多年前有一位退伍軍人夏榮先生定居到珠山來，他孑然一身，與珠山非親非故，手上又不寬裕，卻能與村中居民和諧相處，守望相助，大家也不確知他的歲數多少。直到有一次顏老自己過生日時，特地邀請跟他相同屬猴的人同吃生日壽宴，一桌十人或十二人，村人才知道夏榮是肖猴，便能據此推算出他的年齡，他應該是比顏先生小一輪十二歲。從那以後，顏先生每年的生日宴席上，夏榮都是座上賓。

此外，顏老在十多年前有一段時間也曾經醉心於京劇的音韻之美，和幾位同好組成票友，其中有一位退伍軍人王文華先生是北京人，對于京劇頗有興趣及造詣。他辭世後，其遺孀北京大姐黃玉萍，每有返鄉之行，顏先生只要知悉，必定致贈一份程儀，以壯行色。而北京大姐回來時，亦必親自選購北京上好布料，回贈西林夫人，作為製作旗袍之用。運動健將體育老師，退休之後轉身作詩。

2012/11/11

第十五回　運動詩人楊媽輝
——雁過留聲人留名

一九六八年是台灣實施義務教育的第一屆國民中學，取消以往的初級中學教育，而金門縣金城國民中學已經是第五屆，我便是在這年入讀一年級，也就是說，金門的義務教育比台灣提早四年。

依照發展心理學的區分，十二歲之前的小學階段是身體的養成期，十三歲之後是青春前期，十六至十八歲是青春後期，特別是國中階段為青春躁動期，較之高中階段的青春穩定期還要不安分，只要能夠平順平穩度過青春期的孩子，大體上父母就能放心一大半。教育當局有鑑於此，極力推動德智體群四育平衡發展，不再像初級中學教育時代僅專注於智育一項而已，開始在中學設置專業專任的體育老師。

我讀城中一年級的體育老師為高福海，他是一位退伍軍人，四、五十歲的大叔，一身風骨嶙峋，一聽到有學生私底下喊他老高，勃然變色，立刻集合全班同學在太陽底下揮汗聽訓。越二年，別班才有新來的、二十多歲的體育老師楊媽輝。每周一節體育課可以嘻嘻哈哈的摸摸排球、玩玩籃球，還可釋放躁動的能量，莘莘學子真是得其所哉！我小學畢業身高只有一百三十六公分，由於竟日在球場上的追趕跑跳碰，國中三年我長了二十公分，高中三年我又長二十公分，這樣可以証明體育課存在的價值和必要。

可是，在我們班上嘻笑玩耍上體育課的時候，卻經常看見楊媽輝老師在別班大聲斥責、吆喝著，在大太陽下的操場上，只見他的汗水和嘶吼聲哨子聲齊揚，真是辛苦啊！我在心裡自己想著，這位大聲公真是何苦來哉呢？直到畢業時看見同學錄上有訓導處體衛組長楊媽輝，才知道那是他的大名。

嚴師出高徒，這句話用在他身上，真是一點也沒錯，在他執教十多年後發掘出一匹千里馬——許績勝，真是伯樂與千里馬，師徒相得益彰，揚名世界，馳騁國際，這一段體壇佳話廣為鄉親父老所津津樂道。許績勝在金門是長跑冠軍，到台灣也是長跑健將一時之選，在國際比賽中照舊名列前茅。因此，從原鄉唐山跑出這一匹紅鬃烈馬，一舉將金門兩字送上國際舞台，送上世人眼前，從此，楊老師稱他為唐馬，金門的榮耀。

師徒揚名賽場後，同時也能獲得政府的獎勵，教育部特為優秀運動人員及有功教練制定「國光體育獎章辦法」，凡在奧運會、亞運會、世運會、世界錦標賽、亞洲錦標賽中奪牌者分別給予獎章及獎金。另外，國光勳章，是國家最高榮譽的軍職勳章，自對日抗戰軍興設立以來只有頒發過蔣中正以下五人而已，兩者獎勵對象不同，一併敘明。

六年後，我高中畢業當年幸運地考入電信局工作，住在金城的民生路上，第二年他結婚後和新娘子許麗芬住到我家的隔壁，第三年我結婚時有幾桌宴客喜酒擺在他的住家。許麗芬是金城衛生所的白衣天使、護士阿姨，由於衛生所護士還要兼任家庭計畫生育指導員，要指導及勸說新婚夫妻少生優生，幸福一生，四十年前的計畫生育口號是，一個孩子不算少，兩個孩子恰恰好。因此，她要經常走入別人的家庭勸導，也因此，千家萬戶的婆婆媽媽跟她相識相熟者不計其數，知名度非常高，人緣好口碑更好，人人喊她麗芬，都拿她當作自己家裡人了。第五年我們兩家先後搬離民生路，他在民權路建造新樓房，我搬到安和新村賃屋居住，一年後再搬到中正國小前的西門里公所後面。

一九八〇年前後，風聞停辦多年的金門縣運動會即將恢復舉辦，金城鎮因此籌組運動會代表隊，里公所正在物色運動員，就近邀請我參加縣運會比賽。我應邀加入並選擇比賽項目，最後敲定從未碰觸過的標槍，於是，我尋思趕緊學習及加強練習。其實，三鐵中的鐵餅和鉛球，在讀高中的體育課曾經摸過學過，只有五十七公斤的我是多麼瘦弱，推鉛球實在是無能為力，可是擲鐵餅，居然有不俗的成績，可以刷新金門高中校運會的紀錄。體育老師王先振看到我的鐵餅擲遠挺滿意，除了一般的跨步擲法，還特地個別指導我練習旋轉擲法，旋轉法雖然穩定性差一點，但是擲遠的距離能夠多出兩三米，我經過多次練習之後頗有心得。可是在高三那年校運會上，三鐵可以擲三次後選擇其中最優一次計算成績，我只擲一次就離開賽場，就是第一名，可是，到手的金牌卻眼睜睜的看他飛了！

我在高中畢業十年後，為了參加公務人員普考科目中有一科本國地理，回到學校去向王先振老師要一套地理教科書，當時王老師擔任訓導處主任，立即爽快的幫我拿到一套書。經過幾年我還在參加普考，地理書本改版，我又回學校跟王老師要一套教科書。經過連續九年的考試，我終於在一九九二年普考及格，還跟同學也是同事的吳劍鋒同年考取同年受訓，他就是王老師所帶出來的體育班高足。

照講，參賽應該是選擇拿手的鐵餅才對，我也不曉得為什麼會派給我外行的標槍呢？當時年富力強的我，體重已經達到八十公斤，應付三鐵項目似乎沒有什麼問題，重要的是拜師學藝，自然是要去跟體育老師學習囉！先去拜訪楊媽輝老師說明來意，看他願不願意給我指導？不成想，一說就成，而且劍及履及，立馬到器材室拿了標槍帶我到城中體育館後面的體育場講解和練習，就是現如今福建省政府和門前廣場這一大片泥土地。

我非常專心聽講完畢，領會一下再實地嘗試練習，倒是像不像三分樣。原來拋擲標槍是將三道分解動作連結起來，右手反向握住標槍腰部，站立於五、六米長的起跑線上，起跑後立即加速到達止跑線後，標槍由身體右後側拉起，往前往上四十五度角全力擲出，標槍向上飛行後轉成拋物線下落，這樣的飛行軌跡才能達到最遠。照這樣子一周加強練習三次，一兩個月後應該能揣摩出最佳的狀態，可是，縣運會的消息卻是密雲不雨，不久後宣布取消了事，我就無緣上場，也沒有驗証楊老師指導成果的機會，只能算是我們之間的一場未完成交響曲。

又隔了好幾年，二〇〇四年的第十四屆縣運會終於恢復舉辦，由城中主辦，而且，是由他全力策劃及籌辦。我因此認真關注起重新舉辦的縣運會報導，竟然和我們以往的傳統觀念及刻板印象大不相同，不再那麼單調，不再那麼乏味，整個運動會的賽事流暢，比賽報導活潑清新，比賽秩序冊的編排精采有趣，還加入濃濃的文藝氣息，真不曉得這是怎麼變成的？怎麼做到的？

千禧年之前尚未開航小三通，在沒有吹冷氣的時代，夏天唯一的消暑方法就是在自家院子裡或門口，拿一張小板凳納涼，直到夜晚十點才進屋睡覺。我晚間有時路過楊老師門口看他在屋外乘涼，不管有沒有朋友，他都很熱情的招呼我坐下來一起聊天，有時還能喝上一杯冰啤酒，真是透心涼！有一次經過時，碰見城中李再杭校長在他門口消暑，我也坐下來陪伴，三人天南海北閒聊一陣，想不到，不很熟悉的李校長卻對我說了一句話「薛先生，你只要假以時日磨練，將來必有一番成就」。呵……呵……校長太高看我了，真不知他的此話從何說起？回家之後，我也一再玩味及琢磨此話的含意何在呢？不過，當時我已經取得考試院的檢覈合格証書兩三年，難道他知道我的檢覈項目嗎？

二〇〇一年一月二日金門與廈門之間的小三通輪船開航後，金門人經由水路絡繹不絕踏上廈門的土地，暢遊祖國錦繡河山。楊老師登上小三通首航之後，自此川行於金廈兩岸之間，不但探訪山川名勝，也拜訪新知舊雨和鄉土民俗。我再路過他家進屋落座時，發現他不但從大陸帶回一些新奇物品外，更帶回來一摞摞的大陸書籍，那可是很沉重的，攜帶很辛苦的，他的有心和用心由此可見一斑。這些年的台灣因為版權的關係，盜版書籍幾近絕跡，而正版的書價暴漲了一倍，我實在很難擠得出錢來買書，要看新書只得去圖書館借閱，所以我們一家六口人就有六張縣立圖書館的借書証。我跟他要求借書時，他二話不說，叫我自己挑自己拿，看完了再拿來換，二樓的書架子上也可以拿，還不用申請借書証呢！

當我到二樓一看，三、四十平方米的客廳，除了向西一面開了門和窗外，其他三面都是高高立起的書架，架上的書密密痲痲，新書古書都有，猶如一間小型圖書室，我每次一拿就是五、六冊，一兩周看完後再拿回來調換，一兩年之後我把沒見過的書看了一個遍。在我頻繁進出他家借書還書期間，也經常遇見他家裡高朋滿座，大都是藝文界的年輕朋友，男女生都有。他們夫妻倆都是熱情接待，從未慢待年輕人，對待朋友真是古道熱腸，一片真誠熱情，而且作風海派，還經常招待這些朋友去餐廳吃飯喝酒，有時我也能趕上一頓飯和酒。

可是，我有一次在餐廳吃喜酒，碰巧和他同桌，只見他聲音宏亮像主持人一般招呼大家，用喝啤酒的天仁杯一杯一百西西倒酒後，頻頻勸酒。一桌十人當中還有一兩位不喝酒的人，第一道菜上來還沒吃完，就把一瓶高粱酒六百西西喝完，而不是倒完而已喔！喝烈酒這麼猛，我還是大姑娘上花轎——頭一遭，委實招架不住，又怕他取笑只能硬著頭皮硬撐，一頓酒席下來喝了六瓶高粱酒，我差一點就溜到桌子底下去，下次再不敢跟他同桌了！但是，他後來生的病是肝癌，與他的喝酒習慣也是息息相關，這正是應了那句話說的「善泳者溺於水」。

但是，楊老師帶給我最大的驚訝，乃是他發表在「金門日報」上的幾篇新詩《情牽同安渡》，一共七首，述說先人的艱辛困難，落番人家的悲歡離合，淺顯易懂，動人心扉，真叫人想像不到，而且，他在詩文之後還附加註解，闡釋文中的背景。其中有一次，我到他家還書時，他正在吟詠一篇尚未定稿的新作《唐馬》，說的是一九九一年唐馬遠在莫斯科征戰之際，以及分享桂冠榮耀。他立即把新詩拿給我觀賞，並要我不吝指教，我接過來拜讀一下，為之驚艷不已，寫的是感情澎拜，溢出字裡行間。我詳細讀過兩遍，當場提出一兩處建議字詞，他毫不以為忤，欣然接受建議，並向他的夫人說到「妳看阿千就是有文學修養，說得有理」。

因而，我就自己所知的範圍，試圖將楊媽輝定義為一個恰當的、能涵蓋他生平的稱呼，他少年時從運動場上揚名立萬，那都是用汗水辛苦換來的榮譽。青年時負笈台灣省立體育專科學校，畢業後返鄉任教於國中，培訓學校男女籃球隊，中年時培訓出長跑健將許績勝，揚名世界田徑賽場，壯年時籌辦賽事不同凡響的縣運會，這些都與運動密不可分，體壇中人盡皆知。

難能可貴的是，老年時從事新詩創作，從而贏得體壇外人激賞不已。試看他的一生都在運動場上奔馳，從少年到老年都是，卻在年過半百之後、退休之際，轉向文學之路、創作新詩，成績斐然，試問這是怎麼樣一種華麗轉身呢？正是行有餘力，則以學文。銀城同安顏立水先生稱他為「晚霞詩人」，將夕陽和晚霞的餘光餘熱盡情揮灑，詩人之稱實至名歸矣！所以結合他人生軌道中的運動專長以及詩情畫意，我以為「運動詩人楊媽輝」，盡在其中也。

楊老師逝世後，金門日報上悼念和紀念他的文章屢見不鮮，我本想見賢思齊焉，綴文以附驥尾，仔細拜讀諸篇大作後，發現張浩然老師所寫《悼國家級教練楊媽輝老師》一文，堪稱壓卷之作。但是我思之再三，終究打起退堂鼓，暫且退出此一行列，內心期許自己在十年之後寫作一文聊表懷念，今年正逢十年磨一劍之期，恰恰可應此約。

重溫當年《唐馬》此詩，雖然充滿著訣別的意味，卻是哀而不傷。

唐馬／ 楊媽輝

唐馬／當你年少／永遠背負著沉重的金門花崗岩／
環跑地球征戰世界／總以／摩斯電碼／替代／彼得斯的雙腿／
閃電回報故鄉的殷盼／

如今／我已年老／牧馬侯新育的幼駒／古坑台灣馬拉松初揚蹄／
鈴噹鈴噹／馬鈴聲又響起／電碼沉默／手機悅耳／無聲有聲／唯心聲不變／
唐馬／我要告訴你／不久的將來／我走後／不需再到／
我的墳前稟戰報／也別在／墳前哭泣／因為／我在賽場／
不在墳場。

備註：

此為唐馬在一九九一年莫斯科國際馬拉松比賽中，以二小時十九分三二秒勇奪桂冠。天有不測風雲，年屆耳順離世。

2017/05/05

第十六回　海塔已乘黃鶴去
——昔日同窗空唏噓

二〇一七年二月十六日下午一下班我就趕往金門殯儀館蔡海塔同學的靈堂祭拜，看見他的妻兒及大弟。我問他妻子他是何時得病？兩三個月前我上他們家和他喝茶聊天一切如常，也沒聽他說生病啊！

他妻子說那時節還沒發現生病，在二〇一六年十一月份說是吃東西會燒心肝，胃難受。十二月一日在金門醫院照胃鏡，發現食道腫瘤，四日趕到台北榮總醫院住院做病理檢查是食道癌第三期，還好不是第四期。但特別的是多發性的腫瘤，不只一處，嚴重的是癌細胞已經進入淋巴，開刀已經沒有什麼意義了。

住院兩個多月只能用藥物治療，不成想，二〇一七年二月十四日下午五點，突然病情急轉直下，痛苦不堪，七點十分撒手人寰，叫人措手不及。第二天上午九點多遺體用安寧返鄉的直升機載運，十一點多送回金門。目前他還在工作中，尚未退休，他老婆去年已經退休。

照講癌症第三期還可以存活兩三年，不知為什麼病情突然惡化？

我從前一輩子沒有住過醫院，但是五年前二〇一二年的清明節及中秋節在金門醫院住院治療過兩次，每次十天，都是膽結石惹的禍，造成膽囊發炎，痛得死去活來。我住院時不敢告訴任何人，乖乖地在醫院治病，所以沒有人知道。可是，只有蔡海塔知道，然后去看我，因為他老婆在醫院當護士，從病人名單上看到我的名字在住院。

二月十九日早上再度去殯儀館給蔡海塔同學拈香祭拜，他有三個弟弟三個妹妹我都認識，那天拈香時看見他妻兒及大弟，今天又看見最小的弟弟和妹妹，三十多年不見，他們都認得我。話題還是談起他的病故，他的小妹說癌症第三期照講還能存活幾年的，她的父親是食道癌第四期發現的，也活了一年多去年過世的，活到八十六歲。她的哥哥去年還自認為能夠像他的父親活到八十歲呢，不成想，計畫趕不上變化，那時候他還不知道自己得病了，整整少了二十年哪！

我問她哥哥怎麼會得食道癌呢？理論上，食道癌的三大兇手是菸、酒、檳榔，愛吃熱食也會傷到食道，他不抽菸，不嚼檳榔，就是喝酒時間也很短酒量也很少，病因從何而來呢？

她說病從口入，還是喝酒來的，因為她哥先天體質的關係，一喝酒便臉紅，那就是一種警訊，不適合喝酒的警告。這倒是真的，讀高中時有一次我們一起吃酒席，有同學勉強他喝一點點酒，別人喝了不少都沒事，但是他就不行了，全身過敏起疹子，夜裡只得上藥房去打針才緩解。

她說除了臉紅和過敏，他的體質不適合喝酒也有基因的關係，她父親去年就是食道癌去世的。這次得病，她哥哥自己也說是喝酒造成的，雖然喝酒不幾年也不很多，但他確實扛不住。我二十歲參加工作就開始喝酒，喝一杯就臉紅，喝了三十幾年才戒酒，我的老婆罵我是個老酒鬼。

但是，他原本不喝酒，一直到四十多歲在工作的學校擔任總務主任之后才開始喝酒，也就是三、五年吧！之后轉任校長秘書、圖書館主任應該就很少喝酒了。但是這麼短的時間這麼少的酒量，對他而言，卻是穿腸毒藥啊！他的體質不允許喝酒，卻在中年之后開戒，真是不明智，悔之晚矣！默契十足同學，遽然撒手人寰。

2017/02/19

第十七回　博覽強記蔡海塔

——海塔已離去，往事留心頭

四十四年前（一九七三年）的秋天我在金門中學升讀高三上學期不久，有一天放學後，同班同學李游泓邀我到他住處玩。當時他借住在姑媽的家裡，位於金城莒光路中段的巷子橫街仔內，姑媽家開設一家金門獨一無二的「浩然當舖」。

玩了一會離開時，游泓送我出來，已經是夜幕低垂，華燈初上。就在短短的橫街仔一戶木造二樓的低矮樓房前，游泓跟兩位男同學打招呼，並介紹我和他們認識，原來都是高三的同屆同學，一是葉漢談，一是蔡海塔，他們兩個並不同班，那房子是葉漢談租住的地方，只有他一個人獨自居住，他父親住在老家金門城。

從那以後我和游泓經常結伴上葉宅拜訪他們，一來二去大家越來越熟，逐漸的無話不談。而且，到葉宅拜訪的同學越來越多，增加認識很多新同學，拓展了不小的社交圈子。大家都是窮哈哈的學生，只能在各自家裡吃完飯後聚在一起清談，有時聊天，有時抬槓，也能說的不亦樂乎！大家不約而同的把這裡當作是一處歡樂窩，歡聲笑語隨風飄揚，三五成群聚會很是快樂，高中生的生活純真，無憂無慮，那真是一個青春飛揚的好年華，在青春作伴的求學路上，為各自的人生畫上濃墨重彩的一筆。

漸漸的我也喜歡上這裡少見的自由氣氛，只因此地家中無大人，難得有無拘無束的天地任我逍遙。我們是生活在傳統和守舊的家庭裡，家中的父母都是不苟言笑，特別是做為父親的角色，更是整天扳著一張撲克牌的臉，孩子只能望臉聞風而逃！除了氣氛愉快之外，這老舊的房子裡居然有一項罕見的寶貝，那就是有最時髦的英文流行歌曲可以聆聽，有三籓市、混血兒、老鷹之歌、美麗星期天、芝加哥死亡之夜等等。那是一台老式電唱機和一疊黑膠唱片的傑作，當時金門沒有開設無線電台，也沒有收音機，更沒有電視，欣賞歌唱清一色是國語流行歌曲，由唱機和唱片播放，從來沒有見過、聽過英文歌。可是，我很對不起這疊唱片，因為聽了一年之後，我卻沒有學會任何一首英文歌的唱法，每首歌只會一句到兩句而已！

後來偶爾借宿葉宅，真是無拘無束天地寬，連海塔也來借宿，三個人半大不小的湊在一起打通舖，那真是有一頓好聊的，我們的用語叫做「蓋……」，能夠聊得有聲有色的人，我們就尊稱他為「蓋仙」。再後來，三人除了一起同桌讀書、做功課外，閒暇時也學起玩撲克牌、打百分，在紙牌上鬥智鬥勇，真是趣味無窮。那就需要四人築起方城之戰，因而陸續邀約其他同學加入，填補三缺一，其中，以許志新參加的頻率最高。

依照正常入學年齡來算，高三學生應該是十七歲，年尾出生的學生是十八歲，我是年尾生人正好十八歲，許志新十七歲，不成想，蔡海塔卻是十六歲，可能是全校最年輕的同學，他小我兩歲，猶如我自家的弟弟囉！問起原故，方知是小學提早一年寄讀，由於成績良好逕行轉正，誠所謂英雄出少年，無怪乎考入金門中學時名列前茅，可不是什麼小時了了，大未必佳。

我注意到海塔的特色及長處不少，他的頭腦靈敏，反應迅速，博聞強記，鉅細靡遺，我們有什麼不清楚的找他一問，他解答的明明白白毫無疑義，好比一本活動字典，這些都在我之上。那時候資訊的傳播沒有現在這麼蓬勃發達，能夠接受訊息的渠道只有報紙，尤其是「金門日報」，稱得上是我們每天的精神食糧，當我們一起出外用餐時，只要店裡有金門日報，他一定是看報紙下飯，而食不知味了。如果是難得吃一頓宴席，他對啤酒、高粱酒一概敬謝不敏，我們只會尊重他，都不會勉強他喝酒。可是，有一次我們一起吃酒席，有其他同學勉強他喝一點點酒，別人喝了不少都沒事，但是他就不行了，全身過敏起疹子，夜裡只得上藥房去打針才緩解。

他不但讀書成績好，而且他的書法也寫得很好，以前手寫油印時代，要油印之前必須先在蠟紙上用鋼筆寫字，俗稱刻鋼版，寫這種字的人必須是寫字漂亮，還要寫字有力，他就能勝任這種要求。一般人在複寫紙上面寫字，大都能穿透一張或兩張到達第三張，但是，他能穿透到第五張紙還能看見字跡，是我所僅見的勁道，真是力透紙背！後來我在他家看到他大弟弟阿璋寫書法，字體的漂亮及力道，也跟他不相上下，這更是我望塵莫及的地方，因為我從小不寫書方。

他是家中長子，下面有三個弟弟三個妹妹，全家離開農村田宅，只靠父親做工維持在城裡的租屋生活，母親做點零活貼補家用，家境比我家艱難，但他從來沒有哀怨，更沒有自暴自棄。一般來說，長子在家中會受到父母的器重和期望，也會得到弟妹的尊重，但是同樣的，長子要幫父母分擔一些責任做為表率，也要呵護弟妹禮讓弟妹。我也是家中長子，下面有兩個弟弟兩個妹妹，但我上面有三個姐姐，替我扛下很多的擔子，生活真是不容易啊！可是有一次他申請到五百元獎學金，那是好大的一筆錢，足夠一家六口一個月的生活費，當然要全部拿回家交給父母親運用。但是，他卻捨得拿出一百元來請我們上館子吃一頓鍋貼大餐，還有滷味和酸辣湯，我們四個人吃了一兩百個香噴噴、熱騰騰的鍋貼，大快朵頤，真是難忘那份飽足感！

由於他和我都是從鄉下來到城裡居住的，身上難脫那麼一股土裡土氣的土性，反而有一些氣味相投，後來表現在很多談話及行動的搭檔上，堪稱默契十足，在這麼多相得的同學當中，他是不二人選。後來我發現海塔還有一項特別，就是開玩笑的時候愛說反話，也可以說是黑色幽默，不細心的話，外人是很難看得懂。雖然他常說，人不輕狂枉少年，其實，那只是小和尚唸經──有口無心，就算他有那個賊心也沒有那個賊膽，就算他能借來那個賊膽也沒有那個能力。

過完春節進入高三下學期開始，大家心頭都清楚要準備迎接人生的最大關卡即將來臨了，七月一日的大學聯考決定著每個學子的前途和一生，能擠進這道大學窄門的中學生只有百分之三十，更多的百分之七十被拒之門外，必須提早進入社會、自謀生活；想一想同學之間將要分道揚鑣的未來，猶如石頭沉入心海一般，每個人總是愁眉不展。在這種茫然無助的氛圍下，幾個人不約而同都生出一種逆反的心理，總想找個地方宣洩一下，所以就一起出去買菜，在校慶及運動會前去運動場逛一逛。

聯考之前，金門考生渡海進駐高雄路竹的東方工專學校宿舍，考完三天後，我自知無能上榜。專攻軍校聯招，兩天下來考場順利，預備重返陸軍官校，因為我曾在兩年前就讀過陸官幼校。兩場考試結束之後，轉到台南休息等候八月初上台北報考大學夜間部。詎料，計畫趕不上變化，一封家書要我回家參加金門電信局招考，家裡已經替我完成報名，只好束裝返鄉考試。返家之後聯考放榜，我高高的落榜，其他三個同學卻都是金榜題名耶！

一位考上世新大學，一位考取成功大學，一位高中台灣師範大學，我一看自箇兒慚愧，但更為他們高興，一一登門向他們道賀恭喜，曉得他們今後經過四年大學生的教育完成後，個個學有專精，畢業後將來必是社會上的中堅份子。我是眾多落榜生之一，不知我的路在何方？幸好，得到老天的眷顧，十二月電信局放榜，我居然也能僥倖上榜，中旬隨即到台北電話局報到受訓一年。

次年四月初，學校放春假好幾日，海塔從台南坐火車一夜到天亮來台北和我們三人相聚，因為他們兩位也在台北就讀，珍惜我們各自跨出人生道路的第一步，互相探詢，互相鼓勵，互相扶持。其實，我們是同學，也是兄弟，固然相親相愛，但是人生旅途仍然是兄弟登山，各自努力，想要登頂就必須在根基上下大功夫，我們的人生路剛剛開始，萬里之行，始於足下，大夥一起努力向前吧！

他知道我愛看書，寒暑假回金門時總會帶幾本從舊書攤便宜買來的舊書送我閱讀，其中印象最深刻的是一本限制級的「金瓶梅詞話」，真的叫我大飽眼福，書中的章回題目跟市面上的「金瓶梅」一樣，但是內容完整沒有被刪減。他還曾建議我買一套白話本「二十四史」來看，我沒有首肯，一是沒有多餘的錢買套書，二是正史很難消化，三是史書的白話本沒有一本能將古文翻譯成正確的白話文。

有了工作有了收入之後，窮哈哈的學生一舉鹹魚翻身，我暗自慶幸，比進入大學深造的昔日同窗提早順利進入社會，進而養家糊口。三位同學經過四年之後大學畢業，前途不可限量，鵬程萬里，一位留在台北發展事業，蒸蒸日上，二位返金擔任國中教師，作育英才，百年樹人。我自忖雖然進入職場比較早了四年，起步早也起步高，但終究我的學歷和專長受限，將來頂多專任電信工人一職罷了，別無所長。所以，又屢屢勾起我當初唸夜大的構想，可惜，金門並無夜大的設立，除非舉家遷居台北方能如願，無奈，考慮到現實上種種的難題行不通，只好作罷論。

海塔回鄉先到烈嶼國中擔任教師，我有空時也曾跨海探望，其中也有幾位熟悉的教師，幾年後他和護士謝玉戀相愛成熟，攜手步上禮堂恩愛相守一生。再過幾年他調到金門高職，住家由金城遷到山外武德新莊賃屋定居，生養一女一子，家庭生活美滿，不久房東遷台，海塔順手買下住房。此其時，我工作十幾年還窩在金城當流浪的無殼蝸牛，只能望屋興嘆，此因我一家六口單靠一份薪水維持，別無他處生財，此其一。我的父母還帶著兩個未成年弟弟生活，抽走我的薪水達三分之一，此其二。

他的兩個孩子一點也不怕我，看我頭大臉四方，不好好叫我阿千伯伯，卻管我叫什麼四角伯伯？我也隨便她們。孩子到十幾歲以後就很少看見人了，一直到到他女兒結婚請我去吃喜酒時，才發現孩子長大了，長漂亮了。那天吃完喜酒出來，我跟海塔說你們家原來養了一個這麼漂亮的電影明星都不讓我看見，要不然我家有兩個兒子都比她大，準定要把她娶回家當兒媳婦的，把他跟老婆倆笑得都合不攏嘴了。

在山外定居二十幾年，可以看出他的生活進入穩定期，因為我也是過來人，為人子、為人夫、為人父，多重角色促使我們成長與成熟。他從家裡到學校兩點之間辛勤工作，與老婆將一雙子女撫育長大成人，一點也沒有失職的地方。善待雙方的父母，克盡孝道，無忝所生，更是孩子最佳的身教甚於言教。還有照顧弟妹，拉拔弟妹出一份心力，稱得上是好子弟。他平常也能保持適當運動，起先打籃球，再來打網球，後來是在運動場跑步，精神及體能狀態都相當不錯。

因為他小我兩歲，成家立業都比我晚幾年，所以我自然而然拿他當弟弟看待。等到我在金城蓋好新房子以後，有好幾年他都會和太太開車來我們家載水回去吃，順便坐下來喝杯茶、聊一聊，因為山外的自來水不適合飲用，直到自來水廠在瓊林供水站裝設賣水機之後，他才轉到瓊林去買水，這樣可以省掉一半的路程。

但是，他一生中最不明智的事情便是他原本不喝酒，一直到四十多歲在工作的學校擔任總務主任之后才開始喝酒，也就是三、五年吧！之后轉任校長秘書、圖書館主任應該就很少喝酒了。但是這麼短的時間這麼少的酒量，對他而言，卻是穿腸毒藥啊！他的體質不允許喝酒，卻在中年之后開戒，真是不明智，悔之晚矣！

我眼看著二月十四日的西洋情人節波瀾不驚，早掛免戰牌，不承想，晚上六點半突然看見陳滄江在網上同學會群組發出消息說「我們的同學蔡海塔，因為癌症病危」！猶如一記晴天霹靂，霎時震得我眼前金星直冒，過了好一會等我回過神來，還存著一絲僥倖心理，期望他能吉人天相，轉危為安，因為我也曾簽收過親人的病危通知單／紅單子，但最後化險為夷，安然無恙。

十一點半人在台灣的許志新來電話詢問蔡海塔狀況，我說別無所知，兩人同感難過！我們都說他生活作息一切正常，運動習慣沒有話說，身體身材標準，前幾個月我去看他還是一如往常，怎麼會突然得了癌症呢？深夜十二點陳滄江再發布消息說「蔡海塔不幸剛剛往生，安寧返鄉飛機預訂明天早上九點起飛返金」。至此，一切塵埃落定，從此陰陽殊途，再無奇蹟發生的可能，我只能說「海塔一路好走，各位同學節哀」。又說「海塔已乘黃鶴去，昔日同窗空唏嘘」！屆齡退休，畫下句點。

2017/03/27

第十八回　功成身退不圓滿

——董老師一路好走

二〇一九年年末，是三十八年的老同事董國勝上班最後一個工作日，中午我們相約在老地方吃牛肉麵，同飲一杯酒，把酒話白頭，他年長我一歲，明天起屆齡六十五歲光榮退休。我在戒酒狀況下只能小飲二十西西高粱酒，他能小喝一百西西，也不會勉強我多喝。第一杯酒我祝賀他功成身退，朝九晚五的辛勤工作到今天為止，劃下圓滿句號，第二杯酒再祝賀他功德圓滿，明天元旦起解甲歸田、告老還鄉，安享人生第二春的退休生涯。我說「勸君更進一杯酒，西出陽關無故人」，退休之後日子逍遙，我們相約只要他有空來到金城，通知一聲，我們再來相會相聚，照舊同歡樂。

詎料，天妒圓滿，竟然狠心將其召回天庭，歸列仙班。今年九月二十三日上午，遽然收到董太太發來信息謂，國勝一周前往生，訂於兩周後在台北出殯，謝謝大家的照顧。驚聞噩耗，令人不知所措！撫今追昔，怎不叫人擲筆三嘆啊？

話說從前我讀金城國中一年級，上下學時由珠山家裡到金城全靠兩條腿走路，走在前往後浦的泥土路上一趟需時四十分鐘，大人步伐大一點約需三十分。同村的同學或學長結伴同行，路上不孤單還能閒話村中的家長里短，隔壁村的學友偶而也能加在一塊，這其中就有古崗村的董國勝，他跟我們村的薛朝勇同學，都高我一屆。一來二去，我們三個人經常玩在一起，也讀書在一起，特別是早晨上學路上神智清明最適合背書、朗誦、背單字。

我背的是英文字母，ＡＢＣ狗咬天，他們背的是英文單字BOOK、BUS，等到上高中時，我們的英文成績都在一般水平之上，不落人後。放學後，早熟的朝勇會帶著我們兩人跟在他後面走村串社，到別人村莊去打探地形地物，當時他倆身高大約一米五，而我只有一米三六，小蘿蔔頭只有當跟班的份。唸完上學期，我就搬到金城大姐夫家寄宿，便和他們分道揚鑣了，一晃眼那都是已經五十二年前的陳年往事了！

讀高二分組時，我選擇理組，國勝是高三理組，大學聯考是莘莘學子要面臨的一道最嚴酷考驗，錄取率只有百分三十或三分之一而已，號稱擠窄門，落榜是上榜的兩倍，所以社會上都不忍心呵責落榜生，而進入大學的稱為天之驕子。國勝沒有讀大學，卻考上響噹噹的台北工專，其學術水平是介於公立大學與私立大學之間，其歷屆畢業生人才輩出，多數為社會中堅份子。

我在高中畢業後落榜不久，碰巧金門電信局招考新進人員，年底考取半正式任用資格，為實習技術佐，一腳跨進電信局大門，另一腳還掛在門外呢！國勝唸完三年專科畢業後，順利進入金門高職擔任教師，幾年後他轉換跑道參加民國六十九年電信特考及格，取得正式任用資格的技術員，級別高我一大級，第二年入局報到，而我照舊實習佐，還不是正式資格，直到七十二年電信特考終於及格。

人生何處不相逢，我們重逢在金門電信局，彼此都高興，互道恭喜及祝福，雖然他在線路部門，我在機務部門，公餘之暇相約聚會聚餐，暢談往事不勝愉快，還有就是上場打籃球。起初是在學校或體育場的籃球場上奔馳，後來局內場地擴大，恰好足夠設置一座籃球場，由於王煌局長熱愛籃球運動，鼓勵員工上場鍛鍊球技不遺餘力，每天下午四點半列為運動時間，沒有工作在身的人都可以進場練球。

如果人多就打兩隊五人制的全場球賽，人少則改打三人制的半場球賽，稱為鬥牛。國中時他比我高，高中時我已經後來居上長得比他高了，但是，打籃球時他充分發揮小個子刁鑽靈活的特色，球技一點也不遜色。尤其是他的攔截及抄球堪稱一絕，成功率無人能夠望其項背，我深知他的特色是靜如處子，動如脫兔，說時遲、那時快，一下子就抄走對手的傳球，隨後自己快攻上籃得分。

由於他曾經在金門高職擔任過幾年教師，我們同仁大都愛稱他為董老師而不名，那可是如假包換的正牌老師。因為執過教鞭寫過粉筆，他的硬筆字寫得很工整很漂亮。雖然他讀的是理工科，工作的是技術部門，但是，他的愛好及興趣從來沒有離開過文學，與朋友及同好清談時樂在其中，他會說「談笑有鴻儒，往來無白丁」。如果遇上困難或障礙，最終得以順利排除，他就說「兩岸猿聲啼不住，輕舟已過萬重山」。談起自己的少年困苦與好學，終於擺脫困境，他也說「我本布衣，躬耕於古崗湖畔」，「苟全性命於亂世，不求聞達於諸侯」，妳看他的形容多麼貼切呀！

所以他在線路部門最為稱讚同事徐明才對於詩詞及文學的素養深厚，推為線路第一人，更在他自己之上呢！徐明才對國學的愛好及基礎，堪稱引領風騷，不稱第二人想，他常說「衣食既有餘，時時會親友」，所以經常呼朋引伴、招呼局內同事或局外好友共聚一堂，推杯換盞，呼盧喝雉，把酒言歡哪！

去歲臨別依依，期待再相會，誰知那一敘竟是永別！今年三月中旬，輾轉聽說國勝到台北榮總醫院診斷出罹患食道癌第四期，聞之驚駭莫名，這些年來經常與他同桌共餐，看他吃飯喝酒並無異常，更未曾聽他說出身體有何不適的地方，怎麼就會平地一聲雷呢？此後同事們偶爾也會探詢一下董老師的病情，知道五月份進行化療，那是痛苦的療程，八月中旬聽說做氣切，還送進加護病房，那是叫人死去活來的療程，比插管還要嚴重，果然一個月之後就傳來撒手人寰了。

嗚呼哀哉！斯人也，而有斯疾也！感謝看重，撰文回報。

2020/10/03

第十九回　拷土豆

回憶往事，沒想到在悄悄的溜走之後，又偷偷的回到腦海來，怎不教人欣喜若狂呢？兒時在家鄉農村幫忙從事一些力所能及的農田耕種，譬如種土豆、種安薯、種菜、澆水等，收穫時，看到那些農作物的成果，令人為之歡欣鼓舞，想起參與播種時所流的汗水換來期待的農產品，內心裡不禁興起一股小小的成就感，這番感受讓我幼小的心靈充滿喜悅和快樂。

「拷土豆」，即拔花生，就是在夏天花生成熟季節，農夫到田裡去用雙手連藤帶花生一塊拔起來，如同在拔蘿蔔一樣；「捻土豆」，即摘花生，則是將拔好的花生藤在田地上或運回家裡來把花生連殼摘下來；「揹土豆」，即剝花生，是將花生殼剝開取出花生仁。帶殼花生摘下來洗乾淨以後，加上些許鹽巴放在灶上的「大鼎」煮熟，再撈起來鋪在門口埕或櫸頭仔厝頂曝曬數日之後，收入大缸或甕仔內，充作一年內吃稀飯的佐菜，即是俗謂：「吃糜配土豆」。但是，其實吃的是土豆仁，也就是花生仁。

花生摘完的花生藤置於田裡或厝前厝後曬乾後，再收攏捆好堆放在草間仔或倉庫裡頭，作為冬天牛隻的飼料，或者作為大灶燃料之用。拷土豆需要投入大量的勞動人力，捻土豆亦復如此，經常是無分男女老少的全家總動員，以便能夠在五、六天之內達到下鼎烹煮之階段，此時農村到處一片忙碌景象，卻也是笑容和喜悅佈滿臉上的季節。

說到土豆，不由得令我想起夏天的夜晚，吃過晚飯後在隔壁薛素姿家的門口埕乘涼聽故事，她的祖母總有說不完的故事，讓我們聽得津津有味，夜夜纏著她老人家說不相同的故事。有一夜，她不用講的，改用出謎語的方式給我們猜答案，她說：「頂開花，下結籽，大郎囝仔愛吃仔賣死」，猜一項可以吃的物品，我們好幾個小孩子，總是沒有一個猜到。最後，老人家拗不過我們的央求，只好告訴我們答案，那便是土豆。

不過，說來慚愧也無奈，我們家因田地不多又狹小，幾塊薄田大都是每坵五百栽、七百栽而已，頂多是一千栽吧！種植花生的田地只有一、二坵，一坵七、八股，每一年的花生收穫量實在少得可憐，別人家的花生是用大缸儲藏，沒有一缸，至少也有半缸；可我們的花生是以甕來收藏，而且，很少能裝滿一甕，通常是在一半左右，而甕的容量約當大缸的四分之一到五分之一上下。雖然，收穫量稀少，但是，種花生十多年，從播種、施肥、鋤草，到拷土豆、捻土豆等等工作，我每年都會從頭到尾參與，其中，以在烈日照射下拷土豆最費力氣，也最辛苦。

青少年時期，回到老家珠山拷土豆，是身為農家子弟無可推卸的年度工作項目，也是表現農夫刻苦耐勞又耐操本性的時候。拷土豆的順序，是沿著土豆股向前拔起，此時，雙腿微蹲，身體下沉，兩手全力拔起一叢花生藤後，轉頭擺在背後的田地上，待回過頭來再拔平行的另一叢，轉身放到背後的地上；然後，兩腳往前跨出半步微微下蹲，雙手用力拔起一叢又一叢，如此繼續向前拔過去，拔完一股再換另一股，直到接近中午或傍晚日頭落山才收工回家休息。

拔花生的季節，倘若遇到炎炎夏日久旱不雨，拔起來可就倍感吃力又辛苦囉！蓋因土壤乾硬，即使抓緊花生藤用盡力氣向上拔，往往也無法將花生連根拔起，破土而出；就算奮力拔出根部，但是大半的花生卻仍然陷在泥土裡，平白損失大把花生，非所願也；如果再使用耙子將全部陷落的花生耙出來，等於浪費一倍的時間，那太不划算了。

當花生拔不起來的時候，必須改用先行鬆土的方式，然後才拔得起來，鬆土的方法有三種，其一是澆水，第一股澆過水後馬上拔，拔完澆第二股再接著拔。其二是敲擊，把鋤頭或耙子高高舉起後落在花生莖部周圍泥土，連續敲擊二、三下，隨後拔起花生，敲擊的樣子好比舂米一般。其三是犁田，用牛拉著犁在距離花生右側五到十公分之處犁過去，花生藤便會一叢一叢連根翻起，另一人跟在犁田者後面輕輕鬆鬆檢起來即可，毫不費力氣哦！

時光飛逝，歲月如流，自從我高中畢業即踏入社會就業後，便離開農耕，倏忽已有三十個年頭。自以為對耕種越來越生疏，距離農田越來越遙遠，種土豆、種安薯、種菜、澆水，只是偶而在腦際閃過的一些記憶罷了。沒想到，客歲夏夜受邀在南山李文現大哥家吃晚飯，共話桑麻，主人提及花生已經成熟，近日內便要採收，但是，老婆大人起早趕晚忙著做家事和帶二歲大的小孫女，無法做幫手，兒子媳婦都在上班，也無法下田幫忙，農忙時節可又僱用不到人手，自己一個人實在應付不過去，言下頗表無奈！

我聽他如是說完，有那麼一些了解，便開口道我也是在鄉下長大，雖然很多年沒有做穡了，然而，種土豆和拷土豆十幾年的經驗還是非常深刻，說不定還會拷土豆，如果不嫌棄腳手含慢的話，讓我來幫忙試試看，就當作是無牛駛馬，好嗎？他說：「可是，你也在上班呀！如何抽得出時間呢？」我說：「我下午五點半下班後到這裡祇消五分鐘而已，夏天的太陽下山時間都在七點半之後，這中間足足有二個小時可以打拚，如果時間不夠的話，周六和周日兩天休息日，便可以全天候下田嘛」！他聽我說的不無道理，便欣然應允了。

第二天下午下班後，我準時到達田裡，一瞧，好大的一坵田，我在田埂邊，打赤膊、赤腳，換上短褲後，彷彿又回到三十年前的我。李大哥已經拔了三股，他說四點半就下田了，這坵田總共三千栽，有五十二股，預計二個人需要五個下午才能完成。我站在田裡彎下腰，兩腿平行打開微蹲，雙手向前左右開弓，一手抓住一叢花生藤，右手試探性的使出七分力量拔起，右手一叢花生應聲而出，看見一、二十粒落花生，收成不錯嘛；左手再跟著用七分力量拔起，左手一叢花生同樣破土，又見到一、二十粒的落花生。

我只用七分力量，就輕而易舉的將花生藤拔出來，頓時信心十足，兩手連拔六叢花生，順便把雜草一併拔掉，才回頭將花生藤擺在地上排成一列。待我轉回身後，再繼續往前拔花生，真是遊刃有餘，心想這比我年輕時代還輕鬆嘛！連擺了六次花生藤，我立在田中間，放眼一瞧，已經拔好半股多，感覺速度蠻快的呀！

雖然，滿頭滿臉汗如雨下，前胸後背更是汗流浹背，可是，一陣山風吹過，通體舒泰涼爽，毫不難過。一會兒，第一股拔完，心頭隨即湧上一股快樂的成就感；過沒多久，第二股也拔好，接著，第三股……第八股也拔完。此時，太陽才剛剛下山，涼風習習一陣陣吹過來，頓覺氣力倍長，正好大展身手。誰知道，忽然聽見李大哥在喊我，說要休息回家了；我深感訝異，便問他夕陽西下，還是一片光亮，等到夜幕低垂，至少也有半個小時，這時刻不是還很早嗎？他說還要把花生藤綁成一捆一捆，裝上手推車載回家去摘花生，今天已經拔完十四股，挺多的呀！既然大哥說要休息，小弟自然是恭敬不如從命，順手將花生藤拎到手推車上堆得老高推回去。

在李大哥家吃過晚飯，便回到金城住家洗完澡，我活動一下筋骨，並無不適，扭動一下腰背，全無痠痛，毫無異常。不過，第二天中午彎腰時才發現腿部會痠痛，用手按按大腿肚和小腿肚均同，我知道這是正常現象，很平常也很正常，也不以為意。下午下班後，仍舊依時趕抵南山花生田裡，李大哥已拔好三股，我奮力把花生藤一叢一叢拔起來排在身後，直到太陽西沉，大哥就叫我收工休息，我抬頭數一數，也是拔完十四股。

第三天下午，我照舊準時抵達花生田，一陣揮汗如雨過後，又到夕陽緩緩下山收工休息的時候，總共還是拔好十四股，再一個下午就可以大功告成了。第四天下午，我照樣趕往花生田，卻見到李大哥和他兒子兩個人立在田中間，看那剩餘的十股已經全部拔光。李大哥說他兒子今天休假在家，因此，父子二人在下午四點過後就相偕到田裡來工作，剛剛拔完花生。他兒子今年才三十出頭，年富力強，何況，自小就協助農事長大的，駕輕就熟，手腳俐落敏捷，端的是一個好幫手。隨後，我們一齊把花生藤捆好堆在手推車上載回去，提早吃晚飯，我就跟李大哥講，拷土豆難不倒我嘛！明年此時如需人手幫忙，儘管通知我一聲就來，絕無推辭，他欣然點頭允諾。

轉眼一年容易過，酷熱夏日又屆臨，天天躲在冷氣室內，我猶覺暑氣難當，正值百無聊賴。七月二十日接獲李大哥來電告知，明天要拔花生，問我下班後有沒有空幫忙？我說沒問題，下班後準到。翌日下班後，我立即趕赴南山，李大哥帶我前往花生田，卻不是去年那一坵，大哥說這一坵有一千五百栽，二十四股，預估三個下午可以完工。

我二話不說，照樣換上短褲，打赤腳、赤膊，重溫上一年的舊夢，仍然彎腰傾身向前，雙手左右開弓，先用右手抓住一叢花生藤，試探性的使出七分力氣拔起，右手一叢應聲破土而出，只見一叢裡足有二、三十粒落花生，收成比去年更好嘛；左手再接著拔起，左手一叢同樣應聲拔出，又見一叢中約有二、三十粒落花生，彷彿重回上一年的情景。只需七分力氣，便能輕鬆拔起來，信心滿滿，我兩手連拔六叢花生，並順便將雜草一併拔掉，然後，回頭把花生藤放置地上排成一列。連擺七次花生藤，我已經拔好半股，覺得速度挺快的呀！

抬頭方才瞧見太陽下山，晚霞滿天邊，耳際已傳來李大哥的呼叫聲，要收工了。今天已經拔完八股，捆綁後將花生藤載回去，吃晚飯時，我告訴李大哥說：「明天周五下班後，我要去台灣，再轉機到澎湖，大後天周日下午才能回來，這趟出門的行程是上個月就安排好了，無法變更。很抱歉，明天和後天無法來幫忙，禮拜天回來，如果還需要我拔花生的話，我一定會再來。」李大哥說真不湊巧，還好今年種得比較少，只有去年的一半，不過，今年的花生大豐收，我從小種到老，五十年來就數今年的收成最好。

星期天，我從台灣返回金門，立刻打電話詢問李大哥花生拔完了沒有？他說沒有，還剩下八股，如果有空再過來幫忙；我說空得很，五點鐘準到。等我到田裡和李大哥會合，兩人合作用力拔花生，不過一個多鐘頭，就把剩餘的全部拔光，清潔溜溜，太陽尚未下山，還斜斜的掛在西方天邊呢！

這兩年兩次拔花生的經驗，非但讓我重溫舊夢，也讓我重回農家的生活體驗，真是揮汗田中，歡呼收穫，其樂融融！因此，我私心裡認為，每年暑假是學生放假和旅遊旺季，一方面可以安排學生與旅客到農田裡「拷土豆」，親身體驗農家的生活情景；另方面可以舉辦拔花生比賽，寓農耕于競賽中。好比金寧鄉亦曾舉辦石蚵文化節剝蚵比賽，足下以為如何呢？山外過往經濟繁榮，餐廳林立美食難忘。

備註：

下午騎摩托車由中興路經過浯江書院要返回住家鳳翔新莊，在中正國小大門口迎面遇上一部摩托車靠近，趕緊減速再往右邊避讓，哪知對方偏偏不從我的左邊過去卻又靠近我的車前頭來，我只好剎住車讓他總可以吧？誰知對方也把車停住了，我不禁懷疑對方是來找碴的，睜開雙眼注視著他，不承想，他居然解開頭戴的安全帽問我：「薛先生好久不見，你還記得我嗎」？我仔細一打量，眼前坐在摩托車上的美女竟然是吳妙真，原來是大地出產的美女嫁到歐厝村，最近也搬家到鳳翔新莊來。

我說原來是妳呀，剛剛我心裡還在想著這人是怎麼騎車的？我已經讓出路來，怎麼還要封住我的路呢？她說就是因為看見我，想跟我聊幾句才這樣子停車。她問我最近有沒有寫文章？我回說沒有啊。她說她喜歡看我所寫的文章，只要在金門日報上發表的她都有看過。我說這樣子啊，就衝著妳這句話，我這兩天會動筆專門為妳寫一篇文章，題目已經有了，就是農家生活拔花生，閩南話叫——拷土豆。

2005/08/10

第二十回　吃在山外，今非昔比

──重振經濟，還看餐廳

依然記得四十年前的中學生時代，也就是一九七〇年代，每當我從金城坐公車到山外去逛街時，一下車就是抬頭看著滿大街上的商店招牌，順著東西向平行的二條大街逛下去，一條是復興路，由公車站到衛生院，一條是中正路，從車站前籃球場到僑聲戲院底，兩條大街各長約三百公尺。下公車後最習慣的走法就是以車站為起點，沿著復興路走下去，或者經過籃球場，照著中正路走過去。

看市招時，就是看招牌上的商店名稱及營業項目，商店名稱五花八門，琳瑯滿目，絕無雷同；營業項目則有同有異，不一而足。雖然我是逛街有趣，可是身為窮學生口袋空空，實在是消費無力；所以大多在街道上走著瞧著，頂多就是在商店門口的騎樓外望向店裡面，鮮少進入到店內見識那些貨品。這樣子的逛街，其實並不能有什麼收穫或者樂趣可言，真正是一場走馬看花，看完還是一樣的眼花。

但是，唯有一項不需消費就能享受到的，便是在走過餐廳（當時大都稱為飯店）門口時，偶爾從店裡飄出一陣陣的飯香及菜香味道，令人聞之精神一振，叫人忙著從氣味中去分辨是什麼菜色？也因此，對於成千上百的市招獨鍾餐廳，順著一溜下來的飯店名稱都能琅琅上口。

由車站出來走上復興路，左手邊不過兩三家店面便是「海山大飯店」，老闆為郭篇，郭老闆本身也是大廚，端的是一手好廚藝，往往讓路過的人聞香下馬。過了二百多米是「東方飯店」，老闆是宋源遠，宋老闆自己就是主廚。再過二十幾米是「玫瑰餐廳」，老闆是顏達仁及牛少齋，顏老闆是一眾老闆當中最年輕者，當時大約三十歲上下；玫瑰餐廳是當年唯一講究裝潢者，廚師來自外聘的。東方與玫瑰對面是「大同飯店」，老闆為何榮，何老闆自身就是大廚，有的是好手藝。再過二十來米是「山東酒樓」，老闆陳榮海，廚師來自外聘，菜色以麵食為著名，顧客群大多為金門防衛司令部的軍官階級。

從山東酒樓向右拐二十幾米就到中正路底，往上二十多米左手邊是「嘉賓飯店」，老闆黃平良，黃老闆自己也是主廚，做得一手好菜是遠近知名。再往上三十來米，是

「美加美」港式飲茶及餐廳，老闆為山東酒樓的陳榮海。美加美對面便是鼎鼎有名的「僑聲戲院」，每到電影散場時候，人潮洶湧，摩肩擦踵，蜂擁而出，中正路上途為之塞。往前二百多米，位於中正路頭的為「海中寶餐廳」，老闆是呂榮平。

復興路與中正路的中段有一條自強路連接，剛好有兩家飯店正面相望，一家是「妙意飯店」，老板為葉景清，葉老板本身親自掌廚，做的是本地菜。對面另一家為「太湖飯店」，老闆是王發泉，王老闆自己便是大廚，以牛肉及北方麵食聞名。與中正路平行的中興路上，靠近山外菜市場的是「紅龍飯店」，老闆為陳文生。如果由車站出發，經過籃球場沿著中正路走下去的餐廳依序為海中寶、美加美、嘉賓。以上共有十一家頗具規模之餐廳，一到中午及晚上用餐時刻，人聲鼎沸，賓客如潮，紛至沓來，老闆們個個笑逐顏開，這真是一個日進斗金的美好時代。

三十年前及四十年前的山外市面生意興隆，經濟繁榮，金城的商業功能，難望其項背；而具體表現在餐廳業方面亦如是，斯時金城的餐廳代表業者，僅僅「清香飯店」及「萬福樓餐廳」兩家而已。雖有幾道招牌菜色，但論營業額，則遠非山外餐廳之規模。而沙美只有一家「廷傑飯店」，和金城不相上下。山外、金城、沙美分居金門島的三角地帶，沙美市街的起沿和發展歷史早於金城，而金城又早於山外，可是山外商業功能的興盛卻遠在兩地之上。除了餐廳的數量和規模之外，表現在房地產方面亦如是，面積同樣大小的住宅，金城與山外的房價大致相同，但是大小相同的店鋪卻是大大不同，山外的房價至少是金城的三倍以上，由此可見一斑。

探究其因，應屬局勢所造成，想當年十萬大軍駐紮金門，金防部司令官的編階甚至一度達到上將階級，而居民不過五萬而已。山外地區的軍隊就佔了三分之一以上，軍人消費所帶來的經濟效益十分強大，金城、沙美、烈嶼地區的駐軍數目均次之，相對地，軍人消費所帶來的經濟效益也次之。但是，自從二十年前政策轉變吹起撤軍號伊始，駐軍開始逐漸減少，到了十年前，軍人十停裡面只剩一停，二年前又從一停裡打了一個對折，現在只得全盛時期的百分之五，真正是今非昔比。

山外的經濟繁榮與軍隊人數息息相關，軍人消費撐起山外一片天，可是，隨著駐軍大幅縮減，山外的市面繁榮也跟著迅速下滑。餐廳的生意大不如前，半數關門大吉，半數仍掛著招牌的也是日趨沒落了。同樣地，餐廳的寥落和衰敗，也說明了當地經濟蕭條，兩者關係密切，互為表裡，相互表現。若當地經濟興旺，則餐廳興盛；若當地餐廳衰弱，則經濟不振，實非無因。何況餐廳業也是一種領頭羊的產業，對於農漁牧產品中的果菜及魚肉需要龐大，對於傢俱及裝潢的需求強勁，可以帶動很多相關產業的蓬勃發展，對於服務業人力的需要，更創造為數不少的就業機會。

為今之計，要振興山外的經濟，離不開先要提振山外的餐廳業，況且，山外的餐廳曾經走過輝煌燦爛的歲月，底蘊非常豐厚，要再造光耀的歷史，並非什麼難事。主持鎮務者，若能深入探討，當知此為最佳途徑之一，又何必捨近而求遠呢？目前，正在興建中的金門第一家五星級大飯店就坐落在山外，其內部除了住宿部份外，宴會廳兼有中、西式餐廳，對於帶動人潮及餐廳消費定能起到一定的拉動作用，且讓我們一起拭目以待將來的效應如何？餐廳與經濟息息相關，相互影響，要重振山外經濟，還須振興餐廳業。同學一別三十年，遠從美國返鄉聚。

2013/12/02

第二十一回　歡聲笑語同學會

二〇一〇年四月七日晚上，在山外臨時接到同學電話要我趕回金城參加聚餐，我在七點半到達時，十五個年過半百的同學已經吃到酒酣耳熱，歡聲笑語的時候，城中第五屆同學會上場了。當我剛剛靠近餐桌時，主客位置上的一位白色外套美女已經在叫我的名字，我答應一聲後便坐下，趕緊拿眼睛仔細一瞧，美則美矣！但是不認識啊！這人的眼力真好，竟然一眼就能叫出我的名字來，怎不教人驚喜呢！我問左手邊的同學甯國平，這位美女是誰啊？他告訴我是張素賢。

我說：喔！原來是我高中的偶像美同學，自從高中畢業三十六年來，我從來沒有忘記過她，今日是第一次見面。我剛說完，我右手邊的同學陳泰明立馬向張素賢抗議起來，他說他比我早先一步進來餐廳，張同學叫不出他的名字，現在阿千晚一步進來，張同學卻能叫出我的姓名，美女分明看人大小眼嗎！因此笑鬧了好一會。

我和素賢同學喝了一杯酒之後就說，由於我一直對她念念不忘，還因此認識了另一位張素賢呢！而且還是小我們一兩屆的美女喔！就住在我家後面的兩排而已，現如今在動員後管組上班。素賢問我是怎麼回事？我告訴她是在十幾年前的某一天，我回珠山老家送葬扛棺材，因為棺材太大太重，把我的脊椎骨壓傷，回到家後整個腰部都直不起來，非常痛苦！

我立刻到陳圓叔店裡請他幫我整治，陳圓嬸告訴我他去台灣了，不在家。我便跟她講，我腰椎受傷很嚴重很痛苦，腰桿都挺不起來。她一看我的表情，就告訴我要立即到鳳翔新莊找水龜叔醫治，他的本名叫張水榮，他會用毛筆蘸珠砂給你點眼睛。我依言找上門去，把我的情形詳細說了一遍，水龜叔聽完，叫我坐在板凳上，拿了一枝毛筆蘸上珠砂，讓我雙眼睜開，要在我的眼睛點硃砂，一下子就點完一雙眼睛後，閉眼輕揉一會休息半個小時就行了。我還以為接下來要進行推拿的動作呢，可是他說不用，腰椎明天就好了。我將信將疑，且看明日見分曉吧！

休息時間，他就跟我介紹坐在客廳的一位美女是他的女兒。我就跟她請問芳名，她說叫張素賢。我跟她講這名字真好，我高中女同學當中就有一位叫做張素賢，令我印象深刻，迄今畢業二十年，仍然記憶猶新。她說她也認識那一位張素賢，因為她比我們只小一屆而已，在學校就見識過了。當時她在台北警備總部擔任軍中雇員，目前已調回金門動員後管組。待我說完這過程後，泰明同學也說起水龜叔的獨門絕招確實有功效的，因為眼睛裡面的淚腺會牽連到身體的其他部位，他是在珠砂當中加入中藥的。素賢就問起，這麼神奇的醫術有沒有傳承下來呢？泰明說他沒有學到，但是，知道水龜叔有傳授給他的一位女兒。

我又問老甯，美女同學住哪裡？他回說嫁去美國。我聽後就告訴素賢說，我的小女兒也是嫁到美國，住在芝加哥。她就問我是在哪一州？我說不曉得什麼州，好像是個汽車城。她說芝加哥位於美國的中西部，屬於伊利諾州，城市的最大特色是風很大，好比台灣的新竹，是著名的風城。芝加哥的北邊有一座密西根湖，湖的東側為底特律，才是聞名的汽車城，底特律屬於密西根州。我也聽不大明白，到底是沒有去過美利堅嘛，我只曉得我們家的女婿小布和女兒小猴子住在那個地方。我跟她說，她高中時代留給我的名字及外貌等印象，畢業三十六年以來我從未忘記過，還以為再難遇見了，今晚真是幸會之至。

泰明談話中提起城隍廟之事，一時勾起我的心中往事，於是我端起酒杯面對著同學陳滄江，我說聽到城隍廟，我就必須好好向滄江同學敬杯酒。他問我為什麼？我就說民國八十三年，我剛進入薛氏宗親會擔任理事長的第一天開理事會，會中通過要捐款新台幣二十萬元作為城隍廟重建經費，我要去執行，可是宗親會內一時沒有錢。因此我打電話向滄江商借，當時他人在台北，他同意之後就交代他金門公司裡的會計開出一張支票借給我使用，而且也不收利息。所以，今天我要敬你一杯酒，表達由衷的謝意，說完，我們兩個人一起乾杯。同學返鄉又十年，擺好酒席未相會。

2010/04/12

第二十二回　未開幕的同學會

二〇二〇年七月二十一日晚上六點半，舉辦美國同學張素賢返鄉聚會和餐敘，盼望重現同學相會歡聲笑語，因為十年前的四月七日，美國同學返鄉頭一次和我們睽違三十六年的同學相聚非常愉快，第二天我還特地為她寫下一篇紀事《歡聲笑語同學會》，當面送交給她。這一次也很期望重回往日情景，可是到了六點二十之后，十二位參加同學全部到齊落座，有蔡琪秀、張秋芬（兩位女生）、許寬、許乃權、許金象、許志新、陳泰山、陳成鑫、戴德愿、石兆瑜、楊明舉、薛芳千。

到點之后遲遲不見女嘉賓的芳蹤，這不是她的風格，美國文化是很守時的，當我拿起手機準備跟她連絡時，看見LINE在五分鐘之前有她來的兩條信息，其一是來電話未接，其二是文字信息八個字說「我出車禍了，沒法來」。我立馬回信息說「真的不是好消息！我們同學到了十二位，妳現在要緊嗎」？不見回應，打了三次電話也沒有接聽，完了我向大家伙報告美國同學的情形，目前該當如何呢？大家說現在連絡不上，情況不明，訂餐的時間已到，我們照常用餐，難得相聚，大家就開個同學會吧，飯后再繼續聯系。

隨即上菜開動起來，邊吃邊喝邊聊天，談的話題以金門縣政府連發兩次公文來催促辦理同學會改選事宜為最多，預訂在八月二日儘快召開會員大會改選第四屆理監事及完成報備。由石兆瑜通知葉長茂加緊辦理，以免成立有案的同學會最後落得被解散的命運，辜負大家的期望。餐會到八點結束，士農工商，各自回家。

八點半我聯絡到警察局朋友詢問，晚上六點多有沒有發生車禍？有沒有人送醫急救？警察說六點多有一輛自用小客車，在環島北路上由瓊林行經后盤山路段發生自撞，女性司機撞上路旁一棵大樹，手腳烏青瘀血，頭腦沒有受傷，意識清醒，已經送到金門醫院急診室留院觀察。

九點我立刻趕到急診室探望，傷患戴上口罩看不真切，聽她在床上痛得哀哀叫，我走到床頭輕聲問她「妳是張素賢嗎」？她輕輕地回應兩個字「我是」，然後不再開口，我不敢打擾她。一會兒，她妹妹進來，她住瓊林，我以前見過面，問她發生什麼事？她說她姐六點多開車要去金城跟同學聚會，行車到后盤山路段，有一隻蟲子在手上爬著，她用另一隻手去抓蝨子，說時遲、那時快，不成想車子遇到轉彎沒控制好，就撞上路旁的大樹，車子撞輸了她也受傷了。

胸部及腹部在方向盤上面來回撞擊，力道非常強大，肋骨受到撞擊，必須開刀處理。她姐不要在金門開刀，要求立即後送台北榮民總醫院動刀，現在值班醫師已經在申請立即緊急后送的醫療專機，希望晚上就走。停留半小時，我就返回家中，透過LINE向幾位同學匯報一下初步狀況。也打電話給紐約的倪阿嬌老師報告過了。

第二天早上八點我打電話到醫院查詢，美國同學昨天深夜十一點多已經后送到台北了。今天凌晨兩點多開刀，歷經三個多小時，手術順利成功，下午已經轉入普通病房。美國同學這一趟返鄉真是吃了不少苦頭，首先全副防疫裝備穿戴齊全登機，包括口罩、防護帽、防護服，其次全程直飛二十個小時的航程中，滴水不沾，為的是避免上廁所要卸除及重新穿戴全副防疫裝備，最後是一落地台北，就要居家隔離二十一天，形同關禁閉。不成想，剛剛出關沒幾天，總算能夠歡天喜地的回到故鄉參加當年國中三年孝班的同學會，之後再參加國中第五屆同學會，偏偏又發生這麼嚴重的車禍，只有祈禱她能早日康復出院了！鄰村同鄉貌相似，背影家人分不清。

2020/07/22

第二十三回　同鄉聚會歡樂多

二〇一一年十一月某天，我用來自黑龍江的蘑菇燉了一隻土雞，這是東北有名的一道菜色——小雞燉蘑菇。然后用保溫鍋裝了一鍋送到珠山請我的同鄉林芳旋品嚐；芳旋是在珠山土生土長，跟我一起長大的，比我大一歲；他回老家陪伴老母親，媽媽現今九十二歲，身體好得很哪！他投身軍旅官拜將軍多年，在今年七月剛剛退伍的。隔天早上我又回珠山跟他一起喝茶，他告訴我金防部司令王世塗中將，是他的同班同學，也是我從小就認識的學長，晚上要請他母親和他去太武山金防部吃晚飯呢！說完他就打電話給司令聊了一會，末了說起我在他家，司令馬上就說那晚上也要請我一塊去他那裡吃飯，我很高興的回說我一定去。晚上我在芳旋家——小名叫阿表，跟他們會合一起坐金防部派來的專車一同出發。

到了地頭，先在貴賓室跟主人及其他客人喝茶談話，司令接到他夫人從台灣打來電話，說起晚上請了哪些鄉親吃飯。其他人他太太都認識，唯有提到我的名字他老婆不認識，我也不認識他夫人，她就問了我是誰？司令說：「他呀，就是從小跟我長得很像的一個人，連我的姐姐從背後都會錯認他就是我的那個人啊」！說完他太太在電話裡就笑了，我們在場的每一個人也都跟著笑歪了。

我有十五年沒有見過這位跟我長得很像的學長，上次見面是在澎湖，他是隔壁村東沙人，我仔細打量了他一下，他高我兩、三公分，大約一百八十公分，體格和我一般壯碩，估計在九十公斤上下，我就問他體重多少？他說不多不少，正好一百。哇塞！居然比我還強壯，我最重的時候九十六，目前是九十二。不過，他的外觀和我一樣也不顯胖，可見得他鍛鍊有術、有恆，不愧是革命軍人。要不然，沒有天天鍛鍊的人，體重達到九十就會顯得胖嘟嘟，臃腫而難看。

吃飯時大家小喝兩杯高粱酒閑話家常，其樂融融，一位主人加一位主陪，客人共有十二位，吃飯輕鬆而愉快。吃飯時大家都喊小名——司令小名叫阿塗，我和主人喝過幾杯酒之后發現到他兩邊的耳珠子好大一個。我自小在鄉村長大，小時候村子裡的大人和長輩都很誇讚我的耳珠子長得大，是一生好命的相格，我有時回顧一下自己的前半生也真的是順風順水，向來都是好命呢！

可是我看主人的耳珠子又要比我大上一號，顯然他也會是一輩子好命的，誠如他自個兒說的，他不知不覺的晉升上校，升少將也是沒有預料到的，沒有料想到的是又晉升中將，這都不是他所能預想到的，只能說是祖先庇佑啊！阿塗、阿表和一對夫妻他們四人是同班同學，我和黑肉仔是同班，阿表還特意給他們誇獎我的文章寫得好，常在報上發表。他們也都說阿千小時候讀書很好，尤其是查字典全校第一，這樣一說害我在同學及學長面前多麼不好意思啊？我只好說我這叫小時了了，大未必佳嘛。他們說不會、不會，你好利害！如果你從軍的話，說不定也會很有發展哦。

其實，投筆從戎也是我從小的志願，我跟阿塗說：「我唸完高一時到鳳山讀陸軍官校的預備學校，那已經是三十九年之前的事了，新生訓練時你和薛承勤、薛朝勇三個人到我的連上探望我，那時候你們也是讀預備學校的二年級學生」。不過，我入校二個月後就發現我唸完三年幼校再唸官校，我就白白耽擱了一年並不划算，因此我便離開幼校又回到金門高中繼續唸高二，打算唸完高中後再重考陸軍官校。

等到一九七四年高中畢業時，我考大學聯考落榜毫無意外，因為當時的聯考號稱擠「窄門」，高中畢業生要考上大學的名額只有三分之一而已，落榜生反而佔了三分之二。但是，要考軍校聯考機會就大很多，何況我又是唸理組，而考試科目全是理組，所以我相信能夠考上軍校，我填志願卡時就單選陸軍官校一項志願。結果考完二項聯考後，我卻只收到一項大學聯考的成績單，一直就沒有收到軍校聯考的成績單。

幾個月後我恰巧考上金門電信局的招考，從此一頭栽進職場，然後結婚生子，養家活口三十多年。可我一直念念不忘這軍校聯考的成績單跑哪裡去了？整整過了十年之後，我苦苦思索終於頓悟，原來這成績單早就寄來了，家裡的雙親收到後藏起來不讓我知道。那麼為何要藏起來呢？那是因為我考上了，如果我拿到成績單就會去從軍報國，父母卻要把我留在身邊奉養雙親。如果是沒有考上，他們就會把成績單拿給我，正如我看見大學聯考的落榜成績單一樣沒有任何意義嘛！我的人生之路第一志願因而拐了一個彎，人生一輩子的種種變化，往往是出人意表之外，真的是不按牌理出牌囉！可是，條條大路通羅馬，走上哪一條人生道路未必就不好；況且，時光就是不能倒流，人生就是不能重來。同學癌症第四期，鬼門關前走一遭。

2011/11/07

第二十四回　同學相會歡笑多

衣食既有餘，時時會親友。二〇一八年九月八日晚上六點半，約好老同學梁國棟和他同村老鄉王少騏，來家裡品嘗一下大連來的媳婦，小魏姐的正宗北方麵食，有餃子、酸辣湯、韭菜盒子，又約了另一位同學許乃權夫妻倆。一大鍋酸辣湯幾乎喝光，四十個餃子吃光光，十個韭菜盒子只剩三個，真是太給主人面子了。還有一盤滷味、一盤炸花生米、一盤糖醋蘿蔔、一盤西蘭花炒蝦仁、一盤荷蘭豆炒茭白筍、一盤杏鮑菇炒肉片，同學相會，把酒言歡，大伙吃得不亦樂乎！梁國棟算得上是個美食達人，對於餃子、滷味、酸辣湯、韭菜盒子非常對味，讚不絕口。

然後他談起自己的生病及治療過程，二〇〇九年他參加第五屆金門縣長選舉，新光醫院專程來訪，留下一張名片。競選中途發現身體不適，到榮總一檢查是肺腺癌，只好堅持到選舉結束後才回到榮總治療，卻不得要領。因此嘗試打電話給新光醫院諮詢，獲推荐該院腫瘤科紀主任看診，因此轉院到新光醫院確診是肺腺癌第四期，晴天霹靂，恐怕只有蒙主寵召的份了！此時，紀主任建議採用雙標靶治療，不由得採取死馬當活馬醫了，不承想，幾個月之後居然見效，起死回生，因此從鬼門關走了一遭，又回到人世間來，肺腺癌第四期不死的奇蹟就是他！八年來，兩岸三地的癌症患者有來詢問他，獲得醫治成功的有十幾人，鄭海洲就是其中之一。

八點半吃完飯，國棟興致高昂，意猶未盡，邀請我們一起到街上一家卡拉OK唱歌兩小時，難得三個老同學相聚，的確是應該盡興一下，因此冒雨到五樓練一練歌喉，不亦樂乎！

國棟身高一百七十七公分，差不多小我一公分，體型看起來壯碩，體重八十五公斤，小我五公斤。他說起當年第一次部隊調防馬祖，劉娟蘭家裡開餐廳，第一眼看見他就愛上他，而他一點也感覺不到，很快的等他知道了，就跟她走到一起，一路走來，始終如一。

九月十七日晚上六點半，再約老同學梁國棟來家裡吃餃子，還有老同事李安世，以及徐明才和董國勝一起來吃飯。六點正先給許大人送去一盤滷味，六個韭菜盒子，二十個餃子。

徐明才和梁國棟與薛芳千在四十六年前（一九七二年）讀高一時同窗共桌過，一別多年之后，這是徐明才第一次跟梁國棟碰面，同學相會，倍感親切與珍惜，把酒話當年。徐明才說下午想到即將跟分別四十六年的同學見面，不曉得到時候會不會老淚縱橫、兩眼淚汪汪？還好，晚上一見面，到底忍住了一把淚水。

李安世年長我兩歲，今年初剛剛屆齡退休，功成身退，開展人生第二春。當年他也是在馬祖擔任少校防砲連的連長后退伍，而梁國棟也是在馬祖幹過中校營長后退伍，退伍之后才結婚生子，三個孩子當中最小的現在讀高一。董國勝年長我一歲，讀初中和高中都是高我一年的學長，國勝和國棟都是國之干城。

國棟說年過花甲的人生如我們，生活的目標不必放在升官發財上，而是要放在身體健康上面。日常生活的重心不外兩項，一是培養嗜好，不會無所事事，二是經常運動，保持手腳靈活。他說的這兩點，我幾乎都能天天做到，順手就把最新的這一期「金門前鋒報」拿給他看，上面正好有刊登我寫的一篇文章《博覽強記蔡海塔》，紀念去世一年多的蔡海塔同學，他看了一下文章的標題就說，這份報紙要送給他，我說沒問題，你只管拿回去好了。

吃到八點散場，一大鍋酸辣湯幾乎喝完，十二個韭菜盒子剩五個，四十個餃子也剩五個，都讓徐大哥帶回去跟徐大嫂分享。

十一月四日晚上六點，再約同學梁國棟和許乃權一起來家裡吃餃子，同時最主要的是，要滿足林永塘喜愛麵食的心願。自從去年來家裡吃過小魏姐的正宗北方麵食之后，永塘就一直念念不忘、每飯不忘，我告訴他一定不會讓他失望的。

所以早上約好許乃權伉儷及他們兒子，再由他代為邀約林永塘伉儷。我在邀請梁國棟的時候，他說要帶上王少騏開車，才能夠喝酒盡興，我想他說的也對。這樣加上我們倆總共九人，因此準備九副碗筷，算是九龍珠。不承想，晚上六點之前少騏進屋來的時候，還跟著一位來自天府之國、鍾靈毓秀、成都平原的川妹子胡青，我一數人頭整整十個，趕緊添加一副碗筷，正好湊成十美圖。

六點開動，七點時梁國棟有事先退席，因為時值選舉季節，再過二十天就要投票了，有侯選人晚上到山后村拜票，需要他陪同拉票，而少騏及小青也因此一起撤了。今年的選舉是五合一，有縣長、縣議員、鄉鎮長、鄉鎮民代表及村里長等五種公職人員選舉，現在街頭巷尾最熱門的話題，非選舉莫屬了。這五種選舉當中又以縣長之爭最受矚目，雖然登記參選有六人，但是主要競爭者在於陳楊對決為主軸，其他四人僅為打醬油之角色而已！眾人的看法大都持六四比預測選局，認為陳氏掌握龐大行政資源，佔盡優勢，為不可戰勝之對手！況且又號稱金門最會選舉之人，選前三個月親自撥打電話拉票，不遺餘力，每天至少撥打兩百人的電話，我們很多朋友都接到過電話。

他們三位離開後，其他人繼續努力吃喝，八點半散場。晚上一大鍋酸辣湯、十六個韭菜盒子、四十個餃子全部吃光光，真是太給小魏姐面子，謝謝大家的熱情捧場。製作公文為何事，且看下回說分明。

2018/11/04

第二十五回　薛芳千申請函

受文者：中華電信股份有限公司

副　本：中華電信股份有限公司產業工會

主　旨：建請惠予准許提敘薪級，並補發八十六年至八十八年之間三年的差額，以落實照顧員工權益，請鑒察辦理賜復。

說　明：

一、一切都是「公務人員俸級法施行細則」第七十五條惹的禍，因為，新修正的條文規定，對於曾任公營事業之年資，均得按年核計加級。但是，我們中華電信在實際作業上卻堅持「不同資位人員不得提敘薪級」，抹殺我們在中華電信苦幹實幹十多年、二十多年，從未離開過之事實，斷然不准採計，嚴重損害應有的權利，十五人的名單如附件。反而，在其他交通事業機構、行政機關、公營事業機構及學校的年資可以採計提敘，此種寧與外人，不與家人之作法，何能謂事理之衡平乎？

二、從我等十五人的資位轉換上可以看出，清一色都是由技術類轉任業務類，所通過的考試不是高普考，便是電信特考，而非升資考試。能夠通過高、普、特考洗禮者，都是經過千挑萬選，方能脫穎而出，當知得來不易。可我們歷經千辛萬苦通過考驗，卻不能獲得應有的尊嚴和公平待遇，教人情何以堪呀！

三、詮敘部多次行文解釋：電信事業員級以下資位人員之提敘薪級，由該事業機構自行認定。因此，只要電信事業總機構認定吾等十五人之曾任年資，即可提敘，還我應有之薪級，其理至明，萬望鈞長體恤下情，通令及早辦理。

四、總公司對於未通過考試、未具資位的建教員佐人員，都能夠同意辦理採計年資，提敘薪級，嘉惠同仁。反倒而不准許通過考試，具有正式資位的人員提敘薪級，這豈不是本末倒置，獨厚彼而薄此乎？難道說考試也有罪嗎？通過考試者需要加以懲罰嗎？

五、猶記得總公司於八十六年底通令人事單位辦理提敘薪級，我們親眼目睹許多同仁為了提敘，不惜降調低一資位採計年資，並簽具切結書同意放棄回復原有資位。可是，這些同仁在提敘薪級後，其原有資位並未降低呀！其故安在？莫非他們會施展五鬼搬運法不成？

建　議：建請以吾人現具資位為基礎，採專案辦理方式，將曾任年資按年核計加級，並追溯自八十五年一月一日起生效，以符合公平、正義原則，提昇同仁工作士氣，報答中華電信事業。

申請人：薛芳千
性　別：男
年　齡：四十五歲
職　業：中華電信金門營運處
地　址：金門縣金城鎮民權路一五六號
電　話：〇八二—三二七二九九，〇八二—三二六五六六
身份証：W一〇〇〇三九六八二

中華民國八十八年六月三十日（1999／06／30）

備　註：

公務員俸給法修改后，我們電信總局有十五位高普考及格人員卻不能提敘薪級，總局人事處謝清風辛苦爭取二年多徒勞無功。我告訴他由我來接棒，當時金門有二席立法委員，一個是我同學一個是我朋友，都跟我講有什麼需要他幫忙的地方只管跟他說。我接手這件事后，用我個人名義寫一張公文給中華電信公司，副本給中華電信工會，我同時打電話給工會理事長陳潤洲，請他就這件事多多協助。結果不到幾個月，中華電信公司就下發公文同意給這十五位同仁提敘薪級，這張公文原稿我仍然保存在手裡。省政府委員，兼任或專任？

第二十六回　試論福建省政府委員

二〇〇〇年六月三日拜讀「金門晚報」上，刊載福建省政府委員翁明志、陳高青、陳滄江三人致「函」福建省政府大作，為自身職務名稱、職權行使等、依法據理力爭，不愧為全民政府新人新政新作風，為省府帶來活力新血新氣象，吾人欣然樂見其成。但以製作公文程式而論，卻是大有商榷之餘地，試論如下。

公文者，為處理公務之文書也，其程式有一定之規定，其類別有六種，為令、呈、咨、函、公告、其他公文。翁文稱「函」，顯而易見是在製作公文，而非一般之書信。然而，函之作用，是機關與機關之間，或機關與人民之間往來的公文，其製作第一欄應標明發文機關，函則緊接於發文機關名稱之下，如以人民身份行文，則標明「申請函」。該文既未標明發文機關，也未冠上申請二字，不符合公文之法定程式，其為瑕疵之一。

又翁文在文末稱「敬呈」，探其本意應是簽呈，或稱簽，此即公文程式第六類「其他公文」中最常見者，其作用為機關內成員對本機關或本機關首長有所請求、報告或建議。其製作第一欄應標明「簽」，再於其底下並列日期與單位，簽的格式可採三段式或條列式均可，簽文結束後，另行寫敬陳二字，再另行抬頭寫首長職稱，空一格再寫首長尊姓。但是，簽用於機關之內部，不得分行或副知其他機關，該文副本行文「總統府」等機關，此為瑕疵之二。

再以翁文內容上所主張之職稱及職權，端視「福建政府組織規程」而定，倘若規程上有「置委員若干人，專任；若干人，兼任」，則省府在新聞稿上稱「兼任委員」，係指其性質上而言，尚無不當或逾越規定，亦無職權行使上之不平等。如果規程上無此規定，則該文之主張自屬有理。

有幸拜讀二〇〇〇年八月十日「金門日報」所刊載「翁明志、陳滄江怒斥少數幕僚隻手遮天」，真是罵得好、罵得痛快，不愧為全民新政府新作風，令人有一吐胸中塊壘之感耶！翁、陳二人貴為福建省政府委員，位居比照簡任第十三職等，地位崇高，更勝過區區七品縣令的第十二職等。如今，其幕僚位在下屬，竟然膽敢一手遮天，假借修編之名，遂行個人升官之實，分明是禿子打傘——無法無天，當然要送他們去法院吃上官司，才能以儆效尤呀！

本月六日，恰好是農曆的七月初七，為中國七夕情人節的美好日子，當天上午，民進黨金門縣黨部舉行揭牌儀式暨成立茶會，我也受邀觀禮，現場冠蓋雲集，極一時之盛也。隨後，並舉行翁、陳二人之服務處揭牌典禮，現場觀禮鄉親父老踴躍，又有鑼鼓隊助陣，真是熱鬧非凡。從服務處的設立，我們可以看得出二位省府委員積極服務金門鄉親的一番熱忱，令人肅然起敬，頗感榮幸。

不過，當我看到揭牌後，差點暈倒，立刻掉頭就走，實在是看不下去了。看官欲知何故，且待我細說分明如下，此因名銜牌上寫著「福建省政務委員翁明志、陳滄江服務處」，我的天呀！一字之差，何止以道里計呀！只要從「福建政府組織規程」上便可知道，省府置省政府委員若干人，並非置省政務委員若干人，此其一。再從總統任命狀上所發表的職稱也一定是省政府委員，絕非省政務委員，此點不用大腦，只須用膝蓋想就可以知道了，信不信由你，靈不靈當場試驗，只要把任命狀拿出來一對照便知分曉，此其二。

俗話說：天下文章一大抄，抄來抄去都是錯。如果您看過這塊銜牌之後，應該可以相信了吧！由行政法中，我們可以清楚看出國家設立各種政府機關的名稱，以及機關設置各項職務的名稱，舉例說明之，行政院置院長、副院長各一人，八部二會首長各一人，政務委員若干人。立法院置立法委員若干人，院長、副院長由立法委員互選之。司法院置院長、副院長各一人，大法官若干人。考試院置院長、副院長各一人，考選、詮敘部長各一人，考試委員若干人。監察院置院長、副院長各一人，審計長一人，監察委員若干人。

綜上所述，中央政府機關中，唯獨行政院有政務委員之設置，其官階為特任官，與部長相同，又稱為不管部會之首長也。此外，別無其他機關再有設置政務委員者，更遑論省政府或縣政府之地方層級者。

陳水扁總統新政府強調全民政府，其用意即在廣納會賢達人士進入政府公權力部門，服務全民，造福民眾。所以，用人唯才唯德，不分黨派，也不分性別，更不分地域。有才能之士進入政府成為機關中的一份子，仍應遵守法制，更應尊重行政倫理。全民政府更應團結全民力量，與各黨各派和平共存，共謀全民之福祉，而非專事爭奪權力，專謀個人之私利。拜政府南向政策之便，中文書籍翻成越南文。

2000/08/10

第二十七回　睿友學校放光采
——《陳長慶小說集》中越文本新書發表會

周末（二〇二〇年七月二十五日）下午三點之前，筆者有幸奉陪「金門前鋒報」社長抵達碧山睿友學校，觀賞《陳長慶小說集》中越文本新書發表會盛典，共襄盛舉。正當溽暑發威，艷陽高照的午後時光，仍然擋不住金門地區四面八方有頭有臉的文友前來祝賀及造訪，會場人滿為患，座無虛席，站票者更是人擠人，至少達到二百人。這是陳長慶的喜事，自然也是睿友學校的盛事，大放光采。

三點正，發表會準時開場，由成功大學陳益源教授擔任主持人，陳教授數年前由成功大學榮調金門大學，擔任人文及社會科學院院長，期滿又回任成功大學教授。沒有陳教授的慧眼識英雄，就沒有先前陳長慶小說的越南文翻譯本，更沒有今天陳長慶小說中越文本的問世，說陳教授是陳長慶的貴人、更是陳長慶小說越南文翻譯本的催生者，一點也不為過，或許將來陳教授也是金門文學作品走向越南翻譯本的推介者。

簡單介紹完新書作者陳長慶的背景後，立馬推薦一齣聽覺及視覺的饗宴，那便是由金門南音社理事長陳榮泰領銜演出的南音吹奏及演唱數曲。今年高齡八十六歲的陳榮泰即是碧山本地人，人也親土也親，自公務界退休二十來年，為南音事業出錢出力，屢屢從公務部門引進大量預算支持文藝事業，迄今兩袖清風，一身錚錚鐵骨，令人敬佩有加。之後介紹金門傀儡劇團團長蔡遠進表演掌中戲，木偶在他的線索操作之後活靈活現，意境深遠。近年來蔡遠進推介金門本土藝術表演不遺餘力，聲譽鵲起，名聲響亮，深獲鄉親肯定。

主持人隨後介紹各界長官上台致詞，其串場功力，一如他的文學功底，十分了得，從頭到尾絕無冷場，原來這就是一通百通的道理，金門話叫做「書深人賢」。典禮進行到一半時，會場外一道道亮麗的風景線出現在全體來賓的眼前，那是二十幾位越南女郎穿著傳統服裝奧黛來出席。原來是金城國中新住民學習中心的越南學員盛裝來參與盛會，奧黛服裝猶如中國的代表服裝旗袍，中國的旗袍是一件式，而越南的奧黛是兩件式，其外頭是一件薄質長袍及地，下身再穿一件同色系的長褲，特別彰顯腰身的修長有緻，其布料大約是麻紗或是棉紗，其色彩鮮明艷麗，奪人眼球，想不多看一眼都難！

典禮進行二個小時後進入尾聲，由就讀成功大學的越南籍博士生獻唱一首越南著名的反戰歌曲《隨風飄揚》，一九五五年由北越發起的統一戰爭，由於美軍介入，越戰歷時二十年，最後以南越戰敗告終，完成統一。陳長慶也回應歌詞說，他願意一輩子做講述金門辛酸故事的人。再由畫家楊天澤贈送一幅水彩寫生畫，預祝陳長慶七十五歲生日即將來臨，生日快樂，萬事如意。睿友學校及陳長慶的一樁美事，至此活動畫下圓滿的句點，各位來賓及鄉親各自打道回府，后會有期。

散場時不期而遇到我們珠山村的青年薛國鋒、阮美泉小兩口，穿著便服的阮美泉就是越南來的媳婦，臉蛋嬌俏甜美，身形苗條婀娜多姿。我當面請問了她的姓名，她才說起阮姓是越南的第一大姓，她的娘家在越南的南方胡志明市附近，就是以前的西貢市，今年二十三歲，嫁來金門快兩年了，生活很愉快。當初是因為她的姑媽嫁來金門很幸福，就介紹薛國鋒去越南相親，因此一年之中，薛國鋒就飛了六趟越南，雖然間關千山萬里，旅途備嘗艱辛，畢竟順利找到一生的摯愛及幸福，終於娶得美嬌娘回來，從此開啟兩人的甜蜜婚姻和美滿家庭。金東一顆明珠，碧山出好子弟。

2020/08/08

第二十八回　感謝陳長慶館長的肯定

我在很多年以前就發現小和尚與你有一項共同的人格特質，那就是正直正派又耿直，當然，他的公務生涯確屬輝煌耀眼，金門公務界難得有人能出其右了！其次他所寫的「金馬民眾萬言書」，對金門民生的關愛之心，悲天憫人之情，溢於言表，也起到維護金門鄉親的權益，著實令人欽佩！二十多年前在《金門報導》上一發表，一時洛陽紙貴，頓時引起金門防衛司令部的極大震撼與檢討，甚至試圖追查該篇文章的作者，同時也受到金馬兩地民眾的高度呼應及討論，真是擲地有聲。退休之后，雖然兩袖清風，一身鐵骨錚錚，仍然為地區南音文化的傳承奔走出力一、二十年，堪稱文化大使。

而你也是了不得，才唸初中就踏入文藝青年之路，矢志不渝，稍長不論在金防部工作期間或自己的事業之外，全心投入地區文化出版事業，開創金門先河，發行《金門文藝》季刊，但是受到文人相輕的作祟，年輕時遭受無謂的批判，不得不放棄你的志業，致使金門地區從此后繼無人，殊堪痛惜！等你蟄伏二十年之后重新拾筆出發，立定方向，全心全意投入創作，把你的見聞及思考發揮於字裡行間，一時間吸引無數鄉親的目光與讚賞，紛紛鼓掌叫好。雖然十年前身體染恙，更令你專心投入寫作，與時間賽跑，跑出佳績來。語云，古人學問無遺力，少壯工夫老始成。這話告訴我們說，做學問或文學創作是越老越有成績和成就，因為有生活的經驗，生命的淬鍊，還有歲月的沉澱，更能顯現出作品的深度及厚度，不會無病呻吟呀！

兩年多年前，你接受文化局的委託，採取利用空間、活化資產，將碧山村內現存百年建築物睿友學校改造成「睿友文學館」，出任首創館長。雖然是不支薪的義務職，但是你一上任立即籌辦文學展覽事宜，親力親為樂在其中，不僅有模有樣，而且有聲有色，展出檔期一檔接一檔，連獲佳評如潮，五鄉八堡扶老攜幼絡繹於途前來觀看展覽者不計其數，增添多少文化及書香氣息，開啟金門各村落前所未見的風景線。

至於你對我的誇獎實在愧不敢當，我和你們一樣來自鄉下農村，生活清苦，自小就知道少壯不努力，老大徒傷悲的名言，我最想改變的就是通過努力改善自己和家人的生活就好。直到工作十六年之后，偶然投入電信工會事務，雖然是拿錢學功夫，卻也是一個自我學習和自我成長的機會，我把很小的事情認真的做好，居然開創出自己的另外一番視野。

離開之后後旋即進入薛氏宗親會貢獻一點力量，深知從事公共事務的宗旨是，無私無我，無往不利；盡心盡力，不求名利。這種任期式的職位有一個好處，那就是時間一到必須離開，好比酒店打烊，我就走人一樣，你從哪裡來，還回哪裡去。這個職位如果是榮譽，我願意跟大家分享，如果是責任，也願意跟大家分攤。任期屆滿之后，揮揮手不帶走一片雲彩，是非與功過，留與后人去評說，重整會務待后生！

離開宗親會已經一兩年，也是在一個偶然的機會下，才想到記述一下當時參與修建薛氏祖墓的過程，自己傻傻的動筆寫作第一篇文章《薛氏祖墓的發掘與修建》，費時三個月，寫下二千字，大呼失算！當時我年過不惑，還要多四歲呢，這下子真正體會到什麼叫做書到用時方恨少，本想半途而廢，何苦來哉呢？只因為有一點不捨，和一點點堅持，最終才能交卷。再過一年，嘗試書寫第二篇文章《珠山大樓還珠記》，寫下一千多字，歷時一個月，總算沒有把我嚇倒。從那以后，寫作的速度越來越快，寫作的篇幅越來越長，遣詞用字也更加流暢，如此而已。

然而你把自己寶貴的創作輕描淡寫的說成是畫虎膦，實在是忒謙虛了！若是讓我來畫我也畫不出來呀，畫虎畫皮難畫骨，那一張老虎皮我也畫不出來呀！其實我記得你曾經說過自己辛苦創作的文章和出版的著作，都是自己一字一句寫下來的心血結晶，你陸續出版二、三十本的書籍，說得上是著作等身了，他們猶如親生的孩子，哪有不珍惜的道理呢！這話說得在理，我們的文章既不是抄襲也不是剽竊，完全是貨真價實的創作。言為心聲，說的是我們個人的見識和理解，至于說好不好，對不對，歡迎大家來討論和指教。

早期你的作品主要是散文及評論，停筆復出的文章則以現代詩及小說為主，廣受歡迎是在小說，集中在以軍中樂園為核心、以金門鄉土傳說為重心的部分，而以鄉土小說最齊全，等于為金門保留歷史和演義，也因此贏得金門鄉土文學家的稱號。鄉土小說又以戰地政務時期軍民生活為背景，創作數量豐富又多樣，無人能夠望你之項背，所以又被稱為扛霸子。

此外，你的小說中又引入大量的金門方言，這又契合了鄉土小說的特質，叫做越民族性的就越世界性，以音帶字真的不是一件容易的事，可是你已經做得很好了。經常的，我從你家的書店門口走過，都能瞅見你安坐在電腦桌前打字，明知你在寫作文章，不忍心進去打斷你的思路，好讓你專心思考及創作，同時也不得不豎起大拇指佩服你，時間在你的手裡，從來都不會輕易被浪費掉，值得向你學習！人說一事精緻，足以動人，對你來講那是在恰當不過了。第一代村霸自縊，第二代村霸繼起。

2021/04/04

第二十九回　毀人田地，無法無天
——吃人夠夠，形同強盜

冬至那一天是二〇一三年十二月二十二日，我返回珠山「吃頭」，散席後信步在村中閑逛，走過「大道宮」再步往正前方的珠山六十九號老家看看，不經意就瞧見家門口的田地上，不覺大吃一驚！你道是為何？只見門前最靠近的那一塊田地上，不知何時竟然堆滿廢土廢料，比原來田園高出一、兩米，甚至與旁邊巷道的路面齊平。兩、三個月前我回去的時候並沒有發現啊！這是什麼時候傾倒的？這是什麼人幹的好事？

我家門前有高低不平、大小不等的田地七、八塊，門旁有水塘，田中有水井，是耕種的好地方。雖然家人都離開故土，但這一大片農田幾十年來都是交給鄰居薛水涵種植。因此，我在第一時間立馬就直奔水涵他家裡探問究竟，他不在，他太太許秀月說他們什麼都不知道。我只好轉問其他幾家鄰居，大家異口同聲說那是「公司的」做的。

在鄉下或農村所稱公司的，指的是「公共的」、「公共的組織」，而不是個人或私人的性質。珠山村中的公共組織，現有「薛氏宗親會」和「珠山社區發展協會」，負責人分別為薛承琛與薛永妥兩人。不言而喻的，這是離不開他們兩人的干係，所以，我必須先行加以確認到底是誰幹的？因為承琛不住在村裡，一時無法查証；而永妥住在村中，自當予以查証核實。

我隨後前往永妥家中，他家裡正好有不少客人，都是宗親兄弟如薛承煒，還有廈門薛氏宗親會理事長薛文革等人。我問他：「你為什麼把廢土廢料傾倒在我家的田地上」？他說：「那塊地是楊筱忠的，她是你母親嗎」？我說：「難道是你的母親不成？楊筱忠不是我母親，卻是我祖母，現在土地所有權狀就在我母親手裡，你不是楊筱忠后人，又沒有經過人家的同意就來濫倒廢土廢料，你會有法律責任的，到時候你到法院去講明白」。

看看這蠻橫霸道的說詞和做法，叫人如何聽得下去？他明知道這土地是有主人的，卻不肯尋求地主或其家屬的同意，逕行蠻幹下去，是不是吃人夠夠？跟強盜有什麼兩樣？楊筱忠不是他母親，也不是他的家人，他有什麼權利啊？他可不是把一些些、一點點廢物擺放在人家農田上而已，而是填滿整塊農田達一、兩公尺的厚度並加以夯實，這塊田地完全無法耕種，此種做法根本是毀人田地，這就觸犯了刑法上的毀損罪，這種行為豈不是無法無天？我們身為先人楊筱忠的後代，面對此種強盜行為，豈能不挺身而出嗎？

此外，在二〇一三年十二月二十日李沃士縣長到珠山時，他們向李縣長要求撥款將這塊田地鋪設水泥，做為車輛進出的通道及停車場。李縣長不明究裡當場答應撥出五百萬元做為工程款，他哪裡知道土地的權屬問題，是私人的產業，依法是要受到保障的，並不是公有地也不是無主的土地，如此一來，豈不是要陷李縣長於不義之地嗎？

回溯民國八十五年，距今十八年了，當時金門國家公園為修建珠山公園步道從「東宮仔」後面通過，有使用到我祖母楊筱忠的土地，事前還特地來問我同不同意讓他們施工？我毫不遲疑地就同意了。三年前國家公園要在我老家屋外的「宮橋潭」做一條人行步道，承包商也在事前問我同意不同意施工？我也是很爽快的同意。人家外鄉的人都會尊重地主的權益，為何本村的人反而如此蠻橫霸道？而且是用心如此狠毒地毀人田地，試問各位公道伯孰可忍？孰不可忍？

冬至後第二天我到田裡拍好照片拿給我大姐薛秀能觀看，決意要維護先人的產權，堅決地進行到底。首先，向金門縣環保局和建設局通報此案濫倒廢土，其次，向金門國家公園通報。第三天姐弟倆到金門地方法院檢察署按鈴申告，一切依法律途徑解決。

看來，珠山第二代惡霸從此誕生，我今年六十歲，已經年老力衰，無能為力，只能尋求法律途徑的救濟。不過，珠山第一代惡霸已經在數年前懸樑自盡於外鄉，報應不爽，殷鑑不遠，寄望爾等好自為之！

二〇一三年十二月二十四日於金門地方法院檢察署

第三十回　女兒送我去醫院

小小膽結石作怪，一年兩度去住院。

二〇一二年國慶日前三天是星期日，下午三、四點我呆在家裡，肚子開始又脹又痛，我拿白花油擦在腹部，雙手疊在一起用手掌及掌心按住腹部作順時針方向揉搓，十分鐘、二十分鐘之後依然無效，沒有緩解作用。接著，我的額頭出汗，全身冒冷汗，坐臥不寧，站亦不是，渾身虛弱無力。整整痛苦一個多小時後，我感覺這不是一般的肚子痛而已，應該是腹絞痛，不能夠再硬撐了，必須盡快到醫院求診。

於是，我打電話給大女兒阿如，告以身體狀況如此，需要去金門醫院掛急診求治，問她能不能開車來家裡載我去？她結婚後有三個小孩讀小學至國中，每天總要接送上學及補習班，夠她忙的。她說沒問題，五點來家裡載我，我把應用物品準備停當，車子一來，就直奔醫院急診處而去了。值班醫師問明病情，就先給我在手臂上打一針止痛針，喔，打完後手臂好痠！先量體重是九十二公斤，接著，作一系列檢驗項目，驗血、驗尿、照X光、電腦斷層掃瞄CT，等檢驗結果出來後，醫師說要等候安排住院治療，打抗生素、禁食和禁水，並請主治醫師來作病情說明。

一會兒，主治醫師前來解說病情，由於膽結石從膽囊中掉進膽管卡住，造成膽囊及胰臟發炎，而且，膽汁受到堵塞，黃疸指數升高，非常危險，如果再繼續升高，甚至會威脅到生命安全。然後，他說建議我能盡快轉診到台灣的大醫院治療，才不致於使病情惡化。我一聽，深深不以為然，我心想我是來金門醫院就診的，你這樣一推轉診了事，何不改名稱做金門轉醫院得了？我沒有同意，只能安排住院了。

晚上八點左右，住進雙人病房，開始吊點滴，並且，禁食又禁水，這跟半年前我第一次膽結石發作住院時一樣的待遇，要開始餓肚子了。女兒看我安頓好了就回家，打過止痛針後，我的腹絞痛減輕許多，其他都能行動自如，自然無須他人照料。夜裡到天亮，每隔一兩個小時，護士小姐就進來量血壓和體溫，以及察看點滴的流動和數量，血壓及體溫一直都是正常值，不像上次的體溫是高燒不退。由於護士小姐的盡職，使得我一夜總是被驚醒，無法入睡，第二天因此非常疲憊，白天也只能補睡一兩個小時而已。

到中午的時候，發炎情況及黃疸指數完全一樣，沒有任何改善，主治醫師巡房時跟我說，下午二點半要請腸胃科醫師再來講解病情及現況。我立馬通知女兒過來參與聽講，一起作決定，腸胃科醫師準時來到病房說明，他說由於結石卡在膽管中，造成膽汁堵塞，必須轉送到台灣大醫院作引流，再用腹腔鏡手術從膽管中取出結石，才能澈底治療，這些在金門醫院都做不到，要盡快後送到台灣開刀，病情才不會惡化，危及生命安全。

聽完醫師的說明後，我了解已經是別無選擇的選擇了，只有和女兒同意後送到台灣去轉診。於是，由女兒立即辦理後送的申請手續，預訂次日周二的專機後送，由女兒陪同護送，搭乘明早十點的軍機飛台北。女兒辦好手續就等航空護士過來確認，快四點時航護來檢查及交代完畢，讓女兒簽名後離去。

住院第二天，有朋友聞訊前來探視，安慰及鼓勵有加，讓我心頭深感溫暖和寬慰，有位朋友說：「你此次生病住院，還要後送到台灣治療，此去是禍是福，恐怕難以預料，俗話說是福不是禍，是禍躲不過」。是的，需要後送的病情肯定不是小事一樁，此去台灣就醫，前途吉凶未卜，只能堅定信心勇敢向前。一生中第二次生病住院的心情，和半年前的第一次住院略有不同，上一次住院十天，從頭到尾都是滿心的不甘願，但這一次稍有些許頓悟。

我認為醫院不見得是痛苦的、負面的，它好比是人生旅途中不可缺少的驛站，如同機場、港口一樣，是人生悲歡離合的場所，離別是悲傷的，相聚卻是歡樂的，所以醫院也是解除痛苦的、正面的，與其排斥它，不如心平氣和的接受它。想想自己年屆花甲之齡，不承想竟然在半年之內兩度住院治療，實在愧對那妹妹對我的誇獎健康寶寶之稱謂。

周二早上量體重是九十公斤，辦好出院手續後，工作人員用擔架把我抬上救護車送到機場，仍用擔架送上飛機，在擔架上我自感悲傷，這是生平第一次享受此種特殊待遇，一時間頗有「風蕭蕭兮易水寒，壯士一去何時返」的況味。軍用運輸機于十點準時起飛，十一點半降落台北，再用救護車送達榮民總醫院。但是，一進入急診部放眼看去，亂紛紛的病床及輪椅塞滿了急診部大廳及走廊，少說也有七、八十號病人，大家都在等待病房入住。

在等候期間，我又開始做一系列的檢驗，驗血、驗尿及X光，電腦斷層掃瞄CT是使用從金門所帶來的光碟片。枯等了八個小時，終於在晚上八點排上病房，只有單人房沒有雙人房，每日病房費高達台幣五千元，不曉得要住幾天？住進病房後，首先測量體重是八十九公斤，然後照舊是禁食與禁水。

難得在台北榮總醫院的第一晚睡了一夜好覺，因為夜裡十點以後，護士小姐就不再來量血壓、量體溫，光檢查點滴就不須驚動我，此項作法實在值得金門醫院的護士參考和改進。周三是雙十節，小兒子阿瀚早上從桃園來到醫院探望老爸，下午回去，女兒大概是明日回家。

女兒隨身帶著平板電腦i-Pad，要查資料、查路況等等，都能便利無比，尤其是下載了許多影片，要看電影打發時間實在是無比方便。她一邊玩著電腦一邊跟我聊著天，她說老爸這次生病住院，她只告訴小弟阿瀚一人，大弟阿樸出差到中東，妹妹阿儀住在美國，為了不使他們擔心，就不通知他們了。我說使得、使得，就這樣子好了。接著，她就說到他丈夫的朋友來家裡坐時，偶爾有人提起他們結婚時，女方贈送了多少、多少的嫁妝，引得丈夫好羨慕說怎麼別人有這種好康的事，他卻沒有這樣的好事呢？

我就告訴女兒說下次要是再談起嫁妝的事，就跟妳丈夫說妳帶給他的可是最大、最貴重的嫁妝，要不然妳們家那個胖小子許瑞哲是打哪裡來的呢？更何況，他所要娶的是人又不是嫁妝，想要那些嫁妝還不簡單，只要努力工作和賺錢，哪一樣買不到呀？我說像老爸當年結婚時也沒有得到什麼嫁妝，妳從小到大可曾聽我唸過嗎？老爸當時也是獲得一份最大和最貴重的嫁妝，那就是我的大女兒妳呀！那時節妳都已經來到這個世界三、四個月了。

說起嫁妝，我略為回憶一下當年女兒結婚時的情景之後，我說當時妳從外頭回家來告訴我說妳要結婚，我一看妳已經懷孕六、七個月了吧？我一聽妳說完馬上把妳的結婚按照我們家的喜事操辦起來，熱熱鬧鬧、喜氣洋洋的宴請親朋好友分享喜悅及喜酒，不也是風風光光的在嫁女兒嗎？雖然程序上有些不按牌理出牌，但結局卻是歡天喜地的一樁喜事。至於嫁妝，妳自己也有責任啊！妳從高職畢業後到台灣工作三年結婚，此期間妳從來沒有對家裡做過一絲一毫的貢獻，也沒有上繳過一文錢呀！

美國總統甘乃迪就職演講中的名言就是說：「別問美國為你做什麼？先問你為美國做什麼」？此話膾炙人口，世界廣為流傳。而且，我認為嫁妝是身為女兒的人在有工作能力之後，自己要努力的責任，如果自己賺多少花多少，全部伸手向家裡索要，並不恰當。所以我說：別問家裡為妳做什麼？先問妳為家裡做什麼？妳看看我們家四個孩子長大工作之後，卻沒有一個人對家裡做出回報，不是很奇怪嗎？可是老爸何曾責怪過妳們嗎？

周四中午過後，主治醫師來巡房時說我可以開始吃飯，但是胃腸虛弱，只能吃少量和清淡的細碎食物，不能吃多，也不能吃油膩，吃飯後若是肚子不舒服，必須馬上通知醫師或護士。我一聽如同接獲福音，立刻叫女兒出去買碗清淡米粥，前後禁食將近四天，此時吃碗清粥，猶如美食一般的享受！昨天我就感覺左腳的腳掌又有輕微的腫和痛，我擔心腳腫會再發作，早上醒來，果然整個腳掌已經腫得滿滿的，女兒看我下床走路很不利索，就問我是不是腳又腫了？我說是呀，發作的真不是時候！

這半年來我已經腫過四、五次了，女兒也曾經載我去看過醫師，吃過消炎藥或消腫藥兩三天就會慢慢消下去，醫師最後的診斷認為不是痛風不是水腫也不是關節炎，最可能的是腳底筋膜炎。醫師巡房時，女兒趕快報告我的腳腫，我也說明在金門看診認為是腳底筋膜炎，能不能開藥給我消炎？醫師說這未必是腳底筋膜炎，也有可能是身體的內臟有問題，淤積到腳底去，只須坐著時把腳抬高，睡覺時把腳墊高，就能慢慢消下去，因此沒有開藥給我。我遵照醫師囑咐，果然在第二天消腫一點點，第三天就消了一多半。（備註：其實是非典型的痛風）

下午女兒回金門，小兒子上班不能來，我樂得一個人輕鬆自在。隨後，大兒子阿樸從國外打電話來關心老爸的病況，我告訴他我轉診到台北後，發炎及黃疸均已獲得改善，就等安排動手術的時間了，除了掛著點滴以外，我的生活和行動自如，身體和精神都逐漸恢復常態，也不需要別人的照顧。他聽完頗表放心，也叮嚀我要寬心，他要到十九日才能回到台灣。

周五開始吃醫院的伙食，早餐是一碗粥半碗青菜，清清爽爽，七分飽到處跑，比起我在家裡吃稀飯，至少四碗稀飯二碗菜要少了許多。中午，醫師來巡房時告知，預訂安排在下周一早上做內視鏡手術，是一種顯微手術，手術後觀察兩天，如果正常下周三就出院，等確定後會在周日晚上另行正式通知。晚上，小兒子來醫院坐鎮陪伴老爸，他已經請好五天假，帶著他心愛的平板電腦i-Pad玩得不亦樂乎，他這款型式及大小跟他姐姐的一模一樣。他目前只是待命而已，不用做什麼事，下周一進行手術時才是他要應變的時刻，手術之後的前兩天也是他要照顧我的時候。

周六早起吃過飯後，加上夜裡睡眠充足，我的身體和精神都很好，實在不像是一個病人。兒子晚上回家去睡覺，並且照顧他的寶貝小狗及小貓，明晚此時再來醫院備戰后天的手術即可。次日下午，兒子提前到達醫院待命，由於這兩天的點滴都減半了，所以上、下午各有二、三個小時休息不用掛點滴，趁著兒子回來又不要吊點滴的空檔，我就脫下病服換穿便服，到樓下的戶外四處走走，換換空氣，父子倆順便聊聊天。

我說談談你的豪宅吧！他說我可不敢自稱豪宅呢？要說豪宅只有阿如的房子當之無愧，二層樓那麼大的房子，每層至少七十坪。我又說那你的透天厝是幾層樓？面積多大？他回說是三層半樓房，可每層只有十八坪而已，全部加起來都抵不上阿如一層的面積。我問總價多少?貸款幾成?他說是五百五十萬,貸款九成。我再問那每個月要還的房貸很高,不是會排擠到你的其他生活支出嗎?他說還好啦,每月要繳房貸二萬多。

我說你在十五年前唸國中三年級時十六歲摔斷腿,目前你的腿傷如何?他說腿傷恢復得差不多,但是不能從事太激烈的運動。我再說你的胃好像也不很理想?他回說因為工作關係導致三餐不能定時定量,所以造成胃潰瘍,兩個月前去做過胃視鏡檢查,胃病必須慢慢調養過來。我提醒他已經準備要和女朋友君君結婚,要儘快把身體調理到最好的狀態,迎接你的婚姻及新生活。

我問他投入職場工作幾年了?為什麼在工作之後立即去做治療近視的雷射手術呢?我知道這項醫術似乎不是很成熟,而且,後遺症很大,你是不是太愛漂亮了?你哥哥阿樸也在你後面做了這項手術。他說擔任消防隊員剛好邁進第十年,做雷射手術是為了工作上的需要,並不是愛漂亮。因為消防隊員的裝備又多又沉重,臉上不適合再掛一副眼鏡,雖然這項手術的歷史不長也不很成熟,但是我們同事中動刀的人很多,也是他們介紹我去做的。阿樸很可能也是由於工作的需要吧?

散步完畢回到病房,護士小姐送來正式書面通知排定明早八點半動手術,夜裡十點過後禁食。我告訴兒子明日的兩項任務,一是手術中萬一有突發狀況或不順利情況發生時，要配合醫師的指示做出正確的反應，屆時必須保持頭腦冷靜，情緒鎮定，切不可慌張或緊張。二是手術之後的前兩天，他要視情形照料我的一切。

說到鎮靜應變的經驗，我就舉起十六年前他唸國中二年級時十五歲患急性氣喘，我護送他到台北中心診所就醫的情形，我最擔心的事情是在飛機上發生狀況時求救無門，只要飛機降落台北，我就非常篤定，幸好平安落地。當心臟內科醫師周洛為他看診時，一量脈搏居然是零，馬上叫他坐上輪椅推進病房，全身接上各種各樣的儀器後，立即開出一張病危通知單，俗稱紅單子，給我簽名。我一看紅單腦中立時一片空白，驚嚇莫名，我深吸一口氣還是冷靜以對簽字。我心想這要是換做家裡其他人來的話，恐怕會嚇得當場昏倒。經過兩天的住院觀察，警報解除，脈博恢復正常之後出院。

夜來無事，早早上床，九點就寢，一覺到天明已經是周一早上六點正，一切準備就緒，八點過後推床到手術房門外等候。上過兩次麻醉藥，口腔開始沒有知覺，躺上手術台張嘴咬住咬合器，管子和器材由口中進入十二指腸再到膽管展開工作，手術異常順利，前後不到一小時，完畢後再上床推回病房。雖然警報解除，還要繼續禁食，下午醫師巡房時告知可以吃飯，兒子立刻出去買來一碗豆花給我作為午餐。他的美麗女朋友君君隨後亦到，親切詢問我的病情種種及術後身體狀況，三人天南海北聊起天來。不覺晚飯時間已到，我叫他晚上可以回去了，順道送女朋友回家，明天和后天也不用過來，因為我自己行動自如能夠親自辦理出院手續。

周二早上我詢問主治醫師，可不可以在今天提前出院？她問了一下各種情況後，曉得我在恢復吃飯之後一切正常，從沒有鬧過肚子不舒服的狀況，就同意讓我提前一天出院，我愉快的去辦理相關的各項出院手續。測量體重是八十七公斤，此次住院前後十天，整整瘦了五公斤，真是不容易啊！中午搭機返回金門回到溫暖的家，倍感欣慰，二點半就回到公司銷假上班，要把後面的三天假搶救回來，以備日後所需。並立即把我生病和醫療的過程用E-Mail通知遠在美國的小女兒，晚上六點她就來電話關心老爸的健康，芝加哥時間是清晨五點正。

回顧我這次生病就醫、住院醫療、後送轉診、逢凶化吉，跟我的孩子一路相隨，分工合作，細心照護，功不可沒，充分體現了一家人血濃於水的生命共同體關係。大女兒送我去金門醫院就診，再護送我轉診到台北榮總，得到周延、親切和完整的治療；關鍵時刻，進手術房之前，小兒子請假在旁坐鎮和應變，免我後顧之憂，能夠放鬆心情登上手術台。金門醫生放棄病人，飛越千里之外求醫。

2012/10/30

第三十一回　寒冬飛大連就醫

——揮別多病多難的二〇一二年

二〇一一年的清明節連續假期時，大兒子阿樸回家三天，父子倆聊聊天蠻輕鬆愉快的，他跟我說我一個人在家生活自己要多多保重，注意身體健康，若是生病了要趕緊告訴他們四個孩子，好讓他們及時回來照顧我。雖然我口頭上謝謝他的關心及好意，可是我心裡想，我身體挺健康也很少生病，一年到頭偶爾也就一兩次的感冒，生病可是離我遠遠的。何況我每天晨起運動三十分鐘的習慣，從二十歲起到今天三十八年來從未間斷。

回想我一生從年輕時代起總是做錯很多事，唯一做對的事便是這項持之有恆的運動習慣，看看我的同學、同事、同齡的朋友當中，幾乎沒有幾人能像我這麼堅持三十多年如一日的習慣。看我的身子骨及一身結實有勁的肌肉，手腳和各處關節靈活暢通，倒是別人羨慕與誇讚的對象，跟疾病上身再怎麼樣也扯不上關係吧！

可是，偏偏就在第二年二〇一二年的清明節前一天早上，我獨自走進金門醫院掛號看肚子痛，本以為醫生看完診開個藥就拿回家吃得了，誰知道醫生安排我做了一系列檢查後叫我馬上住院，不讓我走了。原來確診是我患了急性膽囊炎，由於膽結石發作而引起的，必須住院治療吊點滴施打抗生素，而且禁水禁食，這是我平生第一遭住院。之前十多年的健康檢查大同小異，中、老年人該有的我都有，別人沒有我卻有的就是這項膽結石，已經有四、五年歷史，也不知道如何是好？

我只好打電話給大女兒阿如說我在住院，她好驚訝實在不怎麼相信，我說是真的，讓她回家幫我拿些盥洗用品和換洗衣服。有生以來第一次斷食，我也不曉得能不能適應下來？第一天過去，感覺身體沒有進食有些輕鬆，好像負擔也減輕了，第二天飢餓的感覺到了晚上越來越強烈，到第三天早上真是餓得眼睛都要冒火了，我這下才知道眼冒金星是什麼意思了。挨過中午真是到了極限，下午醫生來巡房時我跟他說：「醫生能不能給我開放進食？要是再不吃飯的話，我沒有病死之前，一定會先把我活活餓死」。

醫生問過各項情況後，才同意開放少量的流質飲食，並再三交代必須是清淡食物，否則腸胃會受不了。我趕緊讓阿如去買白吐司及清粥來解飢，往常是平淡無味的食物，看也不看一眼，此時卻如美食一般的珍貴，慢慢品嘗。

四月十二日住院十天後終於出院，遠從美國專程回來看望我的小女兒阿儀在早上來到醫院，剛好趕上幫我辦理出院手續。當初住院時，阿如已經分別通知她的三個弟弟、妹妹說明我的病情單純，就是掛點滴打抗生素而已，各人知道就好，無須趕回金門探望，以免舟車勞頓以及耗費時間和金錢。可是阿儀就堅持要回來一趟，她的路途最遠、往返的開銷又最大，著實不想讓她這麼費錢又費時間。阿如講妹妹既然這麼堅持也就隨她了，只能說是親情無價！

以前體檢剛發現膽結石很惶恐，我請教醫生該當如何處理？他說只要不發作你就跟常人無異，身體及生活都不受影響，不必加以處理，只有等到它發作了才予以面對和治療，如此而已。可是不管怎麼說，總是一塊心病，也像一顆不定時炸彈，說不定什麼時候會爆發、會搞怪呀！

現在既然發作了，正該是處理的時機，住院之初，主治醫生就病情處理作過說明了，在膽囊發炎時只能打抗生素治療及控制，等病情控制好了二個月後再考慮動手術取出結石，並且摘除膽囊，斷絕禍根，一勞永逸。出院後繼續回診，六月初再照過超音波，身體狀況恢復正常，可以安排施行開刀。可是我告訴醫生說我不能在夏天動刀，因為我的孩子不在身邊，手術後無人照料我的生活，必須等到冬天孩子回到身邊才能動手術，因此往後推遲半年。

想不到才延後四個月，膽結石又來作怪了，雙十國慶前三天我又因腹絞痛，由阿如送我到醫院掛急診，並且做好住院的心理準備及洗漱用品。果不其然，值班醫生看過診和各項檢查報告出來之後，當場宣佈必須住院治療以及禁食禁水，我還以為跟上次住院相同狀況、相同待遇，一派輕鬆呢！沒想到，主治醫生過來告知確診是急性膽囊炎、胰臟炎、黃疸指數升高，而且膽結石很不安份，竟然從膽囊裡面掉進膽管中卡住了，必須施行內視鏡手術從膽管中取出結石，此項手術金門醫院無法做；再來是我的眼睛變黃，黃疸指數再飆高的話，就會威脅到生命的安全，所以建議我要考慮後送轉診到台灣的大醫院就醫。

和阿如商量後同意轉送到台北榮民總醫院，在金門住院二天後轉到榮總。在台北住院八天後做內視鏡手術取出膽管的結石，於十月十六日順利出院。但是在榮總治療時卻發現我的血糖值高達二百，而我往年健康檢查都是在一百上下呀，主治醫生明白告訴我，也可以說是斬釘截鐵的告訴我，就是糖尿病患者。當日出院時所開的藥沒有一樣是膽結石的藥，全都是糖尿病的藥，我的心情是一則以喜，一則以憂，喜的是膽結石意外的順利解決，憂的是換來一身的糖尿病，這樣子的出院等於是一病換一病，叫我如何高興得起來？

本來是膽結石大作戰，長期痛苦的結果換來短暫的高興，馬上又要面對血糖大作戰，一看糖尿病患者飲食注意事項，乖乖隆的咚！比起膽結石的飲食注意事項更要嚴苛許多倍，我整個人呆住，一直不肯吃降血糖的藥。從台北出院回來後第二天我馬上去看新陳代謝科醫生，每周看一次醫生量一次血糖，不是一百九十就是一百八十，居高不下，醫生再三勸告我還是要吃藥降血糖，儘快降到正常值，要不然，糖尿病的後遺症及併發症是很大的，不得已我才開始吃藥。

十一月中旬身體狀況逐漸恢復正常，晨起運動一如往常維持三十分鐘，便開始安排年底出國休假事宜，定好十二月二十一日出發的機票。可是自從十一月二十四日起金門連續下了一周的冬雨，偏偏我又懶得穿雨衣出門及上下班，都是冒雨出入，身上的衣服總是潮潮的，身體都是涼涼的。更糟糕的是三十號早上，我冒雨到海邊淋雨又吹風半個小時，終於感冒了，真是不應該犯下的低級錯誤。

十二月一日我的舌頭下面起了一個泡，嘴巴上頭破了一個洞，更麻煩的是喉嚨無法順利吞咽食物，雖然不會痛，但是可難受了。而且，發不出聲音來，真叫失聲的畫眉。

第三天去看耳鼻喉科，醫生看過說我是被病毒感染了，在口腔噴了藥水並開藥，囑咐三天后要回診。我的喉嚨發不出多大的聲音，我也不敢用力的吼，怕會傷到聲帶。八日我到金門醫院看過內科，醫生沒有開藥，安排在十四日下周五照胃鏡看看。

次日，我還特地到廈門中山醫院就診，看診醫生說必須照過胃鏡才能確定情況，可惜星期天醫技人員休息，無法做胃鏡檢查，我還是要回到金門等候排定下周五的檢查。

十二日發現我的右耳不舒服微微的有些抽痛，必須要看耳鼻喉科，醫生一看就講耳朵患的是帶狀皰疹，挺嚴重的，噴藥完交代三天后要回診。我說沒有去挖耳朵，怎麼會這樣？他講這是免疫力下降造成的，前一兩周的嘴巴破、舌頭起泡、喉嚨不舒服，通通是由于免疫力降低造成的，降低的原因不外是焦慮、情緒低、睡眠不足所引起的，可以說是情緒引發身體的毛病。這一點，跟我在十月十六日從台灣出院回來時，有一位朋友就對我說過我的膽囊炎、胰腺炎雖然已經消除，但是還會造成身體上免疫力的下降，果不其然！

十四日早上做完胃鏡，從喉嚨插管子進去檢查，好難受哦！醫生說還好問題不大，是食道炎及胃酸逆流，聲帶有一個白點，必須看內科及耳鼻喉科，吃藥就能緩解及改善。交代我要注意飲食習慣，多吃清淡食物，要戒酒和戒吃辛辣。下午看耳鼻喉科，做喉鏡檢查，從鼻子插管子進去，好難受哦！醫生說聲帶上那個白點不存在，倒是有很多痰，會影響發聲，開兩周的化痰藥吃看看再回診。

病從口入，可是千真萬確，更是千古不移的道理。我苦苦思索一天為什麼會患上食道炎？早上醫生說飲食要清淡，要戒酒戒辛辣，我有戒酒戒辣椒呀，但是我嗜吃生魚片及芥末，卻沒有戒吃芥末，所以凶手就是芥末。

十六日那天周六早上，我洗臉的時候發現右眼會進水，很不舒服，同時感覺右嘴唇腫起來，但是我沒有照鏡子，因此沒有看見任何情形。第二天早上情形照舊，我仍然沒有去理會，洗完臉去看大姐，因為她過生日晚上要請我一起吃飯，先跟她祝賀生日快樂。她一看見我就很驚訝，問我為什麼右眼斜了，右嘴歪了，活像個豬八戒呢？我說昨天就感覺不對勁，可我沒有照鏡子也不知道臉上怎麼樣了？等我回家一照過鏡子，可不就是個豬八戒嗎？原來是右眼斜了還不能閉上，右嘴歪了又不能關緊。我心想這是怎麼回事呀？是不是因為前兩天早上照胃鏡，下午又照喉鏡所引起的後遺症呢？那就先觀察兩天看一看後續發展吧！

這半個月來，我的身體突然一下子垮了，可以說是百病叢生，百孔千瘡，萬箭齊發，災情慘重！我真的無從想像為什麼會突然變成這樣子？問過幾次醫生都說是免疫力下降，又遭遇病毒感染，因此一發不可收拾。我實在搞不明白，怎麼會造成免疫力下降得這麼利害呢？我的身體豈不是像一座不設防的城市，可以讓病毒全面長軀直入，橫行霸道嗎？還是像那舉世無雙的馬其諾防線一點被突破，變成全線潰敗不成？一下子病倒了，叫我很不舒服以外，更叫我很難接受，也不知道病因是什麼？

我自己推想應該是與我數十年的錯誤飲食習慣息息相關，日久年深，積重難返，現如今逐一爆發出來，甚至是同時發作，就好比是我先前分別欠很多人的債，現在人家都一起跑來要債了，真是叫人應接不暇，更令人招架不住！而導火索就在于那一周的淋雨，尤其是十一月三十日早上那半小時的海邊風吹雨淋更具殺傷力。因此，從感冒、嘴破、失聲開始，接著是耳朵皰疹，然後是食道炎、胃酸逆流，緊接著是眼斜嘴歪，應有盡有了，好不熱鬧唷！

十七日早上跟住在山外的北京黃大姐通電話時，談到我的臉部情形，她覺得有可能是顏面神經的問題，要趕緊到醫院就診，要是這種疾病的話，千萬不能拖延，但是朋友們倒沒有人發現我的臉上發生異常狀況。第二天早上我決定先去衛生所就醫，主任看了我的臉上情形說這可能是顏面神經問題，要我立刻去醫院掛神經科。我沒有耽擱就趕往金門醫院掛神經外科，醫生卻說我要掛下午的神經內掛，幫我掛了號卻沒有給我任何處方。

因為天氣降溫只有十二度，又下著雨，是今年入冬以來最冷的一天，我只好向同事借了汽車出門。下午再跑一趟醫院看病，女性住院醫師姓高很年輕也很漂亮，問診完畢說：「你這是顏面神經麻痺，可是你錯過第一時間就診，沒有在發病的第一天就醫，治療效果有限，我給你開三天的類固醇，五天的抗病毒藥物，你吃過之後如果病情沒有惡化，就不用再回診了」。我知道她的意思就是放棄病患了，自己自求多福吧！晚上我把生病及就醫的情形，詳細告訴遠在千里之外——大連的愛人同志小魏，她要我儘快啟程到大連治療，她會聯絡朋友幫忙安排。

我從醫院回來馬上打電話告訴黃大姐說醫生的治療方法及意思，她說那麼必須趕快去看中醫，用針灸的方式可以醫治的。十九日下午我到廣濟中醫診所去就醫，中醫師給我扎針再用震動治療二十分鐘，臉部就有一些緩解，第二天我又上門說我明天要出國，要求自費再扎第二針。北京大姐建議我取消出遠門度假的行程，專心在家治病，我據實以告說小魏在大連已經請託朋友安排好就醫的事情，我就把行程由度假改為治病好了，二十一日如期出發。

當天是冬至日，正好趕上預言盛傳世界末日的來臨，最終地球並沒有毀滅，世界末日自然也沒有成為事實。到大連後寒潮來襲，當地氣溫下降到最低溫零下十四度，吉林和長春是零下三十六度。第二天是周六，醫院休息，朋友蔡大哥已經聯系好他的妹夫，大連市中心醫院疼痛科主任叢勇滋，特別為我看診，然後他告訴我治療方案如下「日本聞人田中角榮曾經患過顏面神經麻痺，我們稱為面癱，他的醫療團隊就是採用此種封閉治療法，在脖子扎針的方式，很快地在一、二十天治好的。我預訂用兩周的時間讓你住院治療，每天分上、下午二次在脖子上扎針，早上空腹扎完第一針後吃早餐，再到病房掛吊瓶及扎屁股針，休息到下午再扎第二針。下周一再配合做針灸，爭取在兩周內恢復到百分之八十就可以結束戰鬥，辦理出院，然後接著再繼續返回醫院兩周每天扎一針，恢復到百分之九十五以上」。

我聽他說明病情及治療方案，信心倍增，叢主任說完開了一張介紹單，讓我拿到掛號室辦理住院手續再回來扎針。大醫院的共同現象都是病房一床難求的，有了介紹單就一路綠燈辦妥住院，回到門診室開始第一針，就此打響戰鬥，打針的時候微微的刺痛，並不特別，可是在推進藥物時卻非常的難受。等到下午打第二針時我還挺擔心的，沒想到第二針以後都不怎麼難受了。周日下午打完第四針，我的右眼就能閉上一大半了，雖然右嘴還不能能完全關緊，我已經大有信心了。此後天天有進展，日日有效果，一周后到了二十八號，已經全部獲得改善，恢復情況達到百分之八十。次日大連下暴雪，道路封閉，交通停擺，我和醫生都到不了醫院，因此特別放假一天在營休假。

三十號我告知醫生回程機票已經定好在元月二日下午，可不可以提前在元旦出院呢？主任同意在三十一號辦理出院，元旦照常扎針二次，他說治療的進度及效果超前，已達百分之九十五，這跟我的體質好也有關係。但是我歸納此次治療非常順利及有效，主要原因自然是醫生的醫術高明及治療方案，仁心仁術，復我容顏；其次或許是我的體質好有些關係；再其次是小魏同志的照顧有加，打理一切生活起居。三餐飲食調理得當，符合醫生所要求的清淡可口，忌食海鮮；每晚給我做臉部按摩、熱敷，腳部泡腳、刮腳，起到一定的作用。她是一個特賢慧、特會伺候人的山東大嫂，真是一個好女人、好太太、好媽媽，確實是一個值得男人用一生去疼愛及呵護的女人。

回顧二〇一二年真是我一生中多病多難的一年，三次住院都是十天，一次比一次凶險，一次比一次嚴重。尤其是到了十二月開始，我的身體更是接二連三出狀況，說得上是一波未平，一波又起，真是禍不單行！俗話說英雄最怕病來磨，何況我還只是個狗熊而已。檢討起病因來，一是病從口入，幾十年的錯誤飲食習慣及不良生活作息種下病根；一是咎由自取，自己點燃發病的導火索以致一發不可收拾。現如今，幸好已經逐漸了解病情以及得到適當治療及控制，我相信終究能夠獲得痊癒的。

2013/01/25

感謝信

受文者：大連市中心醫院疼痛科主任叢勇滋

我于二〇一二年十二月十五日在台灣的金門發生面癱，十八日上金門醫院就診，醫生說我沒有在第一時間就醫，治療效果有限，開五天藥之后交代不須再回診，等于宣佈放棄病患了。次日我轉到中醫診所求診，經針灸治療后，顏面神經麻痺的症狀有所改善。

二十一日我飛往大連求醫，第二天周末到中心醫院疼痛科就醫，承蒙叢主任勇滋親自問診，態度親切和善，真是視病猶親，說明治療方案，預訂在住院扎針二周內恢復百分之八〇后結束戰鬥，辦理出院之后再繼續回來扎針二周。然后，特別禮遇台灣同胞，開具介紹單交我辦理住院，再回診間開始扎針，就此打響戰鬥，周日也照常扎針，下周一起再配合針灸。住院后天天有進展，日日有效果，一周以后已經全部獲得緩解，恢復情況達到百分之八〇。三十日叢主任告知可以在明天辦理出院，他說住院一〇天治療的進度及效果超前，已達百分之九五，比預期的還要好、還要快。

在住院期間，不論是扎針或巡視病房時候，主任都會仔細觀察我的臉部情形及變化，語多肯定與鼓勵，讓我信心倍增，由此建立友善醫病關係，促進和諧氣氛，彼此充分信任與信賴。我把身體完全交給他醫治，他將醫療一肩扛起，仁心仁術，復我容顏，不勝感激之至！

感謝者：台灣同胞金門患者　薛芳千

二〇一三年二月八日

第三十二回　為兒子送喜餅

家有喜事精神爽，兒子訂婚送喜餅。

去年秋天，小兒子阿瀚帶著女朋友君君回來，晚上大女兒阿如請我們一起吃鍋貼，席中，阿瀚說他準備在一年之內和君君辦理結婚大事。我一聽，可開心了，笑呵呵的說恭喜、恭喜。他說等婚期敲定之後會再通知老爸，我說那好、那好，你先考慮婚禮的安排是採取隆重或是簡單的模式？這樣子就比較方便籌備婚事。

今年（二〇一三年）一月初，阿瀚來電說他的婚期定在四月二十日，問我說金門的親友要送多少份喜餅？能不能開一張名單？以免和他大姐那裡送餅的親友重疊或者缺漏。我說可以啊，我會把親友名單寄給你和阿如。我粗略估算了一下大約二百三十份，這是採取簡單模式的估計數額。

三月二十日那天晚上，店家送來二百三十份喜餅到家裡，那是阿如代她弟弟採購的。我立馬到處分送，按照鄰居、宗親、親戚、同事、同學、朋友等六大類送出，花了兩天時間全部送完。在發送喜餅的過程中，我就回想起阿如當年結婚的一些片段，以及更早時候我自己結婚的點點滴滴。送完後跟朋友聊起自己的感想，朋友說聽起來蠻有趣味和人情味的嘛，你何不就此寫一篇文章記述一下，標題就寫送喜餅。我當時想一想，寫出來也挺有意思的，就說那等我過兩天把這些俗事處理完畢再來動筆吧！

先說阿如結婚時，那是十六年前的往事了，當時她回家告訴我說她要結婚，這可是我們家的第一件喜事，我馬上打起精神來操辦。在送喜餅及喜帖的時候，我就發現缺少一份親友名單，如果有這份名單，就不會有缺漏的親友，否則便會失禮或得罪了親友，殊不妥當。雖然，我也知道我們的俗語說得好「大喜事，大失禮」，就是說難免會發生掛一漏萬的情形，懇求親友的諒解。但是，我又想如果能做到最少的疏漏或沒有疏漏，那豈不是更好嗎？那就要在平時仔細搜集親友的信息和動態，寫成通信錄，有名稱、名字、電話及地址。就像我在薛氏宗親會做事的時候，第一件事便是建立一份完整和齊全的會員名冊，以後我的接任者也可以方便使用。

可是，老大阿如結婚時緩不濟急，沒有現成的名單使用，我只能一邊分送一邊造冊，卻不能百分百的完整。她結婚之後，我也累得不想去執行了，本想等老二或老三要結婚時再來造冊，可是一等十年，沒有看到孩子結婚，我也沒勁了，因此，根本沒有去做準備工作。不成想，阿瀚說要結婚，我本想好好搜集親友資料來建檔，卻又懶散的放下，等到送喜餅時，又跟上一次阿如的情況一樣，邊送邊想，還是漏掉一些親友的份，真是個美中不足。

話說阿如結婚是到法院公証結婚，既簡單又省事，唯一的重頭戲便是宴請親朋好友了。婚後三天歸寧在餐廳擺席大宴賓客，卻發生一件插曲，好不緊張、好不容易才擺平呢。在事先發送喜帖時，除了宗親的部份大約在三、四桌外，一共發出一百五十張帖子，和家人及親人與朋友估算，大家都認為出席率普遍不高的情況下，應採減量估算，不必採超量計算，按喜帖的七成估算加上宗親也就是十五桌，頂多再加五桌是預備桌，可開可不開，報給餐廳就是十五加五桌。

不承想，宴客那天恰好是周六，只見來的親友不是攜家便是帶眷，跟我們預期的是單身出席情況大大不同。時間一到，只見客人更是如潮水一般一波接一波洶湧而來，轉瞬之間二十桌全滿。我當機立斷，馬上跟餐廳商量加開五桌還不夠，再加開五桌，總算座無虛席，人無站立。我方才鬆了一口氣回頭和親友苦笑不已，承認自己失算了，朋友還安慰我說這也可以証明你的人緣好、人氣旺，出席率才會這麼高嘛。是耶？非耶？阿拉就不得而知了。

可是，訂桌超量太多，高達二分一啊！餐廳也有難處，負責人跟我說他們原有的菜餚準備量不夠應付，還必須從冰櫃中取出冷凍食材，所以每一桌的菜色無法完全一致，變成同時要上兩三種的菜色。我說事已至此，就這樣辦吧，只要上得了菜就行。這應該也能算是「大喜事，大失禮」吧，萬望眾親友多多見諒。

再說我自己結婚，那更是三十六年之前的往事，訂婚及結婚兩道手續都挺費神的，但是，當時社會相當於農業社會型態，親友之間有著極充沛的人手和人力來幫忙跑腿辦事。而且，這些婚禮的事情大都是由雙親或親友操辦，新郎官反倒是一派輕鬆等著進洞房就好，那可是美滋滋的、樂不可支的。我結婚時才二十一歲，虛歲二十二歲，說得上是少年老成，因為我自小長了一張比較老氣的臉孔，所以適合當一個少年新郎官。

婚禮的全部費用，是由我自己全部負擔，家裡言明，以後兩個弟弟結婚時一律比照辦理，自行負責；不足的部份，向大姐夫黃清住商借一個互助會款使用，結婚之後再陸續歸還。當年結婚的最大難題，是毛豬不足，即使有錢也買不到豬肉，偏偏在禮俗上，婚禮一定要備辦大量的豬肉，一方面要贈送給女方相當數量的豬肉，另方面男方宴客也要用到相當多的豬肉。可是，市場上卻買不到數量這麼多的豬肉，如之奈何？最後，情商我的二姑丈林根皆先生出借他家裡所飼養的毛豬，才能順利解決這一道難題，感謝我的姑丈大人！

談起二姑丈的成全，還得談到另外兩位姑丈，大姑丈汪青雲先生住金城南門，三姑丈蔡天恩先生和二姑丈同樣居住在上后垵，三位姑丈都疼惜我，對我愛護有加。再來，就不能不談起我的姑表兄弟姐妹，三家的表哥、表姐們自小就疼愛我、呵護我，數十年如一日，而表弟、表妹們也都友愛我。大姑家的表哥汪懷晉大我三歲，二姑家的表哥林天從大我十一歲，三姑家的表弟蔡永樹則小我四歲。

我結婚的日子是五月二十日，已經進入初夏，天氣炎熱，生平第一次穿西裝，感覺自己特別顯得精神，而且喜氣洋洋。製作西裝在當時可是一件頭等大事，在婚期之前三個月委託裁縫師訂製，婚前一周才能完工交貨。穿上之後，我發現自己的身材不還夠壯碩，無法將西裝完全撐起來，一百七十七公分的身高及七十五公斤的體重顯得玉樹臨風，但體形卻顯不出威武雄壯。穿上西服之後，接著是打領帶，我也沒有學過；有生以來第一次打領帶，還是拜託我的鄰居也是同事的老大哥黃勝國先生指導和代勞的。

早上去女方迎娶新娘子後，返家祭拜過祖先，回到珠山老家的薛氏家廟祭拜列祖列宗，中午再返回金城住家宴請親友。下午休息時，由四叔周水根先生陪同逐一徒步到親戚家敦請晚上到家裡吃喜酒。大熱天下穿著西裝走路，可是一件苦差事，額頭汗如雨下滿頭滿臉濕答答，身上的汗水濕透內衣褲，真想扒光身上衣物涼快一下，四叔再三勸告要我忍耐，這可是一輩子一次的終身大事，不能失禮呦！

現如今，為了小兒子結婚送喜餅，多少又勾起這些前塵往事，倒有點像是白頭宮女話當年了。養個女兒多貼心，父女倆彼此交心。

2013/04/16

第三十三回　我家老三——大股仔

親愛的博儀：

那一天阿瀚結婚日，我們一起喝喜酒之前，妳問我小時候妳的小名是不是叫「茶壺仔」？我說不是啊！但是，我一時之間也想不起來妳小時候的小名叫什麼來著？等到吃完喜酒之後，妳又問我是不是叫「大股仔」？喔！對啦，是叫大股仔，好像就是老爸給妳取的綽號。

妳出生那時節是一九八〇年，排行老三，我們租房子住在中正國小前面的巷子裡，因為我們家四個孩子小時候的身高及身材都很一般，唯獨妳稍微胖那麼一點點，其實，還夠不上小胖子的水準。因此，我喜歡叫妳大股仔，閩南話的大股仔，意思就是比一般事物正常的大小或尺寸稍微大一些些、一點點。我很高興，難得能把一個孩子養胖一點，也算得是做父親的一點成就嘛！一年後老四的阿瀚也出世了，一家六口住了十二年後，一九九二年終於結束無殼蝸牛的遊牧民族，搬進我們自己位於鳳翔新莊的新房子，是自己買土地，自己鳩工興建的一棟三層樓房子。

我們家的小孩子有一個特色就是很能吃，身子也長得好、很結實，可我們的生活費很有限，全家都只能吃到八分飽、九分飽的樣子。我沒想到妳還能知道我和巷子口那家「源益雜貨鋪」的關係，有一次聊天時，妳告訴我小時候看見我去雜貨鋪買東西是用賒帳的，月底二十五號左右去買米和油是用賒帳的，因為家裡一塊錢也沒有，等到下個月初發薪水／發工資時馬上去還債，如此周而復始，維持了好幾年。這件事我從未對妳們提起過，認為妳們不知道比較省事、省得操心，卻不曉得是妳看到的還是家裡人告訴妳的？平常我會把一些零錢的銅板／硬幣一元或五元的丟進牛奶罐的撲滿裡，留到月底缺錢時應急之用；可是有一次家裡遭小偷，沒有偷走別的，偏偏偷走牛奶罐裡的零錢，把我氣得半死，從那以後就不再存撲滿了。

雜貨鋪的老板叫陳圓先生，鄰人皆稱胡圓叔，懂得推拿，我以前打籃球時常會扭傷腳踝，請他推拿一次就好，先擦點高粱酒放鬆筋脈，再推拿搓揉一會就好了，不用推第二次，也不收費。老板娘人稱胡圓嬸，店鋪是由她掌管的，生了六個女兒，加上她就是七仙女了。我剛搬進這巷子住沒多久，就出現生活上的困窘，百般無奈之下，空手前往店鋪跟老板娘要求能否給我賒帳？我懷著一顆忐忑的心情，試想我是從鄉下來的陌生新住戶，非親非故，老板娘怎麼肯讓我賒東西呢？當我說明來意後，想不到，胡圓嬸很爽快的答應，讓我有需要時到她店裡賒帳。所以有好幾年，我都是用賒帳的方式維持我們家的生活所需，沒有餓到家裡人，這都得感謝胡圓嬸給我的方便。

後來，我買好土地準備蓋房子時，還特地去向她稟告，她聽到我要蓋房子也替我高興，還給我面授機宜一番。她說：「你要蓋房子了，這是件好事也是喜事，先要跟你恭喜了；還有你蓋房子時，一定要跟工頭及工人搞好關係，不要苛待工人。除了合約中應付的款項及事物外，三不五時要額外的給工人一些福利及甜頭，這樣子他們才會用心用力為你做事，不會扯你的後腿、找你的麻煩。再說啦，這些工人一年到頭在蓋別人的房子，很少有他們自己的房子，心裡面並不是那麼舒坦，如果對他們不好，就會在暗中整你的冤枉，將來你自己會吃上虧的；何況，俗話說工字不出頭，一出頭就是個土字，對待他們好一些也是一個做人的度量」。

胡圓嬸這一席話讓我豁然開朗，我想這是我一輩子的第一次建造房子，可能也是我一生中唯一的一次，我以前從來不敢想像我有一天會有能力買房子、蓋房子，所以對於房子的籌建我是一概不懂啊！我估計為了起造房子，除了自備款一百萬元外，至少得負債二百萬，既然舉債如此龐大，再增加個十萬做為蓋房子的公關或交際費，又會有什麼差別呢？因此，我決定完全採用胡圓嬸所說的做法，從此，我和這些工人相處得非常愉快，經常和他們一起吃飯、喝酒、唱歌，都能投其所好，真的是賓主盡歡，房子蓋好之後，我還因此跟工頭李甘樹兄結成好朋友。

其實，養孩子最基本的要求就是一個吃，就算吃得不好，起碼也要吃得飽。教孩子便是另一項重要的課題了，尤其是家教，即使不能教他學好，至少也不能教他學壞，導致將來發生偏差的價值觀及偏差的行為。此所以養育和教育，是每個家長所不能逃避的責任。如果孩子沒有養好，會招致親朋好友的嘲笑，說什麼孩子養得像猴子一樣；如果孩子沒有教好，人家會當著孩子的面斥責沒有家教，其實罵的就是家長。家教可以是言教，也可以是身教，均無不可，而我採行的是不言之教的身教。把自己做家長的身份扮演好，把父親的角色扮演好，全心全力供應一家人在食衣住行各方面的一切生活所需，讓家人免於恐懼、免於匱乏，把自己的愛好與玩樂排在最後面。

說起大股仔的綽號，外人鮮少人知，唯一知道並且這樣叫妳的只有一個人，那是薛祖鈞，阿鈞年紀比我小十來歲。他們一家是跟我非常要好，也非常照顧我的，雖然在宗親輩份上，他爸媽要稱我叔公，但是我們彼此之間都直接叫名字比較親近，他跟我也是叫名字。由於他年紀比妳們大，所以妳們都喜歡叫他阿兄，他也叫妳的名字，而不稱妳姑婆。

我們平常出入都喜歡走後門，經過西門里公所的過道，夏天時那過道有人擺攤子賣冰水。那一家人姓楊，我記得那楊媽媽老愛說我在四個孩子當中比較疼愛老三，也就是大股仔妳。為此，我還特地慎重其事的對她解說清楚，我說我對四個孩子確實一視同仁，絕無偏愛，有人重男輕女，我不會，女兒也是我的骨肉，當然愛她；有人偏愛幼子，我不會，況且我還同意「國用大臣，家用長子」是很有道理的。我明明對孩子沒有差別心，更沒有差別的對待啊，卻不知鄰人何以有此說法呢？我也是不得而知。

不過，我回想一些妳們生活中和成長中的點點滴滴，對於每個人都有一些記憶，可以印証得妳們的童年和妳們的成長，老爸可是沒有缺席呀！先說妳好了，讀小學時學校就在家門口，一年級時老是丟掉書本，過幾天丟一本，再過幾天又掉一本，還得找老師給妳補送書本，哥哥姐姐沒有丟過一本書，妳卻掉了好幾本，我真的不知道妳腦袋瓜是作什麼用的？才上學沒幾天，妳就回來說妳不要喝水了，我問為什麼呀？妳說學校的廁所好髒，上廁所很難過，不喝水就不用上廁所了。我說哪有人不喝水的？每個人每天都要喝很多水，才能供給身體的需要，才能促進身體的新陳代謝，要是不想上學校的廁所，妳可以跑回家來呀，誰叫我們家就住在學校門口呢！

比較糟糕的是，妳一年級的班導師／班主任又跟阿如一樣，也是那位很特別的魏老師，足夠讓妳跟阿如享受同樣待遇，何況他還知道妳就是阿如的妹妹，後來妳果真如此這般。最糟糕的卻是，我平常教妳們爬竹桿、玩水、玩籃球，都是有深意的，那是寓教於樂啊！所以妳上體育課時，籃球玩得比同學好很多，接球、運球、撲球，無人能比，我看那樣子只有一句話來形容叫「猴腳猴手」，好比香港人說的猴塞雷；我聽得妳回來說老師看出妳的特長，要培訓妳加入籃球隊當球員，我也樂得看妳發揮天份。

哪曉得，過沒幾天，妳回來說老師叫妳不要練籃球了，我問為什麼？妳說老師講妳有肌腱炎，必須停止練球。當時我也不懂得肌腱炎是什麼，認為老師既然說不能打球，那只好不打了，心裡面卻是非常的惋惜，我栽下一顆好苗子，很想看它有開花結果的一天，沒想到一下子就給掐掉了。一直經過十多年以後，我才明白肌腱炎並不是什麼大不了的毛病嘛，就像人體會有感冒一樣，只在發炎的時候休息就是，等發炎好了一切照常。可惜時光不能倒流呀，妳從此不再沾上籃球了，這就是我們常說的老師，誤人子弟矣！後來妳的弟弟阿瀚卻替補了妳的角色，入選小學的學校籃球隊，打主控後衛，相當出色阿瀚，只是上國中／初中時，老師甄選籃球員時，他卻放棄了，喜歡籃球就好，不要參加校隊。

有一年，我們全家到台北，一路坐著登陸艇搖搖晃晃，一路顛簸二十幾個小時到達高雄十三號碼頭，再換乘火車費時八小時慢慢駛向台北。住在中華路上的金湖旅館，本要享受冷氣的舒服，但由於妳對冷氣的過敏，只好關掉冷氣，大家一起陪妳出汗。後來妳自己又坐過幾次登陸艇到台灣，這旅途的辛苦妳已經是訓練有素，安之若素了。所以，台灣海峽給了妳很好的磨練，不怕苦，不暈船，是妳跟老爸一樣的水準了。

妳讀小學前，有一項很特別的地方，是其他兄弟姐妹所沒有的。因為我們租住的房子是三層樓，我們住在二樓，二、三樓的住戶出入必須走唯一的內部樓梯，所以一、二樓是不能關門的，三樓的住戶及客人也都會經過我們家。每次我們家來客人，不管是熟悉或陌生客，妳都能恰如其份的稱呼其阿叔、阿伯或阿姨、阿姆，我不知道妳是如何區分得那麼準確的？家裡人個個都很訝異！第一，妳的嘴巴特別甜，家裡來客妳都會主動叫人，其他兄弟姐妹才不會主動叫人，除非是熟客；第二，妳的稱呼完全正確無誤，阿姆和阿姨不會錯誤，阿伯與阿叔不會顛倒，我們也不曾教妳如何辨識，不知道妳是如何學來的？而且，即使三樓的客人及住戶經過我們家，妳也照樣主動的稱呼人家，因此妳的好禮貌頗受大人的喜歡和疼愛。

一九八八年妳讀小學三年級，夏天時我三十三歲決定開始練習跑步，因為我最喜歡的運動項目是俯地挺身和舉重／槓鈴，所以我的上半身很強壯，胸部又寬又厚，手力及臂力強大。可是我的腳步沉重，肺活量不夠綿長，我想要改善我的缺點，立刻便起而行動，付諸實施。對我來講，跑步確實是我的一項高難度挑戰，不管是短跑或長跑，我都沒有基礎，也沒有經驗。我這時三十三歲，眼面前也找不到人來指導，一切都靠自己的摸索和學習了，我也不知道能不能達成目標？我選擇從金門高中門口到湖下村莊的這一條慈湖路作為練習路跑的場地，那時節的車流量稀少，路況舒適又安全。

第一天，我從金中出發，跑不到三百米，就上氣不接下氣的停下來，我對自己失望透了，只好改成散步一路走到湖下再走回來。第二天起，我指定大股仔騎著腳踏車陪我跑步，並且監督我的功課。一個月後，我可以跑五百米，未完的路程只能用散步了，二個月後跑一千米，三個月後是二千米，四個月後是三千米，這一段路程就是三千米，到這時候，就不用再叫大股仔監工了。六個月後，跑到終點站湖下之後還可以回程接著跑一小段，十個月後能夠跑一趟來回路程就是六千米，一年後再從湖下延伸到慈湖海堤的來回路跑七千米，已經是輕鬆自如了。

我不敢想像非常困難的目標竟然在一年後如此順利的達成，我的意志和我的汗水沒有白費，真正印証了有志者事竟成這句話。可是就在路跑練成之後不久，同事的一句話導致我最後又放棄路跑。我的女同事洪綺穎小我十來歲，有一天她對我說「千哥，你最近的臉色微微紅潤，氣色好極了，你是不是偷偷的進用什麼補品了」？我說沒有啊，吃飯的錢都不夠用了，哪有閑錢去買補品呢？可是，我聽她這麼一說，刻意站到鏡子前面仔細瞧一瞧，真的如同阿穎所說的好臉色。

我就仔細回想一下近來的改變何在？第一是睡眠，以前我都必須睡足八小時，現在居然減半，只睡四小時足足有餘。第二是喝酒，從前是啤酒喝六百西西的六瓶，現在喝十二瓶，之前金門高粱酒喝半瓶，現今喝一瓶也不會醉。第三是性能力，往常是半小時，如今是一小時。我一想我的體能明顯倍增了，超越自己，也超越常人，如此一來是憂還是喜呢？

苦苦思索，自己下的結論，我認為是禍不是福；一是睡眠時間減少，精神狀態照常，這當然是好事一件。二是酒量倍增，早晚會沉迷於飲酒作樂之中，那樣子會妨礙到家庭的生活所需，妨礙到我對家裡的責任和天職，我絕不允許自己如此生活。三是性能力提升，也會令人沉淪於聲色場所和肉慾之歡，那對金錢的支出更是龐大，俗話說玩女人就是在玩金錢。我的收入全部作為家庭支出，已經是入不敷出，哪能再挪做其他不當用途呢？因此，我立馬決定，要改變這種體能狀態，盡速回歸常態。

我接著思考再三為什麼體能會這麼倍增呢？我的生活和作息有哪裡異常啊？除了練習長跑一年多以外，我也是在一兩年前開始練武，那是當時的金城鎮長徐文理先生指導我們十幾個學員打一套楊家太極拳一百零八式，和一套吐納的腹部呼吸法。徐鎮長大我兩三歲，自小練習武術有成，功底非常深厚。我從來都自認為是一個平凡的人，平凡平常，自然正常，並不想成為一個超人，可是無意中變成這樣子特別，殊非我的初衷，我要從速回到原來的我，平常的我。因此，我下定決心放棄練習長跑、打拳及吐納，半年之後，體能逐漸消退至從前的狀況。

我們家的孩子讀書和成績非常相似，那就是小時了了，大未必佳。因為老爸在妳們讀小學時，每晚都會陪妳們讀書，指導功課，檢查作業，教導課文朗誦及斷句的要領，輔導課外的相關常識。因此妳們在學校裡應付自如，考試成績名列前茅，一到六年都是班級前五名。可是上國中後，我不再陪公子讀書，完全放手，讓妳們自立自強，看能不能維持住小學的水準？一下子就從班級的前段掉到中段去，自老大起至老四都是一樣的，屢試不爽哦。上高中以後，我再看能不能改變呢？通通一樣，就像坐溜滑梯，由中段掉到後段去了。人家說青出於藍，更勝於藍，可是妳們也不會比老爸讀得好啊！

不過，這倒不打緊，讀書雖然重要，卻未必是最重要的，更不是人生唯一的課題及使命。讀書雖然成績沒有很好，但是做人並沒有學壞，光明正大，堂堂正正就很不錯了。妳們上國中後進入青春叛逆期，我知道妳們在同學之間開始有人學大人的行為，我就告訴妳們學抽煙、喝酒、打牌不要緊，妳們都可以去嘗試看看，只要不沉迷就好。唯獨有一樣東西是絕對不能去嘗試，不能去碰、不能心存僥倖的，那就是毒品，不論是什麼形式、什麼等級的毒品，一概沾不得。我跟妳們說完沒多久，教育部就開始在校園推動反毒宣傳，因為毒品已經入侵校園，所以妳們都很佩服老爸的眼光走在時代的前面呢！

妳讀高中時嚴重偏科，喜愛國文及英文兩科，厭惡數學及理化，我勸妳要兼顧學科的平衡，厭惡的科目也要花點時間親近它、愛護它，至少也得維持在三十分以上，可是妳不願意，數理幾近零分，叫妳吃盡苦頭。原本妳的成績足夠叫妳留級的，可是恰巧遇上成績改制，以補修學分制取代留級制，一年級和二年級的寒暑假妳都奉召回學校補修學分。到三年級畢業時又遇上升學改制，部份大學的名額改用推荐甄試，居然讓妳檢到一個推甄的名額，然後到推甄的大學「淡水工商管理學院」去參加面試。

到了這個份上，做為老爸的我也很樂意陪妳從金門跨海到台灣的學校面試，誰知面試老師還誇獎妳的英文對話能力挺流暢的，妳說那是因為家裡有老爸做為會話的練習對手。想不到，妳在大學裡面越讀越好，還能一邊上學一邊利用寒暑假打工，升級和畢業都不成問題，後來畢業前學校改名為「真理大學」。妳在四個孩子當中並非聰明，妳也很有自知之明，但是妳卻自認為智商ＩＱ不佳，但情商ＥＱ不錯，看來也不無道理。也只有妳讀完大學，其他孩子都是高中畢業，妳算得上是不按牌理出牌的異數。

等到妳們四個孩子都讀完小學時，有一天吃飯時，我就特地提出一個問題讓妳們猜猜看，我問妳們老爸小學畢業時的身高是多少呢？當時的畢業生也要量身高體重的。妳們小學畢業時的身高都在150和155公分之間，相差非常有限。妳們就往上猜150、155、160，都沒猜對，又往下猜145、140，也沒猜中，因此妳們就放棄，不會猜了，要求公佈答案。我告訴妳們是136，我一輩子都不會忘記的136。哈……哈……可把妳們一個個都笑歪了嘴，說老爸原來是個矮腳虎、矮仔猴，可是後來又是怎麼長得這麼高呢？

我說從小學五年級開始，我要幫家裡種田，挑水澆菜，一天要挑五、六十擔的水，那麼重的水桶壓得我肩膀生疼不已，而且還妨礙到我的發育。幸好，唸國中時我住到城裡大姐家，不用再種田澆水，只有星期天才回珠山老家幫忙農事，輕鬆多了。所以國中三年我長了二十公分，高中三年再長二十公分，176就是今天的我了。從此，我明白一個道理，也是人們常說的，人是充滿無限可能的，一枝草，一點露，天無絕人之路。斷牙口臭心自卑，青春時期口難開。

2013/07/02

第三十四回　沒齒難忘

——我的拔牙經歷及少年情懷

親愛的博儀：

五年前（二〇〇八年），我拔牙時已經高齡五十四，如果將拔牙也定義為產出的話，那麼我也可以稱得上是名符其實的高齡產婦了。那一天六月三日是禁煙節，當我步出牙科診所時回顧一生，感慨良深；牙齒帶給我的難過、不便、傷害，真是叫我沒齒難忘，少年時代更是每飯不忘啊！當晚妳從美國打來越洋電話詢問近況，我告訴妳今天去拔牙，勾起我一生的牙齒戰鬥史和少年情懷，很想就此寫一篇感想，標題就叫「沒齒難忘」。妳聽了很高興，要求我儘快動筆寫作，妳要當我的第一位讀者，先睹為快。可是，我遲遲沒有開筆，一拖就是五年。

我的少年時代，家裡有些窮，吃了一點苦，但是放眼整個農村，家家戶戶，大同小異，沒有貧富差距，只有窮多窮少而已，大家都屬於貧窮陣線，服膺「人窮志不短」的格言，自認為吃苦受窮乃理所當然，不敢有一絲半毫的不滿心態。我讀小學時，雖然有些同學是因為留級而輟學，然而，更多的同學是因為繳不起註冊費而提早畢業的，一年級有兩班同學七、八十人，到六年級畢業時僅存二十幾人，只剩下三成而已。我很幸運，居然能讀完六年，上面三個姐姐，最多只讀到五年級，還沒有人小學畢業過。

可是，從四年級起我就很難讀下去了，每個學期註冊時都繳不起學費，沒有註冊就沒有新書也就沒有上學。等開學一周後，班導師/班主任找到家裡來問家長為什麼不讓孩子讀書呢？他說：「這孩子讀書還不錯，成績都是班上前三名，不讓他讀書太可惜了」。父親說沒錢，而且家裡種田需要人手幫忙。老師說沒錢可以先欠著，等有了錢或賣了豬再補繳也可以，要幫忙做田裡的事情，就叫他放學或放假以後幫忙就是。父親礙於情面，只能勉強同意了。

除了下午放學後要幫忙做農事，因為家裡開了一家「千記油條店」，上午上學之前還要帶著一籃子油條到隔壁村莊去叫賣，沿著東沙、歐厝、小西門、泗湖轉一圈，聽到學校鐘聲響起時才把籃子帶到學校——歐厝的愛華國校去上課。夏天的清晨涼爽還好，可是冬天的早晨寒冷那是千難萬難，氣溫四、五度的天氣下也要咬著牙起床，然后穿著單薄的衣服頂著寒風出門，孤單一個人在路上走過一村又一莊，還要從村頭到村尾張嘴喊著「賣……油條唷」，這就是我的慘綠少年。

這樣的求學總算很穩定了，讀到六年級時自己帶著畢業班的期望，以及家人和師長對畢業生的期許，背馱著滿心的憧憬和期待。不承想，就在放寒假過春節的當口，有一晚，睡覺翻身時一骨碌從床上摔落床下，滿口鮮血直噴，摔斷一顆半的上排大門牙。因為睡的床是大灶改裝的，那是在一個大灶上面鋪設被褥而成，灶是用水泥和磚塊砌成的，有一米多高。當我從地上摔醒了，嘴巴裡滿是鮮血，吐出來一瞅，還有一顆半的牙齒。我也不曉得是直接掉到地上摔斷牙齒的，還是沿著灶邊磨斷牙齒的？反正從此以後，我的上排兩顆大門牙就沒有了。

少了兩顆大門牙的難過之後，也不知今後的人生會有什麼不一樣？只好騎驢看唱本——走著瞧了。因為家裡沒錢看醫生，也不能補假牙，最多是到隔壁村莊東沙醫院看免費的軍醫，可是沒有家裡大人帶著，我一個小毛頭也不敢獨自去軍醫院。缺少兩顆門牙的不便隨後逐一顯現出來，首先是講話漏風又發音不準，說話含糊不清，其次是吃飯都要移到兩邊的臼齒來咬碎，速度減慢很多。更大的不便在幾個月之後才出現，原來是口臭洗之不去，擦之不掉，由於還有半顆牙根在牙齦裡頭，開始腐爛產生惡臭，任憑你怎麼刷牙、清潔口腔，統統無效。

我只要拿手指頭往牙齒裡一刷，放在鼻子一聞就是那麼又酸又臭，自己都受不了，更不用說與我接近的別人了！從此，我就不敢靠近別人說話，只要一不小心張嘴說話，對方立馬就會說出我有口臭，好丟人唷！此後，我羞於啟齒，小小的心靈就此走向自卑及自閉的傾向，只因為我的口臭。

小學順利畢業之後，我心想我的求學之路大概就是到此為止了，雖然畢業會考我的成績已經考進國中／初中。父親說：「我們家的孩子除了你之外，還沒有人讀完小學畢業，別妄想要讀初中，今天起就要跟著我下田種地了」。話說到這份上，我再明白不過了，二話不說，我扛起鋤頭，挑起水桶下田去了。

國中開學一周後，已經出嫁到城裡的大姐薛秀能回到鄉下娘家，很驚訝的看見我在種田，就問父親說：「為什麼不讓弟弟去讀書呢？別人家的孩子是想讀卻因為考不上而讀不上，可弟弟讀得好又考上了，怎麼不讓他讀呢」？父親說沒錢，家裡供不起。大姐說學費都由她負責，叫我明天就去上學。我因此才檢到唸書的機會，唸了一個學期後，大姐又跟父親說，讓我搬到城裡和她住，放假的時間就跟著大姐夫做修車的學徒，幫忙拿拿工具，學學做黑手的事情，父親也同意了。

國中一年級上學期時，從老家珠山徒步到金城國中需時四十五分鐘，早上在上學的路上會跟村裡的同學及學長結伴走路，那時經常會遇到的有同村的薛朝勇，還有隔壁古崗村的董國勝，他們是二年級的學長。一邊走路一邊背英文單字，他們的英文都唸得很好，國勝高中畢業後考上頂呱呱的台北工專，朝勇後來還到英國去讀到博士學位。雖然我和他們只差一年，可是我的個子差他們很多，他們都是150多公分，我只有136公分，他們算是大哥級的。

尤其是朝勇還特別早熟，對男生女生的種種特徵瞭如指掌，每天放學後，還會領著我和國勝到其他村子裡去看某某女生阿麗、阿華的住家在哪裡，頗有偵察兵的能耐哦。後來國中畢業後，他真的去台灣鳳山讀陸軍官校的預備學校，同行的還有薛承勳、王世塗，在他們讀完軍校一年後，我也跟著進入該校又當他們的學弟了，他們三人還特地到我的連上來看望我。七年後，當他們讀完陸軍官校時，包辦畢業生的前三名，真是呱呱叫。王世塗目前官拜陸軍中將，真是我們珠沙村之光，叫我與有榮焉！

斷牙帶來的口臭，害我在國中時期吃盡苦頭，由於受到朝勇的啟蒙，少年的我開始對女生頗有好奇與好感，偏偏是愛在心裡口難開啊！滿嘴的口臭，恐怕一張口就被人家甩一個白眼球，因此少男的心是多麼煎熬、多麼苦澀，漸漸的，或多或少形成自閉症。

一九七一年國中畢業，有一次機會是三姐薛秀紅帶我到尚義軍醫院去看牙科醫生，那位軍醫給我裝了一個塑膠的活動假牙，總算把我的門面裝飾好。講話不會漏風，假牙可以方便的取下來清洗乾淨；可是牙根沒有處理掉，口臭照舊存在，倘使講話稍微用力，假牙也會跟著飛奔而出，真是超尷尬的。

國中畢業後，很順利的考上金門高中，我又喜又憂，內心很徬徨，不知道我的求學之路能否走得下去？幸好，大姐答應還是照樣提供我的學費及生活費，至此，我才鬆了一口氣。

上了高中，口臭帶來的困擾依舊，一年級時有位同學的家長告訴我，他說我的口臭會那麼臭的原因是斷牙裡面長了牙蟲，所以要消除口臭的根本之道是消滅牙蟲。我姑妄聽之，也姑妄信之，就抱著死馬當活馬醫的心情試一試看吧！我問他如何消滅牙蟲呢？我願意嘗試一下，不成功也不要緊，絕不怪你。他說那好，我就教你怎麼個做法，一是拿一塊紅磚頭在火爐上燒透、燒紅，二是拿一把韭菜仔和一瓶香油，先把燒紅的磚塊放在桌上，再把韭菜仔撒在磚上後淋上香油，最後把嘴巴張開貼近磚頭兩三公分高的地方安心等待。

當我靜靜的貼著紅磚張開血盆大口，足足有三分鐘也沒有一丁點的動靜，我也不知道要等多久？說時遲，那時快，突然聽到「滋」的一聲，不可思議的看見紅磚上有一條細長的白線蠕動了一下，接著又有一條一條的細白線連續從我的嘴裡下來，停了好一會再沒有動靜了，我才抬起頭來檢視磚頭。只見那上面躺了六、七條細如針線的白條，長約五、六公分，他說那就是從你斷牙中跑出來的牙蟲，沒有騙你吧？從此以後，我的口腔就不再有口臭了，總算消除了我的自閉症，還我少年的面貌。

高中一年級寒假時，透過二姐夫黃全豐的安排，我到林兜的私營花崗石礦廠打工，搬運塊石上三輪車再送到碎石機碾成碎石子做建築的骨材。一天工錢五十元，一個假期掙得一千五百元，繳交學費之外尚有剩餘。工人先用電鑽在花崗石上面鑽孔埋入炸藥爆破後，再用大榔頭敲成大小相當的塊石，用人工搬上三輪車載去碎石機。別人搬運石塊都會戴上棉布手套，因我不喜歡戴手套，全程用赤手搬運石塊，因那石塊經過爆破和敲打後十分銳利，兩隻手掌成天都是被石塊割得鮮血淋漓。

一個月後結痂，手掌又粗又硬，等學校開學上體育課時，老師教的是棒球的接球、傳球，接球必須戴棒球手套去接，我因為戴不住球套，乾脆把球套拋開，徒手接棒球接得又穩又快，手掌的皮厚肉粗，真是無人能比喔！沒想到，我居然會在無意中練就了一雙鐵沙掌。暑假時，再和同學徐明才兩人結伴去林兜打工，沒幾天，礦廠遷移到夏興，我們就在新礦區開天闢地大幹一場，我倆的身手在伙伴中真不是蓋的。

高一結束時，我的英文及數學都不及格，必須參加補考，如果兩科補考都不及格的話，就必須留級重讀一年級，因此我選擇英文一科加強補習，及格了便能升級讀二年級。補考完，適逢陸軍官校的預備學校到校招生，我報名參加體檢合格後就被錄取了，隨後跟著七、八個同梯次的新生搭船到高雄，再轉往鳳山軍校參加新生入伍訓練。一個月後入伍訓練告一段落，還必須進行體格複檢，由於複檢不合格被退訓離開軍校，只好回到金門重返高中就讀。回到金門高中，同學告訴我補考英文及格已經升上二年級理組，我到教務處欲辦理註冊事宜，教務處說已經開學一個月停止註冊。我一聽心想糟糕了，這下子面臨到人生的十字路口，要是不能繼續讀書，家裡不是叫我幹黑手就是回去種田，這輩子恐怕沒有什麼好的機會，更別說是前途了。

我思前想後找不到親友當中有人可以幫上我的忙了，唯一的救兵可能就是我的國文／語文老師倪阿嬌了。因為我唸高一時候的國文科學期成績都是八個班級三百多人當中的第一名，倪老師一直很疼愛我，把她的大量藏書，尤其是章回小說無條件借給我閱讀。我立即找上倪老師告以上情，請求給我幫助，她聽完二話不說，立刻帶著我到校長室找戴華校長，說我是愛國心切，才會投筆從戎，棄文就武，無奈體檢被驗退，只好重回學校繼續學業，盼望念在他一片愛國愛家的情操給他一次機會，要不然回家種地，一生前途沒有希望。戴校長他是軍職外調，階級是上校，聽完說明就答應讓我補辦註冊，立時下條子叫我拿到教務處辦理。

高中畢業後到高雄參加大學聯考／高考，接著再考軍校聯招，大學考得不好，但是軍校考得不錯。我有意重返陸軍官校就讀正期班，我自信可以考得上，而且幾十個志願中，我只單填一項陸軍官校，表明了我是抱著志在必得的態度。考完兩項考試之後在台等候期間，思量自己人生的兩大志願，第一是就讀軍校，從事職業軍人的生涯，第二是上台北考夜間部大學，自信也可以考得上。孰料，事與願違，也可以說是天不從人願，突然接獲家書謂已幫我報考金門電信局的招考，要我剋日回家赴考。家命難違，只好啟程返鄉，不料，一試中的，在高中畢業半年後獲得生平第一份工作，我知道有工作意味著什麼？那表示我已經不再是一個一無所有的窮學生，有了工作就有薪水／工資，就能養活自己、養活家人。

有一件事卻叫我一直非常納悶，那就是我的大學聯考成績單有收到，確實考得不好，錄取分數是三百分，我只得二百分而已，無話可說。當年的考大學號稱「擠窄門」，因為錄取率只有畢業生的三分一而已，落榜生是上榜生的兩倍，此所以考不上大學並不丟人。可是，為什麼我的軍校聯招成績單卻不見蹤影呢？我左等沒有，右等也沒有，等到半年後我都考上金門電信局去台北受訓了，還是等不到，奇怪了，成績單哪裡去了？我自己左思右想，都得不到答案，但我從此把它當成一件懸案，每年總會再思考一下，這份成績單到底哪裡去了？

苦苦思索，一年一年的過去，遲遲沒有想出答案來，直到第十年，我終於思考出答案來了，原來如此這般。那就是軍校成績單被家裡給藏起來了，不肯交給我也不肯告訴我，因為我鐵定考上了，但是家裡不願意讓我去讀軍校，所以根本就不讓我知道。再過十年，我的四個孩子都唸國中和高中了，有一天，我就將這一件懸案提出來，要她們試著看能不能猜出答案？猜了老半天，實在無能為力了，我就將答案公佈出來。

一九七四年底，我旋即奉派到台北受訓一年作為職前訓練，而且是帶職帶薪，同梯次的機務類和線路類新進人員共有十五人，住宿於台北電話局一棟四層樓的宿舍，在一樓打通舖，三餐吃飯自理。薪水三千二百元，除了生活費自留一千二，每月定時寄回金門二千，上繳家裡。宿舍巷子口的麵館一碗牛肉麵二十元，一年到頭我都捨不得吃過一碗，只捨得吃一碗十元的牛肉湯麵，吃完麵再喝他一碗免費的湯，用來填飽肚子。唯一吃過的一次牛肉麵，還是同學許志新請的客，他在聯考中，試場得意考上公費的師範大學英文系，正在讀大一，就請我和同學葉漢談到師大吃牛肉麵，一碗十五元，他們一人一碗，我得吃兩大碗。

住進宿舍第一天，我就察看了一下四層樓的環境，沒想到四樓的屋頂上居然有一副水泥灌製的舉重，叫我驚喜不已，這是我最喜歡的運動項目之一。我試舉了一下，大約三十至四十公斤重，正好符合我的輕量級需求，如果是中量級或重量級的重量，我就無能為力了。從此之後，我每天晚上必定上去屋頂運動三十分鐘，做一套柔軟體操、伏地挺身/俯臥撐、抓舉和挺舉，從不間斷。同事徐明才、童才昌也曾上到屋頂，看見舉重試過一下，輕而易舉就是三、四十下，而我才三、五下而已。因為他們在國中及高中階段就勤練身體，手力及臂力過人，起碼是中量級或重量級的水準了，看這小兒科的玩意沒有什麼興趣，以後就不再上屋頂了。

十五個同仁當中只有我一人獨享此項福利，一年下來風雨無阻，三個月後舉到十下，半年後到二十下，九個月以後都維持在三十下，輕輕鬆鬆，綽綽有餘。這一年的自我鍛練，使我徹底的脫胎換骨，高中時的我弱不禁風，身高一米七七，體重僅有五十七公斤，一年後變成七十五公斤，整整增加了十八公斤。在比腕力方面，高中時期不值一提，也是不堪一擊，支持不了三秒鐘，從無勝算；但在經過這一年的轉變後，同事及同伴中已經無人是我的對手，此後，再也沒有人贏過我。更重要的是，我從此養成每天運動的好習慣，迄今四十年如一日，我的體格強健，我的體能有勁，手腳關節靈活，精神飽滿，千金不換！

在台北受訓期間，我留心從報紙上看見牙科診所的廣告，便利用晚上時間去看診，醫生建議我換掉活動假牙，磨掉折斷的牙根，改用固定假牙，可以一勞永逸。用電鑽磨掉牙根的工程浩大，一坐上牙科專用椅，聽見電鑽在嘴巴裡磨著牙齒「滋、滋」聲響，不由得兩隻手心汗水涔涔而下，心也都提到嗓子眼，真是度分鐘如一年的漫長和煎熬啊！磨了好幾天，才終於磨掉斷牙，又過好些天，才能裝上銀色假牙，外觀上挺整齊的，舌頭上的活動也很靈通，吃飯、說話沒有任何阻礙。這一項換牙，花掉我二個月的薪水，雖然很心疼，卻是很值得！

一九九三年春天，我參加電信工會在溪頭舉辦的團康活動，因為大兒子阿樸的牙齒壞了需要補牙，我就帶上他一起到台中，把他寄住在翁步進同學的親戚翁麗華的媽媽家裡。然後再到黃朝貴大夫的牙科診所補牙，那時候正流行搪瓷假牙，我看見阿樸的假牙那麼漂亮，我也跟著向大夫要求換掉假牙，結果花光身上所有的旅費。由於我原先的假牙年久失修，假牙與牙齦之間累積很多污垢，醫生一看也認為應該汰舊換新了，而且搪瓷又漂亮又堅固，我當場決定換牙。可是換裝之後才發現，搪瓷的後座稍嫌厚了一些，吃飯沒有問題，說話和發音卻有一些不方便、不利索，甚至連吹口哨也吹不響了。前後歷經二十多年，上排假門牙就由活動式到銀牙，再到搪瓷，問題不大，雖然好看並不十分好用。

在這當中，下排的臼齒也有傷病，先是左邊的一顆壞掉，幸好沒有什麼受罪，拖過幾年後聽從醫生囑咐下定決心拔掉，也沒有補上假牙。後是右邊的一顆臼齒壞掉，可就遭罪不少了，右邊這一顆起先是有一些酸痛。二〇〇六年九月下旬，我到黑龍江省北部佳木斯的小鎮鶴立旅遊一周，第一天在朋友家裡吃過中飯後，立馬用雙手掬著自來水往嘴裡漱牙，清潔口腔，不承想，那水冰涼冰涼的，右邊這臼齒馬上就酸軟。原來北國地面雖近中秋，氣候涼爽宜人，但地下已經開始結凍，異常寒冷。

自此右齒一天比一天難受，等到第七天晚上我要做東回請當地的朋友吃飯和道別，中午時分牙齒劇痛不已，不得已，專程由鎮上趕赴佳木斯大學附設醫院看牙科，先進行止痛。晚上帶傷宴請兩桌朋友的飯局結束後，搭乘十點的軟臥夜車馳往哈爾濱，換搭次日中午的飛機回廈門，第二天回金門之後再度就醫看牙科。

從此，這一顆右齒整整折磨了我兩年，先是治療一段時間，接著再做根管治療，也就是俗稱的抽神經。之後，這顆脆弱的牙齒不慎被我咬破了，只好走到最後的步驟——拔牙了，此時，我已經高壽五十四歲，照樣打響這一場戰鬥。求學之路屢經輟學，總算完成高中學業。

2013/08/01

第三十五回　阿千自述一

——少年崎嶇求學路

依稀記得幼兒時期，耳聽警報聲嗚嗚響起，父母親便會一把將我揹起，或挾在腋下，拉著三個姐姐的手，快步奔向離家約三百公尺遠的山溝，奔進山溝二十公尺左右才進入山中的土洞躲避隨後即至的砲火。那就是名聞中外的八二三砲戰，時當一九五八年的八月二十三日，我年近三周歲，這是我幼兒時期僅存記憶的片段，在這之前的記憶則付之闕如。

當時，我家借住在珠山大道宮前宮橋潭的左側，門牌號碼是珠山六十四號。房子為薛永乾夫人——許雪緣女士所有，村人皆尊稱為「緣官」，她是小學六年級同學薛祖耀的祖母，房子為閩南式的三落大厝，規模非常鉅大，號稱「下三落」，是珠山僅有的二棟三落大厝之一，另一棟屬於薛崇武先生所有，稱為「頂三落」。

過了二、三年，我們家便搬回自己家——珠山六十九號，也在大道宮對面的宮橋潭邊，我便是在一九五五年十一月十日出生於這間房子的地下室中。但是，這棟房子也不是我們自己家的，而是薛允朝夫人——楊筱忠女士所有，她的唯一兒子薛維山叔公，年輕時前往菲律賓荷羅基沓經營椰子園，事業非常發達，成就非凡。不過，他自從下南洋後，再娶當地女子生育子女多人，直到去世前，卻從未返鄉過。在允朝夫人辭世後，我的父母只能基於族人之誼代管其遺留下來的田地及房屋，但不能夠繼承其財產，只有等待他日維山叔公在菲島的子女返回珠山辦理繼承始可。

七歲時到了上學年紀，我到鄰村歐厝開始就讀愛華國民小學，家父及家母白天務農之外，還開了一家「千記油條店」，早晨做點小生意炸油條販賣，貼補家用。唸三年級時要參加全校查字典比賽，我不會查找，只得趕緊要求隔壁讀六年級的薛素萍學姐教我，經過自行練習幾天後就上場參加比賽。想不到，我頭一次參加查字典比賽就勇奪冠軍，成績跟六年級的一位郭水萍學長同分，因此，並列第一名，真要感謝薛素萍的指導有方，才能名師出高徒呀！自從三年級開始參加查字典比賽以後，一直到讀完六年級畢業，我只有包辦冠軍，從來沒有拿過第二名。

十歲起，每天大清早我必須用一個肩膀背著書包，另一隻手挽著一個裝滿油條的圓形竹籃子，沿著鄰近村莊從東沙、歐厝、泗湖、小西門一路叫賣油條一圈。賣完後再到學校上課，賣不完就把籃子帶到教室後面擺著，等下午放學後帶回家裡。放學後，還要帶著一隻方形的竹籃子到馬路邊、田梗間的木麻黃樹底下，撿拾枯樹掉落的樹枝、樹葉回家當柴火，以供炊食燃燒之用。然後，要到池塘裡挑水到田裡澆菜，種菜的用途有三項，一是自家食用，二是餵豬食用，三是送到菜市場販售換取金錢，以備日常家庭生活所需。

同村的薛承宙、許明珠夫婦，自小愛護我，從十歲那年起，每逢過年前一定會送我一雙嶄新的球鞋，當時一雙球鞋的價錢可抵得上一戶農民六口之家三、四個月的日常生活費用。即使我成年後進入社會工作賺錢還是一樣，結婚生子以後，連我的四個孩子也通通有份，一直到我三十五歲左右，我才千拜託、萬拜託他們不要再送了，因為，已經送給我太多、太多了。

薛永乾先生的夫人——許雪緣女士年齡最大，子孫滿堂，年長我五十五歲，珠山村人稱為「緣官」而不名。她與我住在鄰居，小時候我和父母及姐姐也曾借住過她家「下三落」好幾年，當我童年十二歲時，她從台灣返鄉省親，特地送我一件羊毛背心，穿在身上十分暖和，整整陪我渡過三個寒冬，令我終身不忘其恩深情重。

她晚年九十幾歲時候移住到金城她女兒薛黎明、女婿顏西林家裡，我偶然得知她的住處後便專程去探望她，坐下來閒話家常及陳年往事，她居然都能如數家珍、鉅細靡遺，而且思路清晰，令我嘆為觀止！談得投機，她叫來孫字輩給我沖咖啡，還留我吃飯，她女兒看見老母親那麼開心，當她送我離開時好言懇求我有空就過來陪她媽聊天，難得有這麼一個合意的談話對象，能讓她母親度過歡欣愉快的時光，我當場答應，之後我就經常登門拜訪。

有時候間隔得長一點，一進門她女兒就會告訴我，這兩天她媽不見我去，時不時還會惦記我是不是上班比較忙沒有空去看她？緣官知道我四十三歲剛剛當外公，有一次她就拿了一堆嬰兒的小人兒衣服給我，說送給我的外孫穿，這些都是她自己親手縫製的衣服，可把我嚇了一跳！她說除了視力差一點無法穿針線，必須交給孫字輩的代穿之外，其他的裁剪及縫製依然得心應手。想不到九十幾歲的人還能做女工、縫衣服，真是不可思議，原來人是真的充滿無限可能的。等到她作百歲大壽時，就回到珠山老家宴請諸親好友，席開數十桌，萬壽無疆，歡樂無限。老人家端坐大廳中央，內親外戚都來歡喜拜壽，她的孫子帶著他們的孫子來叩拜，那應該是五代同堂了。百歲大壽之後兩年，她才福壽全歸，真是珠山之福！

十三歲當我唸國小六年級時，我就知道唸書對我來講是一件很容易的事，一篇國語課文只要讀過三遍便會背起來，最長、最難的「林覺民與妻訣別書」也不過是讀五遍就會背了。但是，讀完三年級，我的求學之路便開始了揮之不去的夢魘，因為升上四年級註冊時，父親說不准我繼續唸書，要我跟著下田耕種，從事農作，我很無奈，但又別無選擇。

直到開學一周後，老師到家裡來苦口婆心勸告父親說：「芳千這孩子很聰明，讀書功課很好，何不讓他多讀一些書，將來會比較有前途，勝過他一輩子種田。要幫忙做農事，可以利用放學後與放假日幫忙就行嘛！至於註冊費三、四元，如果不方便，可以給你先欠著，等你賣豬有錢再還就好了」。父親勉強答應，直到六年級畢業，我考完國中／初中會考，父親便說：「我們家八個小孩除了你，沒有一個小學畢業的，書讀得再多都沒有用，要會種田種菜才有錢賺啦！你已經足夠了，別妄想要唸國中，何況，我們家也沒有錢讓你去讀書」。當時的國中會考錄取率，大約只有百分之五十而已，要考取並不容易，但是，我考上了卻沒有機會去讀。

幸好，開學幾天後，就在我絕望之際，出嫁到金城的大姐薛秀能有一天回到娘家珠山，知道我考上國中卻無法就讀，深表可惜，便向父親建議說：「難得弟弟能考取金城國中而無法就學，於他將來前途非常不利，何不讓他去讀，學費就由我來負擔好了」。斯時，大姐夫黃清住經營萬國汽車修理廠，正是「馬達一響，黃金萬兩」的時代，更何況是修車業者，其利潤豐厚，事業發達，要承擔我的學費毫無困難之處，因此，父親才勉強答應。所以，我要特別感謝大姐和大姐夫的栽培之情，從國中到高中畢業，總共照顧了我六年之久。

十四歲就讀金城國中一年級，我的智力及眼力均達到巔峰期，擅長察言觀色，辨別好惡，善體人意；更能夠將一周前所發生的人、事、物，用回憶法按時間前後順序完全描述出來，猶如錄影後之倒帶重播一般。

沒想到唸國二時，因為學費沒有著落，不得已離鄉背井，離開從小居住十四年的故鄉——珠山六十九號房子，隻身遷居到金城大姐夫家，寄人籬下，仰賴大姐經濟上的支援和生活上的照顧。不過，由於大姐夫經營汽車修理廠，只有工廠，沒有書桌及臥室，沒地方讀書、寫字，晚上睡覺，只能和師傅及學徒打通舖，睡榻榻米，要寫作業必須趴在榻榻米上，非常不方便；環境一夕之間的改變，頓使我在生活上面臨鉅大的衝擊，水土不服，適應不良。

歷時一年後，導致身體虛弱不堪，我嚴重貧血，智力退化，每當舉頭向上時，眼冒金星，所謂「慘綠少年」，我心想最多也不過如此罷了。我知道僅僅一年的改變，對我的傷害何其大？我的智力、眼力與記憶力嚴重衰退，大概只有原來一半的能力罷了！連帶地，我的學業及功課也一落千丈。所以，當我考上金門高中唸一年級時，我便開始流連寄宿於同學家中，很少回到大姐家裡。

讀完高一時，數學及英文二科不及格，需要補考以決定升級或留級，補考後，我覺得唸傳統教育學校對我來說實在沒有什麼意義。即使我高一時的國文受教於倪阿嬌老師，成績在全校三百多位學生當中獨佔鰲頭，我仍然選擇於暑假時到高雄鳳山陸軍官校讀預備學校，將來三年畢業後便可直升陸軍官校正期生。

但是，經過一個月的新兵入伍訓練，我發現到軍校的現象與我的理想落差極大，無法接受，我本懷抱班超「投筆從戎」的情操就讀軍校，預備將來投身軍旅生涯，捍衛國家疆土。不料，現實與理想落差如此之大，無奈何，只好藉著體格複檢的時候退訓，再回金門中學繼續未完的學業。當我返回金中時，同學告訴我補考及格升上高二理組，然而學校已開學一個月，向教務處提出申請註冊不准，只好求救於一向愛護我的倪阿嬌老師，她二話不說，即刻帶我去向戴華校長報告及請求，戴校長當場准許補辦註冊入學，終於順利完成高中學歷。

高中畢業後，面臨大學聯考／高考的關卡，當時的錄取率只有百分之三十而已，故有「擠窄門」之稱。可是，一旦考上大學猶如鯉魚躍龍門、聲價百倍，不但家長可以在親朋好友之間揚眉吐氣，增添無限光采，自己也可以實現嚮往及憧憬已久、多彩多姿的大學生活，畢業後進入職業市場更是高人一等，不論公、私機關或機構，都任你挑、隨你選，大學生因此被稱為天之驕子。

自然地，我亦是眾多落榜者之一，一些兒都不意外，不過，我卻有自己的二項志願做盤算，一是投考軍校聯招，篤定可以考取，所以我只選填一項唯一的志願，我要重回陸軍官校唸正期生。二是等八月份上台北參加夜間部大學聯招，有把握能夠考上，事實上，我們高三班上畢業二十幾人，只有我跟另一位同學沒報考外，其他人全部考取夜大，何況我的成績還是班上前三名呢！

然而，我的二項生涯規劃卻因一封家書而全部落空，真是計劃趕不上變化！正當我在台南等候上台北期間，誰想到，臨出發之前，突然接到一封家書謂：金門電信局招考員工，已經替我辦好報名手續，要我即速返回金門參加考試。不得已，只好打消原訂計畫，束裝回到故鄉應考，考完試後，我評估一下其他應考人的實力及自己的表現，或許能夠考取。

放榜後，果然僥倖地獲得金榜題名，我高中畢業後，只失業了半年，便找到生平第一份工作，也是一輩子的工作。正如西方的諺語所說：「上帝關了你的門，自會為你打開一扇窗子」。便於同年底前往台北電話局正式報到入局，接受為期一年的職前訓練，同時，也加入電信工會為會員，成為名副其實的電信工人。迄今，電信工人生涯已經邁入第二十七個年頭。人生的轉捩點如何，真是滄海之一粟，本不足為道，再加上命運的撥弄，誰又能奈之何？高中畢業，迎來好運。

2000/07/04

第三十六回　阿千自述二
——運氣雖好不自滿

一九七四年將近十九歲，我終於高中畢業，長大成人了，必須自尋出路，自謀生活及奉養雙親。三十年前大學聯考／高考的錄取率只有百分之三十而已，要想擠進「窄門」可不是一件那麼容易的事，我自知無此能力，虛應一下故事也就罷了，名落孫山外毫不意外也不丟人。但是，趁著年紀輕輕，我的心頭已有二項打算，一是投考軍校聯招，鐵定能夠考取，填寫志願時只填一項「陸軍官校」。二是報考北區大學夜間部聯招，因為我唸的是理組，也篤定可以上榜，然后自食其力、半工半讀完成夜大學歷。

可是，人算不如天算，就在台南等候北上報考夜大的期間，突然接到一封家書謂：「金門電信局正在招考人員，已替你辦妥報名手續，須即速返回應考」。這下子計畫趕不上變化，不得已，只好取消自己原來的計畫，束裝返鄉投入招考。這一梯次用人需求是為了開辦金門市內自動電話業務，招收男生十五人，女生四人，運氣真好，我也榜上題名。想不到，高中畢業後便失業半年的我，竟然獲得生平第一份工作，也是一輩子的工作，喜出望外，就此踏入職業市場。

讀高三時，我們有四個要好的同學，經常聚在一起唸書、討論畢業後的生涯規劃。除了我功課不好外，他們三位可是好得很，聯考放榜，我高高的落榜，他們卻都是金榜題名耶！一位考上世新大學，一位考取國立成功大學，還有一位更是高中公費的國立台灣師範大學，而且，均為日間部！我一看自箇兒慚愧，但更為他們高興，一一登門向他們道賀恭喜，曉得他們經過四年大學生的教育完成後，個個學有專精，畢業後將來必是社會上的中堅份子。

雖然，在四個同學當中，我最不成材，是被大學聯考拒絕錄取的小子。不過，塞翁失馬，焉知非福？我卻是最先找到工作，得到穩定的收入，並於高中畢業二年後結婚生子，養家活口。每年的寒假，同學們由台灣返鄉過年，總會到家裡來看我，也看看我的孩子，又過二年，知道他們的學業即將完成，前途不可限量，鵬程萬里。果然，他們大學畢業後，一位留在台北發展事業，蒸蒸日上，二位返金擔任國中教師，作育英才，百年樹人。

我自忖雖然進入職場比較早了四年，起步早也起步高，但終究我的學歷和專長受限，將來頂多專任電信工人一職罷了，別無所長。所以，又屢屢勾起當初唸夜大的構想，可惜，金門並無夜大的設立，除非舉家遷居台北方能如願，無奈，考慮到現實上種種的難題行不通，只好作罷論。

一九八四年起，我在妻子照顧我與四個孩子起居生活一切便利之下，便想立下志向，設定人生目標作為自己奮鬥的方向。因此，我準備參加公務人員高等考試，於是，到郵局買了一份高、普考試的報名簡章；一看報考高考的資格必須具備其中三項之一，一是大學或專科以上學校畢業，二是高等檢定考試及格，三是普通考試及格滿三年。我想選擇第三項，以通過普通考試的方式來取得參加高考的資格，因為普考的應考資格是高中畢業，正好符合我的學歷。

但是，普通考試的專業科目，如普通行政科的「行政學」、「行政法」、「法學緒論」及「經濟學」卻都是大學修讀的科目，高中並沒有讀過這些書目。所以，我只好到書店去買書來自修，並請教大學畢業的同事吳劍鋒，以及鄰居高考及格的同學甯國平二位，如何修讀以及如何應考?承蒙他們細心給我講解，讓我摸索到一個正確的方向。

然而，連續報考五年均未上榜，雖然考試成績已經非常接近及格分數，只差一、二分而已。

一九八九年夏天，國立空中大學在金門成立學習指導中心，並舉辦新生入學招生考試，我立即報名參加入學考試，並獲錄取，於是展開為期七年的空大求學之旅。因此，我一邊參加普考，一邊修讀空大，我的讀書計畫是，從每年四月一日起開始專心準備普考，謝絕一切應酬，連續四個多月，到八月二十日赴台考試。讀書時間是，每天下午下班後吃過晚飯，六點鐘上床小睡三個小時，九點正起床泡茶、打赤膊、穿短褲，吹著電風扇，開始一晚上的夜讀，直到深夜三點以後，夜深人靜，萬籟俱寂，方才上床睡覺。每晚讀書時間至少六個小時，如此四個多月期間，沒有一日中斷過。

一九九〇年夏天，我首度參加金門電信工會選舉，並當選常務理事／工頭，決心要在前任的基礎上，以建立工會應有品牌為職志。因此，確立勞資和諧、勞資對等，工會參與局務會議，了解事業單位運作機能並提供建言，參與人評會掌握人事升遷之基層意見。任滿一屆三年後不再連任，這一任大大擴展工會運作空間，宣告工會自主時代來臨，不再是擺在桌子上點綴的花瓶而已，此可參考拙文「電信工人與工會」。

一九九二年初，我正在鳳翔新莊忙著鳩工建造新房子，竟日陪著師傅李甘樹吃飯、喝酒、唱歌，到了八月中旬，房子順利完成了百分之八十。我告訴他要去一趟台灣參加考試，他一口就說，看你今年的氣勢興旺一考必中，到時中榜可要記得請我喝杯喜酒哦！我說只要托你的祝福和金口能考上，巴不得連夜請你去喝酒，怎麼會忘了你呢？果然如他所言，我連續第九年參加普考，終於考上了，自然，也兌現承諾在餐廳擺了一桌酒席，和師傅及工人暢飲一番。

當年，我報考錄取率最低的普通行政科，要錄取二百人，光是報名人數就有四千三百多人，應考者不是大學畢業生，就是大學在學生，像我這般以高中學歷應考者，只怕不多見吧！在錄取率只有百分之五，以及我又忙著蓋房子的情況下，居然也能金榜題名，豈不是正應了俗話說的「火到豬頭爛」嗎！

一九九三年底，我意外地以三十八歲之年紀獲選為薛氏宗親會理事長，因而立下中心思想要：「建設珠山，光耀薛氏」。推動會務公開化，決策民主化，尤其是財務健全化，開設銀行帳戶，將全部現金存入土地銀行，百分之七十採定存，百分之二十活存，百分之十為支票存款，以支票作為支付工具，如此一來，出納便無須保管任何週轉現金。我一上任就誓言絕不舞弊，同時也不會給任何人有舞弊的機會。任滿四年后証明，宗親會的財務完全達到透明化。

除了引進金門國家公園進入珠山，協助大力投資建設公共設施，並補助私人修建古厝的經費，使得珠山村落面貌為之煥然一新。又接受金門縣政府的指導與補助，於一九九七年元宵節創辦第一屆「珠山燈節」活動，吸引全縣民眾蒞臨觀賞，廣受好評。接著第二年及第三年又舉辦二屆珠山燈節，造成周邊道路為之大塞車，此可參閱拙著「金門薛氏宗親會與我」。

一九九六年春天，我在空大修滿一百二十八個學分，以社會科學系畢業，獲得空中大學授予學士學位。

我能夠進入金門電信局工作，真的是運氣很好，因為成績好的人都去唸大學了，考不上大學的人反而進了電信局。可是，我從來沒有以現況為滿足，而是取法乎上，以我的同學讀完大學為榜樣，自我學習，自我成長。

一九九六年及一九九七年夏天，我兩度參加公務人員高等考試，成績遠遠的落後，發現我的記憶力、毅力及鬥志已經大不如前，只好放棄此項十幾年前所設定的奮鬥目標。檢討原因，我在工會三年學習領導能力，在宗親會四年發揮領導能力，俗務纏身，交際應酬頻繁，耗費掉太多的時間及精力，因此，心神無法集中，心有餘而力不足矣！窮困年代再艱難，服膺人窮志不短。

2001/08/14

第三十七回　兒時寄車賣菜

早上專程到珠山日照中心看望宗親薛水土，因為昨晚我回珠山詢問薛承德電話之后，先后和薛水土、薛永川一塊回憶起五十五年前，我讀小學五、六年級夏天深夜「寄車賣菜」，只有一支手電筒和他們摸黑走泥土路推著手推車裝菜籃子到后浦/金城賣菜的陳年往事。當年我十一歲，是最年輕的小籮蔔頭，永川二十二歲，南昌二十四歲，水土三十歲，水土的哥哥水涵三十二歲，我們都曾經搭夥推車到后浦賣菜。

我們家因為農作物收成不足以養活一家十口人，我的兄弟姐妹有八人，因此兩個妹妹五、六歲的時候只好分送給外村的人家收養，那種骨肉分離對被送出去的孩子是一輩子無法抹滅的傷痕，對原生家庭充滿懷念與懷恨，那是刻骨銘心、終身難以抹滅！為了養家活口，父母又去學習炸油條，在村子裡開了一家「千記油條店」，十歲起每天早上七點之前我要挽著一隻圓形油條竹籃子，從珠山出發，由西向東沿著東沙、歐厝、泗湖、小西門一路走過一村又一莊入村去叫賣油條。賣到八點聽見位於歐厝的「愛華國校」鐘聲響起，才進到學校上課，籃子放在教室後面，賣不掉的油條等下午放學後帶回家並行結帳。

一九六六年我家的勞動力不足，我從十一歲起就要挑水澆菜，一天要下去池塘挑水五十擔左右，重擔壓在我的肩膀上二年，嚴重妨礙我的發育，小學畢業只有一三六公分，真是名符其實的瘦皮猴一隻。我們村子裡都是小型農戶，種菜的品項不多、產量也不大，在扣除掉一小部份自己食用和餵豬的剩餘之後才能拿到市場上販售，貼補家用，一年最大的進帳就是賣豬，拿到價款之後再到小店舖去結清賒帳。夏天的蔬菜大都是瓜果類如苦瓜和南瓜，冬天才有比較多的葉菜類如大白菜和高麗菜。

到城裡賣菜很辛苦，要起早貪黑的趕路，在高低起伏、凹凸不平的泥巴路上用手推車裝菜籃子，夜裡十二點起床趕路大約需要一個小時才能走到市場。車板上大概能裝四簍方形菜籃子，每個籃子能裝上五十斤左右，一台手推車至少要有二個大人，一個推手一個助手，我家的菜少，半籃子的菜就寄放在手推車的輪胎架子上，所以叫做「寄車」，也就是搭人家的便車，我是小孩子只能扶住自己的菜籃子，大約三十斤而已。后浦路上有二處驚悚萬分的亂葬崗，一處在珠山出村五百米燕南山下，一處在莒光樓后面，不是陰氣森森就是貓頭鷹夜啼，凡是走過全身都是雞皮疙瘩，頭皮發麻，只能結伴走過，沒有人膽敢單獨夜行！

一路上有兩三處衛兵站哨，一走近就會喝問口令，我們哪有口令？只得回說「燒燒不冷」／這是用閩南語發音的，說明我們是賣菜的，衛兵也會放行。走過莒光發電廠，遠遠就能望見東門菜市場疏疏點點的亮光，那是用「臭土」點亮的燈光。到達市場先去找熟識的菜販子來議價收購，討價還價一番，辣椒價格最好一斤都在一塊錢以上，苦瓜次之在一塊到八毛之間，大白菜一塊錢二斤或三斤，高麗菜一塊錢三斤或四斤，有時候殺價到一塊錢五斤，我們就不賣了，那就自己擺在集市上等候買主賣多少算多少，或者再拉回家煮成豬食，或在半路上扔進山溝裡。

我那半籃子的苦瓜賣了二十六塊錢，剛好買二斤五花肉，不用找了。待到五點過后天色濛濛亮，肚子裡大腸開始告小腸，要取暖和填肚子，必須吃點熱食了，有瘦肉和豬肝的廣東粥最吸引人，可是一碗五塊錢，我們從來沒敢吃過，只能吃一碗五毛錢有點肉腥的鹹糜，兩者相差十倍之鉅啊！吃過早飯就長力氣了，而且手推車上只有空籃子沒有重物，回家的步伐真是輕快，不用一小時就能到家。

說到小時候澆菜賣菜，尤其是苦瓜的那個苦啊！當年的苦瓜要比當今的苦瓜苦上十倍，大人愛吃的不多，小孩敢吃的更是少之又少，大概就是十分之一吧！大人為了哄那孩子吃苦瓜，總會勸說吃苦瓜的好處，他們會說「吃得苦中苦，方為人上人」，吃苦就是要吃苦瓜。我總是愛聽大人的勸，又想將來長大成為人上人，所以就勇敢大膽的吃下去，因此我成為那十分之一勇敢的小孩。可是吃過五十多年的苦瓜之后，我並沒有成人上人，終其一生只不過是一介電信工人而已，原來大人還是騙小孩子的，我只能把他說成「吃苦就是吃補」。

回首來時路，窮困的年代，服膺人窮志不短，沒有怠惰與抱怨，有的只是感恩與回報。

2022／04／12

愛華國校回憶

愛華國校的學區幾乎是珠沙村的範圍，由西向東是珠山、東沙、歐厝、泗湖、小西門，學校位於歐厝村。一九六二年我們開始就讀愛華國校時一度是示範中心，我們畢業之后先縮編為分校，勉強撐過幾年終究難逃被廢校的命運，我們成為沒有母校的校友，思之令人感傷無已！

小學階段是一個物質匱乏的年代，家家戶戶都是大貧或者小貧，可是我們服膺家長的訓示「人窮志不短」，所以社會風氣淳樸，孩童都是一心向上，努力學習。每天早晨升旗過后第一堂課就是逐個在老師面前當眾背誦課文，那是硬碰硬的死功夫，沒有任何舞弊的空間。當時盛行藤條主義，被老師藤條抽打戲稱為「吃竹甲魚」，特別是冬天時節手掌心一藤條抽下去，會痛一上午。最難背誦的課文是「林覺民與妻訣別書」，最心痛的句子是「出師未捷身先死，長使英雄淚滿襟」，叫人不得不一掬同情之淚！

我記得小學三年級第一次參加全校查字典比賽，多虧鄰居學姐薛素萍盡心盡力指導，比賽結果竟然與六年級學長郭水萍同分並列第一名，此后三年穩坐釣魚台包辦冠軍。一年級有兩班同學上百人，每一個學期註冊之后總會減少幾張面孔，好些人資質都比我好，都是因為家庭經濟因素輟學，畢業時剩下二十七名。學校設立歐陽毓章獎學金為金門小學之首創，對學生和家長的鼓勵最大，我很榮幸獲獎一次。

當年老師更迭頻繁，五年級導師王連記整天笑咪咪的不拿藤條，同學樂得稱呼他為「記伯仔」，六年級導師歐陽清初也不打人手掌心，改採獎勵制度，是我們小學生涯中讀書最勤勉的年代。訓導主任趙悔今老師帶我到金城國校參加全縣查字典比賽，結果鎩羽而歸，從此讓我知道什麼叫做人外有人、天外有天。鞠躬哈腰拉選票，何必糟塌候選人？

2022/04/10

第三十八回　說選舉談選民

看到有些候選人在競選過程飽受人情冷暖和語言傷害，確實也該我們選民／選舉人省思一下，選民究竟應該如何對待候選人，才不會造成候選人的傷害？

候選人的政治行情有熱門有冷門，熱門的當選有望，選民對他得罪不起，甚至已經拿他做當選人看待；冷門的無望當選，選民看他好比是打醬油多餘的，對他沒有好臉色還要冷言冷語消遣他。選情冷熱有別，選民看待不同。冷門的候選人更是把姿態放低、把身段放軟，自認是當選無望的一名弱勢候選人。因此，選舉完畢落得一場空和一身疲憊，犧牲不少寶貴的時間和經費，最後換來一身忍受及傷害，只能靜靜地找個地方自行療傷止痛。

每當看到候選人敘述自己受到不公平待遇，聞之令人不得不一掬同情之淚，回憶自己有沒有這樣子對待候選人？有則改之，無則勉之。例如一位候選人就說起「金門人投票的標準是看誰的聲勢好、誰有勝算？而不是看誰的人品好、誰能做事？猶如股市中的追高殺低，其異相有三，一，念舊與懷舊，老的忘不了，新的看不上。二，對現任寬容，對新進苛求。三，只看聲勢，不問能力」。

都說政治是現實的，選舉更現實，「第五屆縣長選舉，某社團舉辦縣長候選人座談會，但是，七位候選人中只肯邀請三位出席，未獲邀請的候選人詢問主持人緣故，主持人逕直回答說你們不會當選。弱勢候選人參加公祭典禮也會受到極度冷落和不公平待遇，熱門的候選人隨到隨拜，冷門的候選人早到也沒用，還會被刻意壓到公祭隊伍的尾巴去，私下詢問司儀／禮生原故，司儀回以他扶強不扶弱啊」！

有些首次參選人到處拜票時，遭遇的迴響實在強人所難，說什麼「你應該先為我們服務兩年再來參選」，但是，身為政治素人根本沒有政治資源，無能為力啊！你有什麼需要服務的應該是找現任的公職人員，要不然你選他所為何來呢？你若是收他的錢才投他，那叫金錢政治，不是民主政治，假如你收他的錢才投他，所以你就不敢指望他來為你服務囉！

其實，做人處事講求公平公正，也就是能維持一視同仁的待遇，何況弱勢者更需要多給他一點關注和關愛才對，這樣才能得到事理之平啊！當身為選民的我們面對面遇到候選人的拉票和拜票，無論識與不識，互相禮貌客氣一番，大家輕鬆愉快，何樂不為呢？當面損人糟蹋人，也只是徒逞口舌之快而已！何不與人為善，點頭稱是，樂意支持就好，何必羞辱候選人呢！初選是雙刃刀，可不是萬靈丹。

2018/11/01

第三十九回　黨內初選的功能

雖然，四十年前（一九七五年）我們投票選出行政首長及民意代表，實現了民主政治，但是，在威權政治和一黨獨大的政治環境中，其實，身為選民的我們，只不過是藉我們的手把上級所要的人選圈選出來，充其量，我們小市民只不過是一個活動的橡皮圖章而已。沒有政黨競爭的政治，沒有兩黨政治，台灣就談不上真正的民主政治。

隨著時代的推移，在執政黨之外開始有了無黨無派的角逐者，起初，有了黨外的集結，後來，政府同時宣布開放黨禁和報禁，一九八六年民間的報紙和民主進步黨隨即掛牌亮相。在選舉中，隨著民進黨的攻城掠地，國民黨逐步敗退，兩黨政治於焉形成，開啟政黨競爭的局面。再後來，第三勢力集結成小黨，如新黨、台聯、親民黨，而無黨籍仍有第四勢力的空間。

兩大黨的政治光譜，國民黨為藍色陣營，意識形態具統派色彩，民進黨為綠色陣營，意識形態具獨派色彩。第三勢力都是由國民黨樹大分枝而來，新黨，由不能見容於黨魁李登輝的新國民黨連線而來，屬性為立法院次級團體，當時由趙少康領軍的七名立法委員組成，可以說是國民黨最菁英、最閃亮、最耀眼的政治明星，以許歷農及郝柏村為精神領袖。

組黨後，一是採行逢李必反的路線，二是專與國民黨爭奪正統的路線，屬於泛藍陣營。台聯黨，是立法院次級團體集思會組成，領頭羊為黃主文立法委員，是李登輝的擁護者及追隨者，政治光譜卻一變而為泛綠陣營。親民黨，由第二次大選落敗的宋楚瑜裂解國民黨所組成，歸入泛藍陣營。第三勢力在藍綠兩大陣營頡頏相抗，旗鼓相當時，能起到關鍵少數的作用，其他時候只能做為點綴品或裝飾品而已。

此時，開張百年的中國國民黨，即使努力穩住老店，仍然無法站穩腳跟，政治版圖日趨萎縮，甚至在二〇〇〇年大選，痛失最高執政權，首度出現政黨輪替。八年後，憑藉紅衫軍「包圍總統府，活捉陳水扁」發威，一舉奪回執政權，實現二度輪替。準此以觀，王金平說的一點沒錯：「台灣未來仍會完全走民主這條路，最後當然還是有可能繼續政黨輪替，就像美國一樣」。

此處所論黨內初選，僅以國民黨的演變而言。既然上級要假公民之手產生政治人物，那麼，決定候選人的權限及過程，才是最高的上意，等於是黨意指揮民意，民意配合黨意。在威權時代，無人敢於質疑黨的提名人選，更不要說是叫板或挑戰了，因為在國家機器和政黨機器之下，任何個人都是顯得那麼渺小而無能為力，此其一。在一黨獨大下，大我的要求非常凸出，主政者或主事者表現出的那份廓然大公的色彩極為強烈，所提出的候選名單大都屬各界菁英的一時之選，才能及品德鮮少瑕疵，故能服眾，此其二。因此，雖然此種由上而下的提名過程不容他人說三道四，不過，提名結果或人選倒是品質保證、無庸置疑。

可是，興衰都在人事，隨後的黨提名人選每每不孚眾望，屢次在選舉中敗下陣來，黨員逐漸不再信服黨部的提名機制，要求黨部改採登記初選的提名制度，期望透過由下而上的初選機制能夠甄選出最佳的候選人參與選舉。這期間，黨部所決定的候選人名單，經常讓黨員及輔選大員都難於接受，向黨部反映說，看到提名的黨員名單，不是含淚投票，就是投不下票。一再喪失政治版圖的刺激下，黨部的主事者慢慢接受初選的引進，最終同意提名採用初選制度，將登記同志交由黨員投票決定，擇優提名人選，至此總算有了改變、有了進步。

黨員集體意志有了斬獲之後，收割的卻不是美好的成果。在政黨競爭之下，初選只是過程和手段，挑選出最佳最強提名人選才是中間目的，贏得選舉委員會的選舉、取得執政權或議政權才是最終目的，沒有執政，一切落空。最早是把黨員投票視作萬靈丹，又把黨員投票跟初選劃上等號，但實踐的結果，卻是大出意表。第一，相對於廣大的選民意志而言，狹小的黨員意志其代表性顯得相當有限，參考可以，等同不足。第二，一次性的黨員投票雖能反映集體意志，但不足以完全呈現登記人員的品質，猶如大學聯考的一試定終身，究竟不能完全表現學生的整體素質一樣，還須加入配套。第三，黨員投票的環境是設定在理性及開放的狀態下，實在陳義過高；只要有競爭，手段是無奇不有，多數還會溢出正向之外，走向負面競逐。

為了掌控結果，提早掌控過程，最常見的是養人頭黨員做為自己的投票部隊，黨部對此一籌莫展。這景象一如電影票及火車票的黃牛票市場中，白白便宜了黃牛壟斷市場，坐收漁利。第四，為擺脫黨員投票的宿命，又增加一項電話民調，可以消除或減低人頭黨員的干擾，甚至以全部民調取代黨員投票；可是，治一經損一經，競爭者或主事者照樣會把手伸進去操弄民調，各方對其結果總是半信半疑，信者恆信之，不信者恆不信。因此兼採投票及民調，不失為當前可行方式，而在兩者之間做權重比例的分配，從五五分配，到四六分，到三七分都有。

綜上所述可知，黨員投票不等於初選，初選不等於提名，可見得提名才是整個環節的重心，提名最佳人選才是最重要的目標。那麼，提名難道只有初選一項嗎？初選只有黨員投票一項嗎？提名不能有其他配套嗎？初選不能有其他配套嗎？顯然未必就是如此，一方面我們應該吸取民主先進國家的優良制度，一方面我們可以發展符合國情的完善做法。改良和健全現有的提名制度是必要的，也是刻不容緩的，提名除了初選，在何種狀況下可以採取徵召，也是為了確保在政黨競爭之下的勝選考量。初選除了黨員投票，加入電話民調所佔的權重比例各該多少，在實施之前公開宣布。提名制度的宗旨及綱要，都應該明文載入遊戲規則或列於黨章之中，全體黨員共守之、共勉之。

遊戲規則必須建立在有力的基礎上，建立在令人信服的權威上，公布在遊戲開始之前一定時間，如此才能可長可久，這才是公正公平公開的提名制度。由此可見，提名是政黨的核心功能之一，有初選、有徵召；初選是提名的核心功能之一，有黨員投票、有電話民調。本文的題旨，原本是應該訂為黨內提名的功能，但是，提名制度的層級較高，那是屬於黨部主事者的課題，身為一個基層黨員實在很難碰觸到，反而是初選制度比較有黨員參與的機會，因此，便由初選來輻射出去吧！由以上論述知道，黨內初選的功能，在於選拔黨內的優秀黨員同志，代表政黨投入選委會的選舉，藉由贏得選舉而取得執政權或議政權；初選只是手段，勝選才是目的，手段自然不應妨害目的。

初選施行之後的反效果或副作用也不少，令得主事者一時之間束手無策，一是人頭黨員的困擾，大戶人家憑藉繳納黨費包養大批的口袋黨員，進而操控黨務的運作。二是初選造成的黨內分裂，有競爭就有對手，甚至演變成敵人，再沒有同志之情合作之地。因此，多一道初選就多一次分裂多一批敵人，要不，就是退黨反黨傷害黨，沒有整合的空間。曾經有一段時期，謾罵和攻詰國民黨的參選黨員，反而成為當選的憑藉，這樣子的初選制度未見其利，反受其害，陪葬政黨。

理論之外，再說實務，台灣的真正民主政治，如果說要以最高領導人的產生方式符合民主要求而論，其實，不過區區二十年歷史而已。一九九六年的第一次總統普選，改採全民直接選舉算是開啟新紀元，以往由國民大會代表間接選舉產生總統的模式，從此走進歷史的塵埃之中，迄今進入第二十個年頭，二〇一六年是第六次直選總統。第一次大選，國民黨提名現任總統李登輝，遭到系出同黨的林洋港及陳履安的強力挑戰，雖然林陳兵分二路，分別以獨立參選人挑戰失敗，若是合兵一處成為夢幻組合，則鹿死誰手，誠難逆料！

第二次大選，宋楚瑜挾著台灣省長的超高氣勢如日中天，反出國民黨不與連戰合，遭到老師李登輝用「興票案」打出一記翻天印落下馬來，陳水扁從夾縫中勝出，一如當年衝破趙少康與黃大洲的圍堵勝選台北市長。第三次大選，陳水扁演出一齣二顆子彈飛的戲碼，突破連宋合圍，真是現代版的拍案驚奇，世界奇觀。第四次大選，拜施明德組織的紅衫軍發威，一舉把馬英九送進總統府。第五次大選，蔡英文在副手及兩岸議題上的失策，拱手讓人連莊。

距今半年之後即將登場的第六次大選，兩軍對壘的形勢詭譎，綠軍在選前一年就已經完成整合及布陣，再度推舉蔡英文擔任主帥，早早進入戰鬥位置，蓄勢待發，選舉情勢一片大好。反觀藍軍怯戰遲遲不能產生共主，已失先機，選前半年還不能推出候選人，提名制度及提名過程更是荒腔走板，莫衷一是，無異種下失敗因子，自嘗苦果。

洪秀柱以半路殺出程咬金的姿態，高擎拋磚引玉的旗幟登記提名，分明走的是跑龍套的戲碼，走完過場本應下台換上主角出場，不承想，一變而為假戲真做，反客為主，一時間觀眾個個看得莫名所以。雖然說，小辣椒個人條件優秀絕無瑕疵，可是擺錯劇本，竟然成為唯一的登記人選，同時也把自己推上風口浪尖，借問到底唱的是哪一齣？是京劇還是鬧劇？幕後的影武者，其實不言自明，難道真是「埋葬國民黨，成就洪秀柱」嗎？

說過團體再談個人，大約三十年前，立法委員朱高正站上立法院講台上拳打腳踢，揮出第一拳，大喊老賊下台那一幕，震驚了全台民眾，紛紛打聽發生了什麼事？原來是主張國會改革，演出全武行，隨後街談巷議不離改革國會，終於慢慢打開當時黑幕重重的立法院，社會大眾漸漸也能接受此種非常手段的問政表現。朱高正的聲勢因此扶搖直上，老弱婦孺，人盡皆知，還被冠上「台灣第一戰艦」的稱號，透過他的表演，人們才認識到他所屬民進黨的存在，民進黨因他而備受矚目，之前，我們只知有朱高正而不知有民進黨，朱高正旋風及魅力蓋過全黨。隨後，他因主張反對台獨黨綱不容於民進黨而退黨，自組社會民主黨，可惜曲高和寡，時機尚未成熟，只不過幾年光景就關門大吉。

趙少康繼之而起，閃亮耀眼，以政治明星的光環為廣大的支持者及追隨者帶來莫大的期望，創立新黨後在問鼎台北市長一役當中功敗垂成，慘遭滑鐵盧，自此退出政治，讓支持者為少康中興之夢幻滅而心碎不已！宋楚瑜隨後一統人氣，直攻光明頂時已經光明在望，只差一步登頂，橫遭一記翻天印打下馬來，自此反出國民黨，自創親民黨。由以上三人的例子得知，團體需要人才，人才更需要團體，縱然你是如何的英明神武、三頭六臂，脫離團體之後的個人無所附麗，遲早將會黯然失色退出舞台。而團體留不住人才，或者自毀長城，一定會走向沒落甚至敗亡。尤其是原有人才投入敵對陣營，或是揭竿而起，回頭反戈一擊，必然是致命的攻擊。所舉三人的例子，給原來所屬的團體都帶來不同程度的沉重打擊，不可不慎也。

金門的政治風雲也是精采有加，首先是一九九一年的國民大會代表選舉登場，在沒有政黨競爭的背景下，國民黨在應選二席中提名陳允火、吳成典二人後，開放競選，最終四人參選，黨提名人只有陳允火一人當選，楊肅元逆勢當選。第二年緊接而來的立法委員選舉，應選一席下國民黨提名吳成典一人，卻慘遭退黨參選人陳清寶淘汰出局，陳清寶當選後回歸國民黨，隨後連選連任三屆。第三年是第一次民選金門縣長，現任縣長陳水在以金門戰地政務委員會軍派的身分過渡到福建省政府官派的身分投入選舉，占盡天時地利與人和，高舉著「我的家鄉我的愛，萬事莫如建設急」的建設牌參選。

殊不知此人粗通文墨，卻是論述不足，原文應是「我的家鄉我的愛，我來建設我來拚；這事那事樣樣急，萬事莫如建設急」，卻遭到掐頭斷尾，語調及氣勢衰弱不少。隨後幾任當選執政者，文采缺缺，更是一蟹不如一蟹，尤其可嘆者，縣長一職淪為陳李兩大姓的宰制之中，人民寄望姓氏輪替者不絕於途，竟不知何時才能改寫？黨部主委轉型，聲勢今非昔比。

2015/07/10

備註：

今日早上在國民黨縣黨部無意中碰到十多年不見的蔡弼光，我已經認不出他，直到我請問他貴姓時，他報出名姓，我才嚇了一跳。坐下喝茶聊天時，話題圍繞著政治和政黨，我便提及對黨內初選這個議題的些許看法，嘗試將之訴諸文字。

2015/07/01

第四十回　服務才是王道

——行動已經開始，改變就在不遠

林芳旋先生，在二〇一二年十月甫一接任國民黨金門縣黨部主任委員時就提出主張「眼睛向下看、腳步向下走」，要深入了解民眾需求，為鄉親爭取權益，一則推展黨務，一則貼近民眾。上任後勤走各鄉鎮基層，密集拜訪黨員同志及鄉親父老，隨後邀宴金門地區新聞媒體餐敘，廣泛交換意見。不久之後他又發表《有禮之島——三好運動》，講述他對「存好心、說好話、做好事」的心得。

接著，走訪退休校長、鄉鎮長、公務員、黨工人員，以及社區發展協會、退休教師協會等，請益地方應興應革事項，集思廣益。然後提出黨的服務志工化，做事不支薪，服務不收費，成立志工團，化身為民意的橋樑，志工團負責打電話給黨部，再由黨部透過黨政平台聯繫相關的主管單位處理，志工團的守則就是「你張嘴、我跑腿；你開口、我來走」。

雖然林主委脫下三十六年的軍裝換上便裝，經常是一襲夾克，一條牛仔褲加上一雙球鞋，仍舊展現出軍人劍及履及的明快作風，他勤快的身影時時出現在鄉親的眼前，上任之後不過兩、三個月，就能深深吸引住群眾的眼球，並獲得多數人的肯定和認同。「行動已經開始，改變就在不遠」，因此，原本失聯的黨員陸陸續續返回黨的陣營，繳納黨費，歸入團隊；並且，先後有些黨員如黃木林、李錫榮、許淑慧、黃月真，因認同林主委積極走訪黨員同志，廣泛聽取基層意見，而主動捐款予黨部挹注黨務事業的發展，這是多年來難得一見的迴響，對於提振黨的形象和黨務工作人員的士氣起到積極和鼓舞的作用。

除了拜訪黨員及請益先進之外，芳旋主委對於服務至上更是念茲在茲、親力親為，因為「服務才是王道」。對於鄉親有所需要時，遇有金門縣政府主管事項，甚至當場打電話到業務主管單位洽談辦理事宜，如果是金門子弟在台服兵役問題，一通電話就打到部隊長辦公室去，若是鄉親在台就醫事項，電話就撥向榮民總醫院相關部門去，往往均能迅速獲得妥適的處理，實實在在盡心盡力，絕無半點弄虛做假。

大家都知道，人生以服務為目的，現代政府更是以公共服務業自許，服務取向的觀念深入各行各業，就像前些年，我們福建省政府也是一直提倡「以客為尊」的服務態度。現今的服務理念已經不再只是宣傳的口號，而是落實的行動。現代社會還是一個多元的社會，資源的分配和權力的分配是分散在多數人的手裡，而非集中在一人手上的那種一元社會，因此，在多元社會中的服務觀念更加重要和必要。不但在公權部門要體認身在公門好修行的要旨，即使在私權部門也有講究以服務為導向的需要。

在公部門或準公部門中的主管或主官，做官和服務的取向是明顯不一樣的，凡事以自己的方便為準則的便是個做官的主，而凡百事務是以別人的方便為準的才是個服務的主兒。換句話說，只為自己辦事便宜的人是在做官，辦事為讓別人便宜的是在服務；凡是能夠將心比心，為別人設想的是服務，但凡不能換位思考，缺少同理心的只是做官。也可以說提供服務的人願意站在接受服務的人立場來思考，說得上是服務取向；而提供服務的人不願意站在接受服務的人立場來思考，只能說是做官取向。

做為一個組織或機構的首長，非但要對外提供服務，甚至對內、對下屬也應以提供服務為導向，即使說不能以服務取代管理，至少也可以管理和服務並行，正是恩威並濟。俗話說，帶人如帶兵，要帶他的心，在這一點上，芳旋主委在他歷任的軍中主官、主管職務中，對於同仁及下屬權益的維護，永遠擺在第一位，自己的權利反而落在後面，所以即使他離開原有職務後，同僚及下屬對他的懷念也是念念不忘，這正是他成功的一面。雖然受挫黨部，仍舊不出惡言。

2014/03/10

第四十一回　走出政黨擁抱鄉親的許乃權

《怒潮澎湃，黨旗飛舞，這是革命的黃埔……，發揚吾校精神，發揚吾校精神》。此為「陸軍軍官學校」的校歌，在一九七九年秋天，金門青年許乃權，高唱校歌踏出軍校，肩上佩掛中尉官階步入軍隊，開啟了投筆從戎的三十年軍旅生涯，一路從尉官、校官到將官，從排長、連長到旅長，聯兵旅的少將旅長，二〇〇四年底退伍，堪稱是在營為良將，在鄉為良民。

二〇〇七年，乃權先生以資深國民黨黨員身分投入黨內立法委員選舉的初選，爭取黨的提名問鼎立委大選，進行一場高格調的君子之爭，初選以黨員投票和電話民調分高低。雖然投票結果以懸殊之差敗北，未能取得黨的提名，但是，高品質的初選仍然贏得社會大眾及黨員同志的認可與讚許。隨後，並獲得金門縣長李炷烽的賞識，邀請進入金門縣政府團隊擔任社會局局長一職，正式投身公務行列，服務金門鄉親。

越五年，許先生再度參加黨內立法委員初選的登記，起初，黨部所訂定的遊戲規則是，以黨員投票及電話民調各佔三成及七成的比重區分高下。只可惜登記完畢後，金門縣黨部主事者卻片面撕毀遊戲規則，取消黨員投票，僅剩電話民調。乃權先生在協調會議中當場提出抗議卻無效的情況下退出協調，真是孤臣無力可回天矣，因而發表理性聲明，強調不接受遊戲規則的擅自變更。聲明說「也不違背個人的堅持，在此做出痛苦的決定，退出黨內初選，同時祝福三位參選同志順利、圓滿。個人有三十六年的黨齡，與黨有深刻的感情，參選的同志有我的同學、宗親、好朋友，我絕不會口出惡言」。

初選的機制，初始的用意是為了規避黨部主事者的好惡及一個人說的算，最早是黨員投票一項；後來為了排除黨意凌駕民意之上，改採黨員投票及電話民調二項；現在是僅剩電話民調一項，以民意領導黨意，稱為全民調。每一種初選方式，對於參選黨員的利弊並不一樣，黨部主事者要力求公允，確實也不是一件容易的事。但是，我認為初選的遊戲規則公布之後輕易不要變更，倘若有必要變更時，除了少數服從多數，多數尊重少數外，有些時候也應該採用否決權，儘量以全數通過為最佳方案，才不會傷了同志與同志之間、同志與黨部之間的和氣。

社會大眾從報導中得知此一出人意表之發展，深感憂心，咸認又將會有一場爭議或風暴發生。因為，自從一九九〇起的二十多年以來，大凡遇有參選黨員和黨部發生爭執或齟齬，都會產生嚴重的衝突和風暴，不是脫黨便是開除黨籍，傷人又傷己，只落得一個兩敗俱傷，黨內的同志或黨外的大眾也大都習以為常了。然後在大選中，脫黨或被開除的黨員大肆攻擊黨部及黨務工作人員，而且，罵得越兇得票就越多，甚至還能高票當選，所以每一次的初選都會帶來多一次的分裂，有志之士每每為之扼腕不已，但是又何奈！不承想，此次爭執並未產生衝突或摩擦，而以和平及理性收場，令人不禁為之喝采，更為乃權先生的自我克制喝采。

許先生以五十多歲的盛年參與選舉，其體能、精神、經驗都在巔峰狀態，經過軍隊中的培養及歷練豐富，復經嚴格的考核，才能脫穎而出官拜將軍。自退役後返鄉為良民，投進服務鄉親行列，態度親切，身段柔軟，實在是國民黨內不可多得的人才。然因初選的細節和爭議未能再度參與選拔，怎能不說是遺珠之憾呢？雖然被拒於國民黨之外，許乃權仍然不改服務鄉梓、擁抱鄉親之初衷，毅然成立工作室二年多，積極為接近群眾做準備，廣泛聽取父老鄉親的各種聲音，厚實自己的參政基礎。

政治路，萬水千山，要走上這一條路實在不是一件容易的事，雖然，政治很複雜，可是，政治很重要。如果我們抱持著選什麼人都一樣的鴕鳥心態，顯然不是正確的認知和態度，試想一想，我們一個手掌伸出來五個手指頭都不會一樣的長，人和人之間又哪裡會一樣呢？人與人之間的差異性是那麼的清楚及明顯，要選舉之前，選民多少也應該用心了解及比較一下參選人的好壞與高低，才是正確的做法吧！政治並不一定都是國事、天下事，有時候家門口的一條巷道或排水溝的舖設，也會有政治的味道和運作存在呢！走上選舉，也是走上政治路的通道之一，其辛苦和不容易如同政治路一般。

各行各業都必須有優秀人才進入，才能夠振興這一個行業，而個別行業要想引領時代的風騷，更非得借重傑出人才不可。同樣地，政治很重要，自然需要引進人才投進這一領域，方能開創輝煌的將來。到如今，有這麼好的人才被拒於政治門外，金門鄉親能無遺憾嗎？二十多年前，台灣很盛行一句話說「政治是高明的騙術」，政治人物想方設法就是要騙取選民投他一票，殊不知，此乃似是而非的詭論。試想若是人人都在騙來騙去，則那一句話為真，那一句話為假？誰能分得清？做人處事，真心誠意仍是不二法門，像前些年韓劇中的《商道》大受歡迎和好評，推究劇中為商之理，歸根究柢還在為人處世之道。可見，不論從商或從政的根本，還是在於做人的道理。建立競爭雛形，扮演在野制衡。

2014/04/14

第四十二回　建構金門政黨競爭的陳滄江

自從一九九三年第一屆金門縣議員選舉開始，在縣議員選舉當中屢敗屢戰的陳滄江，在二〇〇九年第三次捲土重來參加選舉中歷史重演，再遭滑鐵盧。但是，由於選舉制度的變革，增加遞補措施，若有當選人被法院判決有罪定讞者，依落選頭的順序遞補，因而，此次敗選仍然留有一線轉機。等到三名當選人被判決確定後剝奪縣議員資格，陳滄江在二〇一一年三月以落選第二名遞補為第五屆縣議員，攜帶一張小板凳進軍金門縣議會。

由於議員席次來之不易，議員任期又減少一年，因此，「小板凳議員」陳滄江發揮堅忍不拔的精神，全心全力投入問政，陸續舉辦多場公聽會，議題包括：勞工權益基金設立、醫療糾紛陳情、勞資權益陳情、離島交通票價、金門建築法規等，邀集政府相關部門主管人員到場說明，開創金門縣議會問政之新猷，成績閃亮耀眼，普遍贏得鄉親們的讚賞與肯定，轉眼之間努力將近四年。

想當初，滄江要投入議員選舉時，朋友、同學有贊成有反對，但是同樣都基於一番好意，贊成者說樂見好人出頭，反對者說怕被抹黑受傷害。因為，在選舉之前幾年，滄江在台灣經商有成，回到金門做了很多慈善事業，累績很多的令名美譽，應該珍惜羽毛，而且，有很多好事都是用無名氏送出金錢的，當時金門的社會鮮少有人從事慈善事業。雖然那是第一屆縣議員選舉，但之前還有一屆過渡的金門縣政諮詢代表選舉，對於惡質的選舉文化，人們頗有印象，只要參與到選舉中，就沒有一個人是清白的，不能夠全身而退，只落得灰頭土臉。

二〇一二年總統大選中，陳滄江擔任蔡英文競選總統金門總部主委，一肩挑起輔選的重責大任。就在選前三天他於競選總部內召開記者會，為蔡英文的選情下跪求票，一時媒體競相採訪及報導，因為，以往金門各種選舉尚未出現過此種跪票情景。而且，他還發出承諾，如果蔡英文獲得三千票，他將以三步一跪的謝票方式從金城鎮民生路跪到城隍廟，如果開出五千票，他將從太武山腳下以三步一跪的方式跪到太武山頂謝票。

說到選舉中的跪票威力驚人，最著名的當屬盧修一，當年台灣第一大縣台北縣長選舉時，民進黨的蘇貞昌選情告急。同黨之誼的盧修一當時癌症末期、生命垂危之際，在投票前一晚的選前之夜抱病登台，當眾下跪求票，現場觀眾無不動容；第二天投票結果，蘇貞昌僅以些微之差險勝，一般咸認下跪是扭轉乾坤的關鍵。後來台北市長選舉，遇上民進黨人陳水扁擔任總統的全盛時期，馬英九的選情不容樂觀，宋楚瑜在選前之夜上台下跪求票，馬英九轉為為安，漂亮勝出。

金門鄉親看見滄江許下如此難以兌現的諾言，都認為他只是隨便說說而已，我們也是隨便聽聽就好，不必當真。原故如下，其一，歷次總統大選，民進黨候選人在金門選區得票從未超過一千八百票，這已經是民進黨的瓶頸和極限，要往上成長談何容易？更何況是三千票！

大概沒有機會下跪。其二，政治嘴，糊累累，政治人物開出的支票很少能夠兌現的，要推拖或拒絕的時候可以說出千百種理由，鄉親們又何必當真呢？說過就算了，不必當一回事。

不承想，開票的結果，蔡英文竟然得到3,193票，不可思議的票數，居然成長了將近兩倍，還跨越了滄江自己所設定的得票線。這下子鄉親們一方面傻了，另一方面也開始偷著樂了，樂啥呀？不是樂著要看滄江的笑話，而是要看他如何自圓其說？如何藉詞推託？可是，更出人意外的是，他出面宣示訂於一月二十七日（大年初五）上午九時兌現自己的諾言，以三步一跪從民生路跪到城隍廟來謝票。

到了這一天這一刻，激動人心的場面出現了！只見陳滄江就在街道上走上三步一下跪，起身後再走三步又下跪，如此三步一下跪，這五、六百公尺的路程費時將近四十分鐘完成。跪到廟前時，陳滄江感慨萬千、百感交集，一時淚如雨下，讓現場圍觀者為之動容不已。這一場戲劇性十足的下跪，從此贏得人們對他的推崇和信任，對他信守承諾、一諾千金的口碑打下堅實的信任度，真是金門誰人不識君？

政黨政治，需要政黨之間的制衡，也需要政黨之間的競爭，制衡能夠防弊，競爭可以興利，這樣子才是選民所樂見和需要的。隨後，滄江再度當選民進黨金門縣黨部主委，繼續為民進黨努力，也為鄉親努力，我們樂得為他鼓掌、為他加油，並期待他有更好的表現和服務。

攤開金門這些年的政治面貌，長期是國民黨獨大的局面，直到新國民黨連線趙少康等七人脫黨另立新黨後，在金門成立新金門聯誼會，算是初步體現到政黨政治的模型。隨後民進黨成立金門縣黨部，選派黨職工作人員，進而提名黨員投入公職人員選舉，實現政黨競爭，雖然多次無功而退，但是仍舊屢敗屢戰。終於由陳滄江披掛黨旗首先完成達陣成功，攜帶一支綠旗和一張小板凳進入縣議會開展問政之路，同時也開創金門政黨政治新局面。

所謂政黨政治，並非以政黨成立數目多寡為準，其核心精神乃是有不同政黨同時進入政府權力部門而論。若是政府權力全部由一個政黨掌控，其他政黨被拒之政府門外，實在還談不上政黨政治，自然就不會有政黨制衡與政黨競爭的作用了。不論是三權分立或五權分立，政黨可以進入的領域不外是行政和立法部門，在中央是總統和行政院及立法院，在地方是縣市首長及縣市議會。

選舉路和政治路一樣，都是萬水千山，充滿艱辛苦楚，一路走來起起落落，陳滄江更是如此。回想他參政之初，是一九九一年參與國民黨內第二屆國大代表初選登記，遭遇到縣長夫人翟美玉的競逐，因此與縣黨部發生衝突與摩擦，一氣之下，反出國民黨，從此與國民黨決裂。之後，因欣賞新黨的創黨人士品牌及風格，又認同新黨的宗旨及理念，與新黨人士接近，但是僅止於此。為了走自己的路，最後選擇加入民進黨奮鬥，出錢出力，不遺餘力。二〇〇〇年大選變天，陳水扁入主總統府，派陳滄江出任福建省政府委員。然而，譽之鵲起，謗亦隨之，看他平步青雲，羨煞多少人？當時縣長官階十二職等，省委十三職等。

他走馬上任後遭遇不少的誤解與批評，人們最喜歡指摘他對政黨的忠誠度不夠，在政黨之間變換頻繁，甚至預言說將來還會加入共產黨，真的是想太多了。試想，國民黨的大老，曾任秘書長一職的李煥先生，其公子李慶華加入新黨，女公子李慶安投入親民黨，都在政壇上大放異彩，李氏一家人分屬三個政黨，也沒有因此不和，真是兄妹登山，各自努力就好。

其實，政黨本來就是允許黨員自由進出的，合則加入，不合退出，入而退出或退而加入，個人可以完全自主的選擇政黨，毋寧是平常和正常的。這跟祕密幫派只准進，不准出是不一樣的，幫派分子想要退出就是欺師滅祖，罪無可赦，要退出幫派只能把命留下，這跟政黨不同的。當然，孫中山先生也不是很贊同政黨的組織，只因在民主政治下，必須建立政黨之間的制衡和競爭，才能由人民控制。

為了替民進黨開拓版圖，他第三度披掛上陣，舉著綠旗再選縣議員，經歷過落選後，又能遞補上議員，這種失而復得之心情可想而知，所以他倍感珍惜，全心全意投入問政。只是萬藍叢中一點綠，形單影孤，真是舉步維艱，不得不借用一些手段吸引鄉親的注目和肯定，切實值得我們多加體諒。現實上，小板凳扮演著反對黨的角色，又是單槍匹馬，沒有同志結盟，要演好這角色實屬不容易。反對黨就是扮演黑臉的角色，也就是飾演壞人的角色，雖然不討好，卻有存在的必要，更有制衡腐敗的作用。

我以為從事選舉的政治人物，在某種程度上跟演藝人員具有表演性質是一致的，選舉前候選人無不想方設法要讓選民記得他的存在和姓名，如無高人氣或高知名度，是不會受到選民的青睞投他一票的。忠厚老實之人的性格，大多屬克己為人、不為己甚，當然是一種溫良恭儉讓的好品德，可是忠厚人擺在政治的職位上並不受歡迎，自己不好受，別人不喜歡。所以在選舉中為了吸引選民的眼球，進而吸收選票，會表演、會做秀的候選人是比較有機會當選的，因此，做為投票的選民，我們是不是能夠體諒候選人的苦衷呢？

依照角色的功能取向，無疑的，陳滄江扮演的反對黨角色是稱職的，是成功的，而輔選總統大選的黨提名人更是傑出的，3,193的數字會說話，也是一個絕佳的里程碑。所以說陳滄江打著綠旗進入縣議會，才是建構金門政黨競爭的新頁。

我個人觀察台灣和金門多年的選舉文化，幾乎絕大多數都是採用負面文宣攻訐對手的各項隱私，卻無法提出公共政策的願景和政見，看不見牛肉在哪裡？談不上是什麼好鳥，說穿了這跟潑婦罵街有什麼兩樣？不僅正式選舉是如此模樣，即使連各種黨內為了提名的初選無不如此，導致每一次初選，同志相爭就多一次分裂。輪替就是換人做，換黨也要換姓氏。

2014/03/28

第四十三回　政黨輪替與姓氏輪替

前些日（二〇一四年），立法院長王金平說：「台灣未來仍會完全走民主這條路，最後當然還是有可能繼續政黨輪替，就像美國一樣」。一時引起媒體很多的不同解讀，甚至認為他是不看好兩年後國民黨二〇一六的選舉，好像是一葉落而知秋的註解。明明王金平的談話很清楚，偏偏媒體的見解還是有很多的想像空間，不只是言傳，還有些意會，真個是見仁見智了。其實，這一番說法並不算得上是危言聳聽，去年，就有國民黨大老級的高育仁也說：「台灣政權可能再次輪替」。

既然台灣是民主社會、開放社會、多元社會，有些人的言論或許是見人所未見，我們多長些見識也沒有什麼不好吧？中央有政黨輪替，地方也有政黨輪替，而且，地方的政黨輪替有時還走在中央之前呢！像十多年前的台北市第一次民選市長，國黨提名黃大洲，民黨提名陳水扁，新黨提名趙少康，三強鼎立，旗鼓相當。三人平分選票，各得百分之三十幾，雖然陳水扁勝出，但是領先其後的趙少康只有一兩個百分點，而屈居第三的黃大洲也只落後第二名一兩個百分點。台北輪替六年之後，中央才跟著發生輪替，也是由陳水扁率先入主總統府。

當時的新黨是剛剛從國民黨分裂出來的小黨，一直與國民黨爭奪藍軍的正統，趙少康以母雞帶小雞的方式，成功的將新黨好多名市議員送進市議會，他自己硬是從藍營的票源中囊括百分之三十幾的市長選票，打出一場極為漂亮和經典的選戰。那時他們所打出的選舉策略，就是選民「自動歸隊」和「自動配票」，自動歸隊就是讓選民回歸到藍軍旗幟之下，不需要什麼含淚投票，就是票投新黨；自動配票便是家戶分票，分散投給新黨市議員候選人，不要集中投給單一候選人。

看過台北再看自家金門的政壇，金門不缺政黨輪替，由國黨到新黨之後，再輪回到國黨。這樣子看來似乎是已經很圓滿了，其實不然，因為前面五屆二十年的縣長選舉，上演的都是陳、李兩大姓對決的傳統戲碼，縣民看得都有些厭煩了。雖然說大姓不是原罪，按比例來講大姓出些人才也算合理，但是長期霸佔職位和壟斷資源卻是最受詬病；況且，當選縣長之後的治理縣政，惟姓氏以為準繩，如同家族企業的經營和管理一般，具有強烈的排他性，難以引進外姓氏或優秀人才加入縣府團隊！何況，小姓並不是沒有人才，放眼看去在台灣或金門社會上嶄露頭角的不乏其人啊！說到底，我們選的是縣長，又不是選宗親會聯合會的會長，沒有道理讓大姓一直宰制著金門的政治。所以金門缺的不是政黨輪替，而是姓氏輪替、氏族輪替。

關心社會難免關心政治，要關心政治不免要關心選舉，而關心選舉更是離不開關心人才是否能出頭？是否能引領社會、造福鄉梓？可見得人才是選舉當中的核心所在。選舉的要旨端在於選賢與能，選出賢德與才能兼備的人，就是要選出操守好和能力好的人來為民服務、為民造福，所以，選人唯才，而人才無他，就是要能力好及操守好。所以說好人出頭，就是要讓操守好與能力好的人在選舉中脫穎而出，為大眾謀求福利。如果操守不好者當選，免不了監守自盜、無惡不作之徒佔據公部門；如果能力不好者上台，多的是顢頇無能、不學無術之流虛耗公權力，這都不是你我之福啊，自然是必須用我們手中的選票予以排除。

面對風評不良、品行欠佳、誠信有虧的候選人，我們可以採取自動歸隊的投法，當然無須含淚投票，我們有權從其他候選人當中挑出具有賢能的人給予投票支持。在選舉中挑選候選人，亦如挑選女婿一樣，當然必須精挑細選，一個一個的比較和選擇，合格者列入考慮，不合格者淘汰。只要選民齊心一致，聚沙成塔，自然能夠達到眾志成城，要翻轉金門選舉的新貌，達成姓氏輪替，並非是不可能的事。

2014/06/26

「政黨輪替」之必要

我們知道金門的政治不缺政黨輪替，缺的是姓氏輪替，自從金門解嚴二十年來的五屆縣長選舉，上台者均為最大的兩姓——非陳即李，小姓者望塵莫及，幾幾乎要喪失參與感。小縣民所期望的姓氏輪替，就是要能夠在兩姓之外的第三姓上台主政，施展抱負，造福全縣鄉親。

兩大姓宰制金門政壇二十多年，最受詬病者，就是長期霸佔職位和壟斷資源，卻不能啟用有賢德有才能的小姓人士，其家天下的心態和家族企業的經營模式，充分說明其心胸之狹窄。十多年前民間的笑談總是說，不但縣長姓陳，連金門高粱酒也跟著姓陳，因為金酒公司的陳高賣得非常紅火，金酒的老董也姓陳！可是十多年來，不只縣長姓李，金門高粱也姓李，因為金酒的老董非姓李莫屬！

輪替是民主社會和平轉移政權的模式，是常態性質，而不是革命採用武力推翻政權的那種非常態模式。政治的推行，需要經由政黨輪替來保持活力和貼近民眾，確保與時俱進，不使政府腐化及腐敗。政黨上台執政後，假如不能造福民眾、貼近民眾，自然必須由其他政黨予以輪替；民眾對政黨不滿意，自當用選票加以替換，再不滿意就再替換，執政黨或主政者沒有懶惰的權利。

金門的政治為何需要姓氏輪替？其一，如果主政者盡心盡力為縣民謀福利，民眾有確實感受到福利的增加，幸福的升高，自然是一個稱職的好縣長。其二，假如主政者處處用盡心機，只為自己的連任策劃，或為自己的下一步政治前途打算，所謂「吃碗內，看碗外」，置縣民的福祉於不顧，當然是一個不稱職的壞縣長。因此，需要姓氏輪替的就是第二種的壞縣長，此時不論他是大姓或小姓人士，都必須被替換掉。

從姓氏和人口的比例來論，依通常的統計數字來看，陳姓占全縣總人口的百分之三十左右，李姓占百分之二十上下，和其他姓氏比較起來，只是占相對多數，而非單一姓氏人口數占到百分之五十以上的絕對多數。倘使單一姓氏占了絕對多數，那麼這全縣的共主自然是非他不可了；但是，金門的人口分布也只是一個相對多數，大姓沒有贏者全拿的資格，小姓更沒有任憑宰割的道理，只要小姓團結一心，推出最佳人選凝聚向心力，要達到有志者事竟成的地步，何難之有？

要說到眾志成城，翻轉金門選舉，應非難事，更不缺乏前例。我們記得民國七十六年，李登輝總統宣告台灣解除戒嚴，恢復常態政治，可惜為德不卒，卻留下金門及馬祖繼續戒嚴，此舉等於是拿金馬人民當作棄兒、當作亞細亞的孤兒看待，此一宣示嚴重傷害到兩地人民的感情。於是金馬鄉親走上台北街頭示威遊行，抗議層出不窮，當局仍然不為所動，一直到八十一年才宣布金馬完全解嚴，還政於民。這五年，金門鄉親所累積的民怨沸騰，造成社會集體焦慮和不安，苦苦找尋不著一個宣洩的出口。

就在八十一年底第二屆立法委員選舉登場，當時國民黨提名學歷極高、形象清新、青年才俊、一表人才、一時之選的候選人吳成典君參選。在此之前一黨獨大的政治氛圍中，在實施戰地政務的金門，凡是取得黨提名的候選人即是等同於當選，絕無翻轉過。不承想，從國民黨脫黨獨立參選的陳清寶君，打著「讓國民黨倒一次」的選舉口號，硬是將黨提名人打下馬來。不可能落選的人落選了，反而是不可能當選的人卻當選了，而且是幾乎壓倒性的全面勝選，這場選舉的意義何在？就是民怨沸騰、也是民氣可用，怨氣找到了一個宣洩口，全體鄉親同心協力，用選票叫國民黨倒一次，因此翻轉了金門選舉的新貌。

你只要能夠鼓動風潮，往昔能，今日有何不能？

2014/07/26

「姓氏輪替」之必要

上一篇論述《政黨輪替之必要》，指的是金門的政治面貌需要依靠縣民來共同參與，才能達成翻轉政治面貌之使命。姓氏輪替，究其實應該含有二層意義，第一層，要在陳李兩大姓之外的第三姓上台主政，擴大全民參與政治，就該換人做做看，第二層，凡是執掌權柄的縣長施政績效不佳者，不論大小姓一律加以替換，正該選人不選姓。

往昔，政黨提名候選人不當者，往往連黨員同志都不能認同，實在投不下票，最後為了防止對手當選，只能含淚投票支持同黨候選人，甚至有時候還是含恨投票，選民是多麼為難啊！現如今，對於不當、不良的候選人，我們一概不投他的票，改投其他恰當、良好的候選人，不管他是哪一黨，不論他是姓什麼？而且是歡笑投票，選人不選黨，選人不選姓。假使政黨提名好的人選，我們樂意投票支持，若是提名壞的人選，我們就自主投票，改投其他好的人選。姓氏亦同，參選人好的可以支持，不好的不予支持，即使本姓的宗親也不支持，寧可改投他姓好的參選人。或許有人會說那不成了大義滅親嗎？我以為那也未必，何況說是大義滅親不免太沉重，如果說是化小愛為大愛，為金門縣擴大舉才，又有什麼不好呢？

台灣的選舉制度在這三十年來不斷的改變，當然進步的有之，退步的也不是沒有，比方說檢覈制度的取消，對於候選人的品質管制就全部解除了。對於參加公職人員選舉，形成只有權利的賦予，而沒有能力的把關，選縣長人人有權利，選議員大家有資格，那麼選出來的公職人員，其間的素質難免良莠不齊。不論問政或行政的表現，免不了有荒腔走板，叫人瞠目結舌、不可思議的言行。三十年前的公職候選人在參選之前，不論是民意代表或行政首長，都必須先申請考選部的檢覈合格證書，才能憑證書登記參選。後來，民意代表的檢覈取消，再後來，連行政首長的申請檢覈也取消了。

民國七十八年春天，金門薛氏宗親會成立，筆者在成立大會上提案，案由是：「為開闢本會公共財源，應先爭取珠山大樓之產權，再設法與軍方使用單位交涉，俾能落實產權及收取租金」。可是，宗親會只是人民團體，沒辦法跟金門縣政府做什麼交涉，更沒有管道跟金門防衛司令部打交道。

不過，珠山有一位薛永化宗親，當時擔任金城鎮民代表一職，他就當面對我說要參選鎮民代表，必須先向考選部申請檢覈，拿到合格證書以後才能登記參選，他就是擁有檢覈證書，才能夠參與鎮民代表選舉並當選的。他知道我們在爭取珠山大樓產權時，也就義不容辭的在金城鎮民代表會的定期會議上提出相同的議案。但是，沉寂三年多，毫無回應，直到八十一年十二月十日上午，珠山大樓駐軍遷出，並行點交歸還建築物及土地，人珠山大樓終於重回珠山人的懷抱。這都是拜第二屆立法委員選舉之賜，選舉真好！

當年金門此種軍佔民地，所在多有，各地民眾紛紛反映要求收回。不過，都還不能妥善解決，唯獨珠山開了第一槍，首先圓滿歸還，如此一來，將會形成往後軍方處理的模式，產生多米諾骨牌連鎖效應。隨後，成功的官兵休假中心，金城北門原自來水廠陸續歸還民眾。

以前鄭炳章老先生在世的時候，我經常聽到他說的一句閩南話是「書深人賢」，勉勵年輕人要多看書、多讀書。鄭老先生何許人也？說起尊姓大名，可能知道的人不多，若是講老中醫「南門阿豬伯仔」，恐怕不知道的人就很少吧？因為書讀多了，會變化人的氣質，即使沒有學到什麼賺錢謀生的本領，至少懂得做人處世的道理，明辨是非好歹，不會為非作歹。同樣地，要服務鄉里、要奉獻社會、要參加選舉的人，平時就要多看書，儲備常識及知識，一方面讓人看得起，一方面自己作得到。要不然，人家只能說你是具有草根性、草莽性，而不好意思明說你是一個不學無術的草包。選戰未打，文宣先行。

2014/08/01

第四十四回　五箭齊發

專論一　民怨深深深幾許
——看縣長選舉，萬箭齊發，八方圍攻

專論二　酒能載舟，亦能覆舟
——成也金酒公司，敗也金酒公司

專論三　傷害金酒，金門公敵
——鄉親福利，全賴酒廠

專論四　百年榮耀，金門之恥

——身為罪犯，何來榮耀

專論五　眾志成城，定能輪替

——定期改選，就為輪替

看萬山紅遍，層林盡染；
問蒼茫大地，誰主沉浮？
數風流人物，還看今朝。

民怨深深深幾許

——看縣長選舉，萬箭齊發，八方圍攻

原本一屆四年任期的公職人員選舉，因著中央選舉委員會為了調整各項公職的任期和選舉，特意把這一屆的任期延長一年，以便銜接下一屆的選舉和任期；這真是一個皆大歡喜的規劃，憑空多出一年的任期，讓當選人員是個個眉開眼笑的，平白多得一年的薪資和歲費。納稅的小老百姓對於中選會此種慷他人之慨的善舉，也只能無言以對啊！

照講，既然公職當選人員多得一年的好處，至少應該多回饋這些廣大的納稅人，戮力從公，服務社會，造福鄉親，才是正理。可是，君不見身為百里侯的縣長上任才一兩年，社會風評每況愈下，三、四年後更是民怨四起，更有甚者，怨聲載道，以至於民怨深深深幾許，竟不知伊於胡底？

翻開自民國八十二年起的金門地方自治史，迄今已有二十一年歷史，之前的四任縣長分別由兩人先後擔任，民間對當時現任執政者的評價，多表中肯，只有在每屆任滿時予以回顧和評論，也都有不錯的風評。可是，這第五任的縣長，任期未滿，竟能贏得如此的民怨沸騰，真是所為何來？誰能告訴我們小縣民一個答案？或者說施政失當，或者說傷害金酒，或者說BOT浮濫，言人人殊，莫衷一是。不論何說，民怨積深不減，必然與主政者息息相關，眼前正是任期即將屆滿、政績總結算的時刻，十多天以後投票結果就能見到分曉。

上屆縣長選舉有七人參選，創下新高，本屆選舉更是高達十人競選，創下有史以來空前的最高紀錄。除了連任者之外，其他參與逐鹿者大都以瞄準執政的缺失做為箭靶子，形成八方圍攻的局面；具備挑戰實力者，率皆熟悉施政瑕疵，引經據典，火力全開，逐一質問稗政的責任何在？不僅僅如此，沒有參選的小縣民，也都質疑主政者到底是為誰在造福？為誰在謀利？因此萬箭齊發，射向靶心。

到底是我們改變了選舉？還是選舉改變了我和你？這一場縣長選舉，真真切切關係著每一位縣民四年後的福利，甚至十年後，數十年後的金門福祉。每一位頭家萬萬不可等閒視之，必須在投票前這十幾天用心觀察和比較這十位參選人的形象、品牌、過往紀錄等等，從中挑選一位最佳人選，絕不能有一絲一毫的隨便和大意。金門人關心金門事，誰說不宜？關心社會，自然會關心政治和選舉，當然會關心參選人的種種，精挑細選之後，選出一位不二人選。

欲知民怨何在，且看下回分解。

2014/11/14

酒能載舟，亦能覆舟
——成也金酒公司，敗也金酒公司

金門實施戰地政務時期的司令官胡璉將軍，指示所屬創立金門酒廠，至今已有五十二年歷史。很長一段時間，政委會轄下公教人員的薪資大都仰賴金門酒廠的營運和利潤，也因此養成本地居民嗜好飲用和餽贈金門高粱酒，說是為公教人員創造所得來源，似乎也能夠言之成理。此所以金門居民和金門酒廠長年累月的相濡以沫，幾乎都已經溶為一體之兩面，成為生命共同體了，說是具備革命情感，一點也不為過！金門酒廠後來改制為金門酒廠實業有限公司，稱為金酒公司。

金門政委會時代，有三大事業單位的首長是簡任職，分別是金門日報的社長、金門物質處的處長、金門酒廠的廠長，金門縣政府也只有縣長及主任秘書的編制為簡任職，縣屬單位主管或首長僅到荐任職而已。由此可見，金酒的地位及重要性一如往日，今日更勝於往昔；而物質處功能萎縮，降編再降編，甚至於改組之後走入歷史塵埃之中；報社的角色及功能絲毫不減當年，卻用盈虧論成敗予以降編，殊為不智。若論縣政之擘劃，今人不如前人，其理至明矣！

金酒從酒廠改組為公司，為一重大里程碑，可以說是轉型的一大基礎和一大成功，此其一。從金城廠擴建到金寧廠，產能以倍數成長，更是另一項最大的成功，才是金酒轉型的目標所在，此其二。當年，由金門縣政府出面擔保，向土地銀行申請貸款十億元投入建設及營運，才有今日的金酒和亮麗的盈餘。飲水思源，當時主政的陳水在縣長功不唐捐，主辦融資的土地銀行經理陳維雄，功德亦是不遑多讓，值得金門人的喝采！

縣政遞嬗，一代新人換舊人，後起政治菁英肩負起縣政的施政方針及金酒的經營指導，責任不輕。主政者一手執掌權柄，一手掌握財源，頗有相得益彰之功效，然而，如果掌管有失平衡時，則適得其反，正是成也金酒，敗也金酒。試看，三位縣長當中就有兩位因金酒而陷入官司的訟累之中，不可不慎也。本來金酒公司的盈餘用捐贈的方式貢獻於縣府財政，該是一樁美事，因此縣府的自有財政不虞匱乏。但是，金酒卻也因而遭受各方的垂涎及覬覦，紛紛把手伸進去，企圖朋分一杯羹，於是，各方勢力角逐，各有斬獲。

回顧金酒歷任董事長，在陳氏當政時，也曾啟用過李姓人士出任董座一職；而在李氏執政時，從未拔用過陳姓人士擔任董座職位，一李二李三李，一之為甚，豈可再乎？何況再三乎？真是內舉不避親啊！所以相較之下，陳氏還是挺有雅量和容人之量，李氏卻是贏者全拿，吃相難看，吃乾又喝淨，其理自明。

傷害金酒是何代價，且看下回細說分明。

2014/11/14

傷害金酒，金門公敵
——鄉親福利，全賴金酒

金門的民間積怨已深，雖然各種起因的說法不一而足，但是，鄉親對於金酒的關切最是感同身受，不管是縣政府所屬公教人員或其他各行各業人士，幾乎無人會置身於事外。因為，金門人和金酒的感情已達到相濡以沫和水乳交融的地步，眼看著金酒公司近年來屢屢遭受種種不利的處置，只有那割地賠款、喪權辱國一般的屈辱差堪比擬，讓金門人實在無法再三再四的無聲忍受。

想當年，縣屬公教員工的薪水還需仰賴金酒的盈餘來支應，否則經常會有斷炊之虞，全體鄉親無不響應愛用國貨，愛喝高粱酒的號召。到如今，福利時代來臨，金門率先開辦老人年金，福利獨步全國，月月有、年年領，溫暖了多少老人家的內心，都說這比自己養一個兒子還孝順，福利預算便是來自金酒利潤的貢獻。

民怨日深，足見冰凍三尺非一日之寒，若論民怨其來有自，以時間先後區分，不外三項，一是施政失當，二是傷害金酒，三是B零T浮濫；但以關係縣民之切身利害，有感受切膚之痛者，則以金酒誤判，導致傷害金酒為最。試想一想，金酒的獲利能力直接關係到各項福利政策的實行，一旦受到傷害，降低利潤，則連帶小縣民的福利受損，生活難過也！可見得，縣民的福利是和金酒的營收綁在一起了，真的是本島一命，不分彼此。

對於金酒公司的人事權責在縣府，也可以說是在縣長手上，金酒的經營及管理出錯，經理人固然要負執行責任，任用者自應連帶負起用人不當的政治責任，正像一條繩子綁的那兩隻螞蚱，跑不了他，也跑不了你的。柏楊的名言說：傷害一個組織最嚴重的人，就是那個組織的最高領導人。你看那陳氏上台後，即使縣庫空虛，也不惜舉債十億元擴建酒廠的規模和產能，而李氏上任後，縣庫充裕之下，卻是毫無建樹，完全就是一副前人種樹，後人砍樹的景象。

現如今，傷害金酒的官司已經進入司法程序，且讓法曹把一切真相攤開在太陽底下，把重重黑幕攤開在全體縣民的眼皮底下，大家一起來檢視。傷害金酒，就是傷害金門，就是與全體縣民為敵，罪無可逭，其始作俑者就是金門的全民公敵，更何況是要參加選舉的政治人物！須知民意似水，水能載舟，亦能覆舟，切莫輕忽小縣民無言的心聲。

是榮耀還是恥辱，且待下回說分曉。

2014/11/14

百年榮耀，金門之恥
——身為罪犯，何來榮耀

民國四年，金門正式升格建縣，到民國一百零三年的今年正好是第一百年，自然也是全縣的一件盛事，值得慶賀。所謂建縣百年，究竟是指建縣第一百年呢？還是指建縣第一百周年呢？若是建縣第一百年，自然是在今年，如果建縣第一百周年，當然是在明年，合先說明。

金門縣政府據此大張旗鼓地舉辦慶祝建縣百年活動，燒錢無數，小縣民看在眼裡，痛在心裡。因此，有人挺身而出發出質疑，首先是，建縣的主題性，今年是百年抑或是九十九年？慶祝的是百周年還是第一百年？其次是，大肆花費民脂民膏，雖然照程序通過預算，合法性不成問題，但是否具有正當性呢？只能是淪為政治大拜拜，無異又是一項煙花工程而已，正如老人家說的「提錢放炮仔」，「無采工啦」！

網路上，便有人撰文「百年榮耀，蒙塵百年」，極有見地。文章說，這場活動花費幾個億的經費，主題性就有受人質問的地方，百年與百周年有何不同？此其一。說是跟世界金門日綁在一起，但是世界金門日又不是定期舉辦，有什麼配合的必要性呢？此其二。總結說，「百年啊！百年。這是多麼榮耀與尊榮，多少人假汝之名行不義之實」。

金門是榮耀百年，因為建縣來之不易，民國初年的政局動盪，軍閥割據，民不聊生，鄉賢前輩辛苦奔波，終能贏得當局的重視及首肯，才能獲得升格建立縣治，值得我們身為後人的崇敬和尊重。可是，論及個人，如今掌管一縣大政的縣長，居然因為職務上的關係淪為一個罪犯，受到司法機關以被告身分約談，真是金門之恥，何來榮耀？以其被告參與選舉，顯然是背水一戰，退一步即無死所，淪為當選過關，落選被關之地步。

二〇一四年七月二十二日，麥德姆中度颱風深夜侵襲台灣，同日金酒爆發弊案，司法機關約談金酒總經理等十多名高管。第三天，再以被告身分傳喚縣長及其夫人，由此掀起金門政治風暴的序幕，案情發展牽動各方敏感的選情變化與消長。

前文提及，酒能載舟亦能覆舟，主政者掌管不當時，往往為之陷入訟累，正是成也金酒敗也金酒，不可不慎也。再者，傷害金酒就是傷害金門，其代價便是成為金門公敵，不可輕忽也。

起厝歪哥曲差，擱毋通換師傅？

2014/11/14

衆志成城，定能輪替
——定期改選，就為輪替

從前，華隆集團的董事長翁大銘面臨判刑入獄服監的情況，詢之朋友如何度過難關？都說參選立法委員可也，因為參選立委當選後，享有不成文的豁免權，形成當選過關，落選被關的特殊待遇。翁氏決定下海一搏，最後，居然低空掠過當選，而且，在立委任期中真的享受到當選過關的特權。這真的給全國人民一個諷刺版的民主和法治教育，之後，大量罪犯藉著選舉進入立法院「戴罪立功」，立法院竟成犯罪者避難所，這就是台灣的半吊子法治和民主！

曾幾何時？台灣廢省之後，縣市層級提升，縣市長的政治行情也跟著水漲船高，猶如雄霸一方的地方諸侯，享受特權也不遑多讓。可是，作為行政官的角色及功能，和代議士到底有相當大的差別，設若一個弊案纏身，要經常上法院的行政官，如何將其時間及精力投注在首長制的縣政事務上？而代議士只是一個群體當中的一員，是十分之一或百分之一的比例，兩者的差異不言可喻。

「金門民報」曾經刊載三篇論述金門姓氏輪替之專文，讀完之後略知其主旨，一在對於陳李兩姓輪替之必要，二在對於主掌縣政不佳者輪替之重要。其論述自有見地，姓氏之輪替重在昭示，天下為天下人之天下，而非一人之家天下，也非一姓一氏之家族天下。政權如不輪替，如何確保政局常新？

如今說：「起厝起一半，師傅毋通換」。是耶？非耶？假使起造房子是中規中矩，那麼起造的師傅當然不必換、不能換、不該換。可是建造房子途中已經看得出，房子歪七扭八了，還能坐視不理，任憑師傅他就這樣一錯再錯、將錯就錯到底嗎？這樣豈是正理嗎？那當然不能自欺欺人，更不能視若無睹啊！這時候，對於這名師傅自然必須換、馬上換、應該換。如果不立即加以更換，等到房子完工後，一無是處，一無用處，還不是白白浪費工程，最後淪落到拆屋還地的下場嗎？真正的道理是「起厝歪哥曲差，師傅趕緊換掉」。

如果說，當選的政權不能輪替，那不如改為終身制，只要一朝當選，一輩子不下台。那還要什麼定期改選呢？定期改選就是貴在換血，貴在更新，貴在保持政治上的活力。讓選民對台上的政治人物定期予以檢驗，凡是表現不佳者，一律請下台，讓新人上台。作為選民的我們，要看到政權的輪替，說難不難，就是要能睜大眼睛從眾多參選人當中挑出一位最佳人選，給予投票支持，而且要能大家有志一同，集中選票在他身上，這樣定能眾志成城，達成眾人心願。

到如今，大明王朝終於到了改朝換代的時刻，且讓我們拭目以看十一月二十九日的投票結果！不要投那些不三不四的人選，票票集中投給長長久久的人選。五篇文宣齊發，形成一片火網。

2014/11/14

第四十五回　回顧一下五箭齊發文章

陳大哥：

我特別敬佩你很堅持自己所說的「文人要有文人的骨氣」，我想這骨氣嘛，也就是有所為、有所不為，對吧？如果文人沒有骨氣，那可能就會淪為「畫黑擦白」的文妖，不是嗎？小弟恰恰和你的看法是一致的，所以去年二〇一四年三月我寫了一篇《服務才是王道》請你指教，你看過之後也說「以你『老千』的格調，豈會隨隨便便拍人家的馬屁」？這不就是說的骨氣嗎？緊接著到四月份，我又寫了《走出政黨，擁抱鄉親的許乃權》和《建構金門政黨競爭的陳滄江》兩篇人物描寫。

去年是選舉年，我留意觀察了一下參選人的文宣，並無可取之處，特別是縣長參選人的文宣，亦無可觀之處，私心自感頗為失望。因此於八月借箸代籌以下這兩篇文章，如果有人寫出來應該不錯吧！專論一，民怨深深深幾許？——看縣長選舉，萬箭齊發，八方圍攻。專論二，酒能載舟，亦能覆舟——成也金酒公司，敗也金酒公司。可是，遲遲不見有此類之文宣出現，我以為高明的參選人會注意及此，誰知不然！可是你說「別人不能，但老朽相信你能。加油吧，老兄弟」！那就是說我所擬的題目沒有人寫，就該我自己來寫了。

到了九月分我又把專論的題目加了三篇，專論三，傷害金酒，金門公敵——鄉親福利，全賴酒廠。專論四，百年榮耀，金門之恥——身為罪犯，何來榮耀。專論五，眾志成城，定能輪替——定期改選，就為輪替。先把這五篇只有題目還沒有內容的文章，請你過目和指教，你還是要我動筆論述出來。

接著，我將五篇題目拿給姓楊的好朋友觀看，他看完倒抽一口氣說：「這五篇文章的題目太聳動了、太吸引人、太具有殺傷力！文章要是完成之後公開發表的話，要競選連任的現任縣長非倒不可」。但是他並未勸阻我不要寫出來，也沒有叫我將來不要發表。其他看過題目的朋友都一致稱許，異口同聲要求我把文章寫出來看看。還有一位姓黃的朋友看完題目，突然把坐在椅子上的兩隻腳抬起來，我問他是怎麼回事啊？他說：「我舉雙手和雙腳贊成，請你趕快將文章寫好吧」！哈……哈……這叫什麼呢？真是皇帝不急，急死太監了。

「金門民報」在十月底突然宣佈停刊，發表文章的園地因此受到壓縮，「金門日報」是官報，自然是不會給我刊登的，可是我心裡有數，尚有二個管道可以嘗試，一是其他縣長參選人，二是網路。所以，我好整以暇，在十一月中旬決定開工動筆寫作，我的習慣是，只要自己擬好了文章的題目，腦海中就有百分之八十以上的內容，寫作起來並不困難。而且，我要在同一時間把五篇文章一次寫好，同時面世，這樣子才可以達到火力全開，形成一面火網。因此，花了一周時間在二十號完成初稿，立馬請你審閱並惠予指正，承蒙你費心將閩南語的用詞做局部修飾，力求達到止於至善的地步。

我將五篇文章寫好之後，再加上一個總標題叫《五箭齊發》，這正好對著「五金齊發」而來，時間選定在選前最後一周公開發表，打他一個措手不及，無法響應也無法辯駁！首先，我將文章交給許乃權參閱，他要我找「海峽論壇報」去發表，可是我和該報社長劉庭祥不認識，他所發行的五期選舉戰報剛剛結束，不再發行了。其次，我列印出好幾分向親朋好友散發，這樣會產生漣漪效應，甚至是蝴蝶效應，小眾傳播的功能也是不可小覷的。同時，姓黃的那位朋友也把文章拿到陳福海競選總部請他們發表，他們當場聯絡上人在大陸的劉社長，他說海峽論壇報已經關閉了。最後，自然是網路發行了，選前五天十一月二十五日我就選擇在「金門縣政留言版」上公開發表。

縣長選舉的投票結果大出人們的意料之外，選情本來是五五波的局面，結果是現任的縣長以將近百分之二十的差距落敗，以八千多票慘遭滑鐵盧！選舉結束後，街談巷議，還是對這場選舉百思不得其解，到底影響選舉的因素何在呢？對於這場選舉，自始我個人的看法是，雖然有十人登記參選，但真正有實力角逐者只有陳、李、許三人，基本盤各占百分之四十、百分之四十、百分之二十，許氏的票再怎麼成長都不會超過百分之三十，肯定不會當選，最後仍舊是回歸到傳統兩大姓氏對決的態勢，輸贏最多是二、三千票。

料不到，開票結果卻是輸贏擴大到八千多票的不可思議，這充分說明了落敗的一方犯下致命的重大錯誤有以致之！但是，回頭來看，這結局不正是符合姓楊的好朋友所說「這五篇文章的題目太聳動、太吸引人、太具有殺傷力！文章要是完成之後公開發表的話，要競選連任的現任縣長非倒不可」嗎？如果以事後孔明的說法，新黨人士操作棄保，將原本支持許氏的選票轉向投給陳氏，一舉輾壓李氏。

投票過後一周，我跟一位姓歐的朋友談起我所寫的五箭齊發，他是一位從國中退休四年的老師，他很驚訝的問我說真的是我寫的嗎？我說當然是啊！他說在投票前已經在網路上看過了，看過的人都說贊。我以為他是看金門縣政留言版上的，可他說不是，他是看陳福海網絡群組上發出來的資訊，網路上只改了一個字，把五箭齊發改成五弊齊發。哈……哈……我說這下子讓他白撿了一個大便宜，但是，也不違反我公開發表的本意嘛。他還說我是他當選的大功臣，要在古代論功行賞的話，至少也得封我一個大官才是。哈……哈……再怎麼說，我也是一個有骨氣的文人，怎麼會去向人家求官呢？

其實，寫文章倒無所謂，但是要發表這五篇文章，卻萬萬不能輕忽為之，尤其是法律責任的問題，相對方是可能會採取訴訟行動的。選前我將文章傳給一位臺灣姓張的朋友看過，他就勸我還是不要發表的好，因為文章中的矛頭都是對準了現任縣太爺，惹火了他，他可是會控告我的，事實上，他已經對別人採取按鈴申告了。我說謝謝你的好意提醒，我也注意到法律問題，第一，文章不會指名道姓，第二，內容不做人身攻擊，第三，署名不以本名發表。我自信萬一被人家控告的話，我還有自我辯護的空間，人說「沒有三兩三，不敢上梁山」。又說「沒有金剛鑽，不攬瓷器活」。

那位黃姓朋友就說：「以前看你寫的文章，就你的所見所聞，所思所慮以及親身經歷抒寫出來，我總覺得理所當然。可是，這五篇文章，寫的是你長期觀察金門社會現象及公共事務細膩入微，見解獨到，十幾二十年的發展脈絡一清二楚，此其一。再者，此種針對當權者批判的文章發表之後，極可能遭遇到反擊是顯而易見的，吃上官司是可以預料的，常人可是不敢輕易發表的。但是，你敢選在投票之前公開發表，這份膽量、見識、勇氣，更是最難能可貴的，此其二」。四年之後選戰，連續發表文宣。

2015/01/20

第四十六回　萬箭齊發

說選舉道選舉，你不能不看的

專論一　縣民福利，全賴金酒

——傷害金酒，福利去了了

專論二　成也金酒，敗也金酒

——偷雞不著，蝕了一把米

2018/07/01

第四十六回　萬箭齊發

專論三　金門鄉親的最大公約數
——縣長一任，不可以連任

專論四　只有你想不到，沒有他做不到
——東北試釀存在驚天陰謀

專論五　號稱金門最會選舉的人
——職業選手，可怕的對手

看萬山紅遍，層林盡染；
問蒼茫大地，誰主沉浮？
數風流人物，還看今朝。

縣民福利，全賴金酒
——傷害金酒，福利去了了

早先金門政委會時期創辦金門酒廠，至今已有五十六年歷史。想當年，金門縣政府所屬公教員工的薪水還需仰賴金酒的盈餘來支應，否則經常會有斷炊之虞，因此全體鄉親無不響應愛用國貨，愛喝高粱酒的號召。此所以金門居民和金門酒廠長年累月的相濡以沫，幾乎都已經溶為一體之兩面，成為生命共同體了，說是金門人對於酒廠具備革命情感，一點也不為過！金門酒廠後來擴廠並改制為金門酒廠實業有限公司，稱為金酒公司。

金門鄉親對於金酒公司的關切最是感同身受，不管是縣政府所屬公教人員或其他各行各業人士，幾乎無人會置身於事外。到如今，福利時代來臨，金門率先開辦老人年金，福利獨步全國，月月有、年年領，溫暖了多少老人家的內心，都說這比自己養一個兒子還孝順，福利預算便是來自金酒利潤的貢獻。

由於金酒利潤關係到縣民之切身利害，一旦金酒公司受到傷害，利潤發生衰退，縣民也會感受到切膚之痛。試想一想，金酒的獲利能力直接關係到各項福利政策的實行，一旦受害降低利潤，則連帶小縣民的福利跟著受損，生活難過也！可見得，縣民的福利是和金酒的營收綁在一起了，金酒沒有利潤，縣民沒有福利，真的是本島一命，息息相關，不分彼此。所以說誰傷害了金酒，誰就是跟金門人過不去，誰就是金門人的公敵。也因此，守護金門的金雞母，成為全體縣民的共同職責，豈不知同仇敵愾、眾怒難犯嗎？

金酒從酒廠改組為公司，為一重大里程碑，可以說是轉型的一大基礎和一大成功，此其一。從金城廠擴建到金寧廠，產能以倍數成長，更是另一項最大的成功，才是金酒轉型的目標所在，此其二。當年，由金門縣政府出面擔保，金酒公司向土地銀行申請貸款十億元投入建設及營運，才有今日的金酒和亮麗的盈餘，真正是前人種樹，後人乘涼。今日飲水思源，當時主政的陳水在縣長功不唐捐，主辦融資的土地銀行經理陳維雄，功德亦是不遑多讓，值得金門人為之喝采及懷念！

2018/07/01

成也金酒，敗也金酒

——偷雞不著，蝕了一把米

金門縣長為一縣主政者，一手執掌權柄，一手掌握財政，頗有相得益彰之功效。然而，如果掌管有失平衡時，則適得其反，正是水能載舟，亦能覆舟，成也金酒，敗也金酒。本來金酒公司的盈餘用捐贈方式貢獻於縣府財政，使得縣府的自有財源不虞匱乏，該是一樁美事。但是，金酒卻也因而遭受各方的垂涎及覬覦，紛紛把手伸進去，試圖朋分一杯羹，有的人就因此落入萬劫不復。試看，前三位縣長當中就有兩位因金酒而陷入官司的訟累之中，不可不慎也。

對於金酒公司的人事權責在縣府，也可以說是在縣長手上，金酒的經營及管理出錯，經理人固然要負行政責任，任用者自應連帶負起用人不當的政治責任，正像一條繩子上綁的那兩隻螞蚱，跑不了他，也跑不了你的。而本屆縣長上任三年多，用了五位金酒董事長，原來幹董事長這麼簡單、報廢率這麼高啊！

四年前，縣府對某家公司步步退讓，該企業對金酒更是予取予求，縣民看得是提心吊膽、心驚膽顫，到最後東窗事發。司法機關以被告身分傳喚縣長及其夫人，傷害金酒的官司終於進入司法程序，且讓法曹把一切真相攤開在太陽底下，把重重黑幕攤開在全體縣民的眼皮底下，大家一起來檢視。傷害金酒，就是傷害金門，就是與全體縣民為敵，罪無可逭，始作俑者就是金門的全民公敵，更何況是要參加選舉的政治人物！本屆縣長選舉結果，尋求連任的上屆縣長最終慘遭滑鐵盧，以大敗交出政權，同時打破連任必勝的神話！從此全體鄉親獲致一項最大的公約數，便是縣長只能一任為宜，切莫讓他連任。須知民意似流水，水能載舟，亦能覆舟，切莫輕忽小縣民無言的心聲。

都說歷史是一面鏡子，可以起到警惕的功用，照講前任者前車之鑑，應該引以為戒，可以避免後任者重蹈覆轍。可是，現實上歷史的教訓作用確實微乎其微，小縣民還是小心觀察為上，且看本屆縣長究竟能否為我們大家看好這一隻會下蛋的金雞母？如果有人膽敢傷害這隻金雞母，全體縣民的眼睛都是雪亮的，一定會叫他無所遁形，所下的那一把米也會讓他血本無歸的。

2018/07/01

金門鄉親的最大公約數
——縣長一任做不好，不可以連任

二〇一四年十一月二十九日（四年前），金門縣長選舉的投票結果，尋求連任失利的上屆現任縣長黯然吞下慘敗的苦果，拱手將執政權讓給挑戰者，打破連任不可戰勝的神話，這是金門全體鄉親展現集體智慧和最佳自動配票的成果。就從那天起，金門鄉親不約而同建立起一項最大公約數——「縣長一任做不好，不可以連任」，只要執政不佳，必定換人上台。同時，這項最大公約數，也就是共識，同樣適用於本屆現任的執政者，今年底正是檢驗你執政好不好的時機，且讓我們拭目以待選舉結果！期待人才出現，期望好人出頭。

二○一八年十一月二十四日（今年），又是金門縣長選舉的投票日，冀望全體鄉親擦亮眼睛，仔細觀察各位縣長候選人的品牌、形象、紀錄，特別是現任縣長的所作所為，作為投票的最重要評比，讓我們一起發揮集體智慧，像上屆一樣做出最好的自動配票，大家眾志成城，萬眾一心，展現民主政治中的主人風範。

上屆縣長選舉高達十人同台競選，創下有史以來空前的最高紀錄。除了連任者之外，其他參與逐鹿者大都以瞄準執政的缺失做為箭靶子，形成八方圍攻的局面；具備挑戰實力者，率皆熟悉施政瑕疵，引經據典，火力全開，逐一質問稗政的責任何在？最終投票結果，果然不負鄉親期望，連任者慘遭滑鐵盧。

眼前正是本屆縣長任期即將屆滿、政績總結算的時刻，到了年底投票結果就能見到分曉。我們觀察政治人物的要素，不看他說什麼，只看他做什麼。到如今，大明王朝又到了改朝換代的時刻，且讓我們票票集中投給心目中的最佳人選，實現我們做為主人的價值。

民主政治施行定期改選，就是貴在換血，貴在更新，貴在保持政治上的朝氣與活力。假如政權不能定期輪替，如何確保政局常新？讓選民對台上的政治人物定期予以檢驗，凡是表現不佳者，一律請下台，讓新人上台。作為選民的我們，要能睜大眼睛從眾多參選人當中挑出一位最佳人選，給予投票支持，大家有志一同，集中選票在他身上，這樣眾志成城，定能達成輪替。

2018/07/01

只有你想不到，沒有他做不到
——東北試釀存在驚天陰謀?!

君不見本屆縣長上任才一兩年，遽然捅出一項金酒公司運送東北一千六百公斤酒麴試釀案來，在金門縣議會掀起一天的風波，金門鄉親更是驚駭無比，竟不知伊於胡底？本屆縣長任期僅僅一半，比起上屆來，民怨深深竟是不遑多讓，除了沒有B零T案，施政失當及傷害金酒，無一倖免，而傷害金酒，莫此為甚！酒麴是金酒公司製酒的核心商業機密，豈能外洩？境外試釀或設廠，更是法所不許！全體小縣民，無不質疑主政者到底是為誰在造福？為誰在謀利？

「酒麴案」因此鬧得沸沸揚揚、滿城風雨，半年之中無日無之，各方質疑之聲紛紛出籠，撻伐之聲更是方興未艾，一片山雨欲來風滿樓的態勢。縣長居然來了一招釜底抽薪之計，將全案移送檢調，以進入司法程序、靜待調查結果為由，暫時止住四方悠悠之口，縣民只得靜觀後果。不成想，所移送者乃是兩名參與搬運酒麴的工人，一年後檢察署逕行不起訴處分，漫天風雨就此劃下句號，端的是瞞天過海，令人瞠目結舌！隨後，金門高粱黨主席洪志恆，單槍匹馬前往金門地方檢察署按鈴控告縣長陳福海涉嫌圖利、洩密、偽造文書。酒麴一案再起波瀾，究竟能否通過司法機關的檢驗？且待後續發展如何。

金門已經開始在翻轉了，不是嗎？翻出金門，轉到東北，君不見金酒運出一千六百公斤酒麴到東北，美其名為「試釀」，分明是自斷命脈、葬送金酒。現如今，東北鐵嶺酒廠的高粱酒已經生產上市，其相似度高達百分之八十以上。狼子野心，路人皆知，酒麴案存在驚天陰謀，不言而喻，金門人，你為什麼不生氣？我們深信，多行不義必自斃，古有明訓。金門高中的物理老師就斷言運送酒麴一事的後果為，酒麴破解之時，金酒關門之日！

再說施政失當，我們試從他這一任縣長所作所為說起，縣府官員有的人在三年當中換過七種職務，真不知他是何方神聖？難道像台北市那樣——滿城盡是吳音寧，簡直把縣政府當成金門的幹部訓練班，難不成是要訓練為高薪的實習生嗎？如果說這樣的人不是天才，還有什麼人才可以稱得上是天兵天將呢？三年來，金酒公司用了五位董事長，就可以想見其報廢率有多高矣。

2018/07/01

號稱金門最會選舉的人
——職業選手，可怕的對手

民主政治的要義是，政府人才來自民間，來自社會，尤其是執政如總統、縣市長，或者是議政如立法委員、縣市議員，由於來自各行各業各個階層，才能了解民間的疾苦所在，解決民眾的切身痛苦，才能更進一步創造社會大眾的福祉。也就是說從政者，應該先立足各行各業，通過自身的進入社會、融入職場，了解人群的喜怒哀樂，能夠以同理心來理解各項社會事務，能夠達到感同身受的深度理解，如此在執政或議政之時方能深得民心，與群眾保持一致性。

可是，我們深入了解現任縣長的成長及從政過程，二十幾年來他除了選舉之外，士農工商他何曾從事過哪一門行業？當過軍人、公務員、教師、警察、消防、勞工中的哪一個階層？聽都沒聽說過，也不曾看見過，這是一個什麼樣的背景呢？擔任過縣議員、鄉鎮長、立法委員、縣市長，全都是選舉得來的，有哪一樣是靠工作累積得來的？沒有！全都是選舉得來的，就是一個職業選手，二十幾年的選舉達人，凡是跟他同台競選的對手，沒有一個不形容他是一個可怕的對手！幾乎無役不與，也幾乎是選無不勝，所以選壇上奉稱他是「金門最會選舉的人」！上一屆立委選舉之前，逢人就說他不參選了，年底照樣跳出來競選，最後居然還以七十四票之差擊退連任者而當選，你說他的話可信不可信？

但是，他歷任那麼多政治職務，為什麼沒有留下什麼政績？什麼作為？就因為他不是從各行各業中歷練出來的，不能深層理解廣大民眾的苦難和需求，自然是隔靴搔癢，搔不到癢處，不能苦民之所苦。就好像不食人間煙火，自然不知民間之疾苦是一樣的道理。說穿了，只不過是選舉有術，治事無方之徒而已！要不，我們就從他這一任縣長所作所為說起，上任三年當中所進用的縣屬臨時公務員達七百多人，比前面五任縣長二十年所進用的臨時公務員人數還要多，其種類有約聘、約僱、約用人員。所以縣議員諷刺他說，乾脆比照三節家戶配酒，每戶人家配發公職得了，這樣子豈不是人人有獎，皆大歡喜，萬民擁戴！大家想一想，全島十萬人口約有二萬戶口，還有一萬多戶沒有享受到這項福利的家庭，你就這麼忍心投票給他嗎？借助報紙發行，加大文宣力度。

2018/07/01

第四十七回　萬箭穿心

專論一　金門人怎麼能不生氣
——酒麴門，就是埋葬金酒

專論二　橘子變綠了，黃皮綠骨的變色蟲還能要嗎
——變來變去，由藍變黃再變綠

專論三　什麼新三通，黃皮綠骨根本就是此路不通
——前人種樹，後人乘涼而已

2018/10/01

專論四　綠色是自己染的？還是別人抹上的？
——染色抑或是上色，畢竟有別

專論五　媳婦熬成婆，照樣還是一個惡婆婆
——黑手伸進金門日報，新聞自由頓成泡影

專論六　選民起義，不須使用武力
——回顧稗政，比比皆是

看萬山紅遍，層林盡染；
問蒼茫大地，誰主沉浮？
數風流人物，還看今朝。

金門人怎麼能不生氣?

——酒麴門,就是埋葬金酒

「酒麴門」——現在已經是遠遠超過金門和銀門了!酒麴門,說的正是酒麴事件,也就是金酒公司偷偷運送一千六百公斤酒麴到中國遼寧省鐵嶺市的事件,縣政府及金酒美其名為試釀,根本就是睜眼說瞎話、一派自欺欺人的詭詞,其誰能信?若其用途果真為試釀者,一公斤或十六公斤足足有餘,何需百倍千倍之鉅的一千六百公斤?若無貓膩,其誰能信?

酒麴本為製酒的核心生產技術,更是金酒公司的核心商業機密,維護唯恐不週,豈能外洩、予以傷害、甚至出賣?何況酒麴運出境外,本為法所不許,不許出境、不許出關!可是,今天竟然捅出這樣的事情來,真正應了那句話,只有我們想不到,沒有他們做不到!如今酒麴外洩,居心狠毒,分明就是自斷命脈、埋葬金酒!渠等如此這般利令智昏,膽大妄為,無法無天,真是無所不用其極了!

金酒公司為金門縣政府所屬的最大縣營企業,尤其是獲利能力良好,每年營收多達百億以上,貢獻鉅大。其營運為金門鄉親創造一千多位工作機會,此其一;其營收一部份捐贈金門縣政府做為最重要的財政收入，使得金門縣財政為優質的無負債政府，此其二；金門縣政府運用無負債財政，創辦許多福利政策嘉惠廣大鄉親，金門人因此與金門縣政府和金酒公司產生息息相關、休戚與共的連結，此其三；任何人傷害金酒或出賣金酒，就是傷害金門人，就是金門人的公敵，此其四。

金酒公司獲利頗豐，透過充裕縣政府財庫，造福金門鄉親，可謂一舉多得，金門人莫不把金酒視為全體居民共同擁有的金雞母，保護唯恐不夠週全，豈能傷害她、宰殺她？可是，今天酒麴外運千里之外的東北，就是傷害金酒營運，也是傷害金門人的利益和感情，「金門人怎麼能不生氣」？

主導酒麴門者，其狼子野心，路人皆知，心狠手辣，無人可比，當中存在驚天陰謀，自是不言可喻。曾有物理老師斷言，酒麴破解之時，金酒關門之日！古有明訓，多行不義必自斃，鄉親們暫且拭目以待吧，天網恢恢，疏而不漏。

2018/10/01

橘子變綠了，黃皮綠骨的變色蟲還能要嗎？

——變來變去，由藍變黃再變綠

你那張善變的臉，任你萬變不離其宗，還不是為了騙取我們選民手中的那一張選票嗎？既然要騙就來個旗幟鮮明的高明騙術，何必躲躲藏藏、猶抱琵琶半遮面呢？誰不知你一路走來是從藍轉黃、只因當年宋楚瑜的親民黨紅透半邊天，由黃轉綠、只因當今蔡英文的民進黨在中央政府完全執政，所以一再變節一心投奔綠營而去。

沒錯，自從千禧年台灣首度政黨輪替之後，台灣政治從此陷入政黨惡鬥的深淵之中，八年後二度政黨輪替，仍然不能自拔於藍綠惡鬥的輪迴，又八年之後三度政黨輪替，更是不能逃脫綠藍惡鬥的宿命。只問顏色，不問蒼生，不論是非，國家與社會因此陷入萬劫不復之境地。本以為金門遠離台北爭鬥之外，十八年來能夠常保一方淨土，與民生息。詎料，如今政客為保一己官位，不惜投入綠營懷抱之中，暗通款曲、勾搭成奸，不惜公開揚言「與在地力量結合」，作為兩者之間的遮羞布，由此引發從今以後金門藍綠對抗之戲碼。

直到國民黨戳穿其白皮綠骨伎倆之後，在地力量倒來反咬一口，說是人家抹綠他，挑起藍綠惡鬥之開端。明明是自己勾搭在先，別人戳穿在後，卻來說成是別人抹綠他。這根本是飾詞狡辯、惡人先告狀，一如金門的俚語所說的「賊卡惡主人」——做賊的喊抓賊、喊得比主人還要凶！天無照甲子，人無照道理，誰人甲伊比？既然他曾代表親民黨參選過公職人員，說到底也算得上是橘子家族的一員，黃色也說得上是他的本色，橘子變綠了，現如今稱他黃皮綠骨也不為過吧！北京的政情研究一再指出，蔡英文政權上台後，親民黨已經靠攏民進黨，宋楚瑜兩度代表蔡政府出席APEC亞太經貿合作會議，明確定義為親民黨的政治色彩由黃轉綠，稱為「橘子變綠了」！

變色龍，在動物界也算是一方霸主，出入有節，君臨山林叢岡，萬物臣服。變色蟲，那可就差遠了，無品無格，只能藏頭露尾，蜷縮棲息山邊水湄，趁隙之間攫取一時之利益而已。若以不入流之政客而論，堪比變色蟲，更何況是黃皮綠骨的變色蟲，豈能入得選民的青睞？

2018/10/01

什麼新三通，黃皮綠骨根本就是此路不通
——前人種樹，後人乘涼而已

二〇〇一年元旦，小三通一開始通航，只是金門、廈門通一通而已，做為台灣和大陸隔絕五十年之後直接交流相通的唯一窗口，兩岸之間戒慎戒懼。來往旅客寥寥無幾，只有台商及台灣旅客往返，大陸旅客少之又少，第一年往返人數只有區區二萬人次，金門民眾一度譏諷此一通道為「通三小」？

幾年後，小三通終於發功，人來人往，熱絡異常，五年後往來旅客達到五十萬人次，台客陸客絡繹於途，川流不息，大展商機，小三通可不只是小小的通一通而已！二〇〇八年馬英九上台後，再推出大三通，兩者相輔相成，更把大陸客及台灣客帶入一日生活圈的便利境地，十七年後往返人數達到一百七十萬人次，台灣旅客一百萬，大陸旅客七十萬。小三通完整的範圍是通商、通郵、通航，此前已經通商通郵，通航最為困難最為殿後，除了金門、廈門通航，還有馬祖、馬尾通航。

金門廈門自古兩地相通，並可上溯到同安，均屬泉州府管轄，明代金門人才鼎盛、科甲聯登，縣治所在地同安更以金門為傲，稱「無金不成同」。兩地居民互有遷徙，互

有開基，閩南方言、生活習慣、風俗民情大同小異，金廈之間歸結起來有五層的緣份相通之處，有地緣、血緣、文緣、商緣、政緣，稱之五緣，層層疊疊，關係緊密，水乳交融，雖然歷經五十年的隔絕，但就像一家人，打斷骨頭還連著筋呢！經過這十幾年的小三通，金門又和一衣帶水的廈門、同安、泉州緊密連接在一起，風土民情幾無二致。再經由廈門輻射到大陸各地，金門人無不深感回歸斯土斯情，咸能認同中華民族兩岸一家親的情懷。因此金廈水道猶如一條臍帶，把金門和大陸緊緊聯繫到一起，誰都不能把它割開！

可是，這小三通的開航是新黨仁人志士衝撞得來的，黃皮綠骨的變色蟲並無寸土之功。再說，如今一場泉州晉江龍湖水庫供水金門的通水儀式引起小小波瀾，殊不知其最早倡議在一九九五年，實質進行在二〇一三年均為他人之力，渠等僅為坐享其成，別人開工，他來剪綵，前人種樹，後人乘涼而已，卻來獨攬大功於一身，其實為德不卒。再說通電、通橋，是為新三通，固然開啟金門經濟新面貌，然而創議者如今身披黃皮綠骨，豈能邀得對岸之青睞？豈不知你的政治色彩一旦為北京定義成橘子綠了，還能談什麼新三通？根本就是此路不通！

2018/10/01

綠色是自己染的?還是別人抹上的?

——染色抑或是上色,畢竟有別

你說是別人抹綠你,根本是倒果為因,你不綠化在前,誰能說你綠化在后呢?其實,回顧一下三年多前,金門縣政府組織新成伊始,已經透露些許蛛絲馬跡了。其中,金酒公司新選任獨立董事一名即為民進黨籍,縣民多不解其故,但寧願認其為國家之人馬,而不以國王之人馬視之。

獨立董事為何?此為新修訂之公司法產物之一也,不同於一般董事,有別於董事長,既不用出資,也不用上班,更不用承擔責任,而照支豐厚之酬勞,稱為天下第一爽缺,殊不為過!隨後二〇一六年五月,民進黨執政上台後,該獨立董事再一個轉身進入政府部門高層之列。又回顧一下半年多前,環保局新任局長亦為民進黨籍,縣政府稱為借重其廢棄物處理之專業。誰知上任半年,卻因捲入前太子爺陳致中涉足有女侍陪酒的場所,違反公務員紀律,引起輿論一片撻伐之聲,而迅速辭職下台。

試想金門一方面要發展觀光旅遊事業,吸引廣大觀光客入境消費,一方面要暢通基礎建設之水電交通,一方面要處理大量觀光客所產生的生活垃圾,偏偏又沒有大型焚化廠可以燃燒垃圾，必須裝船運往台灣委託代燒，卻又受到百方阻擾，燃燒垃圾猶如燃燒眉毛之急。二十年前，金門錯失興建焚化廠的契機，今日只好吞下此項苦果，將垃圾裝船運往台灣求爺爺、告奶奶，拜託各地方政府代為燃燒，而且一再受阻，每每望著垃圾興嘆。還有福建省沿海漂流而來的垃圾，打撈上岸的海漂垃圾已經在岸邊堆積如山，如何處理仍然不得而知，癡心妄想著交由對岸運回處理，協議要到猴年馬月，方能落實執行呢？所以現如今的環保局長，首要之務不在急著保護環境，倒是處理垃圾要緊。

既然金門縣政府不是聯合政府，引進國民黨籍或民進黨籍政務官，當然不是由該政黨承擔政治責任，所任用之政務官出錯，自然是全由縣長獨自承擔一切責任，正所謂用人不當。你本身沒有黨籍，只能進用其他黨籍的人才，無黨籍的缺點在此充分顯現，因為無才可用，人到用時方恨無！引進民進黨籍人才擔任重要職位，說你是綠化，何曾冤枉了你？是你自己綠化了，不是別人給你添上綠色，更何況民進黨公開揚言「與在地力量結合」，你又何必掩耳盜鈴？

2018/10/01

媳婦熬成婆，照樣還是一個惡婆婆
——黑手伸進金門日報，新聞自由頓成泡影

據悉二〇一四年起，「金門日報」遭遇的管制令人痛心，每天報紙付印之前必須上傳到縣政府黃姓秘書審查通過之後才能上機印製，這豈不是當年警備總部審查新聞的復辟嗎？這不是時代倒退嗎？這不是言論自由倒退嗎？長達兩年多的惡搞，一直到去年（二〇一七年）十月黃姓秘書離職才肯收手！回想二〇〇五年渠等首次競選金門縣長，率領競選團隊高舉白布條包圍報社，抗議金門日報的報導不公。二〇一四年底他入主縣府，不思建立合理的新聞空間，反而將黑手伸進報社，一手扼殺新聞自由。不到十年之間角色互換，好不容易媳婦熬成婆了，卻是變本加厲地一副惡婆婆嘴臉，居然一轉身就來一個新聞審查，頓時新聞自由成為泡影，你看看這就是他幹的好事！只有你想不到的，沒有他做不到的。

二〇一六年民進黨政府上台後，拒不承認九二共識，激怒北京，親美媚日，數典忘祖，種種施政荒腔走板，倒行逆施，天怒人怨，人神共憤，蔡英文走到哪裡，陳情抗議團體如影隨形跟到哪裡。立法委員高金素梅說，民進黨已成背叛台灣的執政集團。執

政一年之後百業蕭條，台灣經濟下滑，民眾感同身受，高喊「民進黨不倒，台灣不會好」。

細數一下變色蟲的施政敗筆真是不勝枚舉，上台之初，大舉招降納叛，安插各路選舉樁腳人馬，大肆進用臨時約用人員，人數比前面二十年的臨時人員總數還要多，這些都是他的投票部隊，拿公帑養人頭戶。金門縣為無負債的優質財政，根本沒有籌措資金的必要，卻來賤賣縣有土地，把山外重劃區的黃金地段便宜賣出，為的又是哪樁？令人髮指的「酒麴門」更是埋葬金酒公司，也就是背叛金門，酒麴外洩，居心狠毒，這是一頭披著羊皮的狼，人人得而誅之。事到如今，又是大明王朝改朝換代的時候，下個月且讓當家做主的我們小縣民集中選票投給最佳人選。金門鄉親四年前已經建立起最大的公約數「縣長一任做不好，不可以連任」，這是民主的價值，也是人民的勝利。

民主先生嘗言，沒有執政，一切成空。選票的最大作用，就是把好人送上舞台，也是把壞人拉下舞台，切莫小看了你我手中的這一票。「變色蟲不倒，金門不會好」，只要眾志成城，定能完成輪替。

2018/10/01

選民起義，不須使用武力
——回顧稗政，比比皆是

金門縣本屆（第六屆）縣長任期從二〇一四年十二月迄今，差二個月就滿四年，回顧一下，驀然發現其累累稗政，不一而足，叫小縣民怎能不痛心疾首！堂堂百里侯的執政能力，低下無能，偏偏又膽大妄為，匪夷所思，駭人聽聞，只有你想不到，沒有他做不到！

上任伊始，新任金酒公司總經理幹不到幾個月，升任董事長，一年後，總算物色到專業經理人接任總經理。此其時，新任獨立董事為民進黨籍人士，何謂獨立董事？既不用出資，也不用上班，更不用承擔責任，而照支豐厚之酬勞，堪稱天下第一爽缺！隨後二〇一六年五月，民進黨執政上台後，該獨立董事再一個轉身進入政府部門高層之列。而本屆縣長上任三年多，用了五位金酒董事長，原來幹董事長這麼簡單、而報廢率又是這麼高啊！

上台之初，大舉招降納叛，安插各路選舉樁腳人馬，大肆進用臨時約用人員，人數比前面二十年的臨時人員總數還要多，這些都是他的投票部隊，拿公帑養人頭戶。上任三年當中所進用的縣屬臨時公務員達七百多人，比前面五任縣長二十年所進用的臨時公務員人數還要多，其種類有約聘、約僱、約用人員。所以縣議員諷刺他說，乾脆比照三節家戶配酒，每戶人家配發公職得了，這樣子豈不是人人有獎，皆大歡喜，萬民擁戴！大家想一想，全島十多萬人口約有二萬戶口，還有一萬多戶沒有享受到這項福利的家庭，你就這麼忍心投票給他嗎？

台灣二十一個縣市政府都是負債狀態，有些地方政府更是舉債度日，甚至發不出員工的薪水。而金門縣財政為全台唯一唯二無負債的優質政府，此無他，因為金門縣政府擁有金酒公司這一隻金雞母，根本沒有籌措資金的必要，卻來賤賣縣有土地，把山外重劃區內的黃金地段便宜賣出，為的又是哪一樁？

這六任縣長當中，鄉親都說他最會花錢，而且是要五毛給一塊，幾近揮霍無度，並未盡到善良管理人的職責。舉例說明之，前年的金婚鑽石婚表揚活動的餐會，本來六十對夫妻一百二十人十二桌就足夠，卻改成每一對一桌酒席邀請親友參加，變成六十桌，憑空膨脹五倍，真是凱子樂！去年文化獎得主十人表揚餐會，可不是席開一桌而已，而是席開十桌，每一人一桌酒席邀請親友共餐，膨脹十倍，也是凱子大請客，花的都是阿公的預算！

況且，一般餐廳的酒席行情為五千元，但是，頂級餐廳的行情為一萬元，所以前面的五倍、十倍還要再乘以二倍，也就是十倍、二十倍的開銷，小縣民看在眼裡、痛在心裡！再舉一例說明，社區活動中心補助款的例子，原本每案補助最多二百五十萬元，這兩年陡然一下子上升到一千四百萬元，而建好的活動中心大都淪為蚊子館。

唯恐口說無憑，還特別從預算和決算中尋找真相，決算數在第一年二〇一四年移交時縣庫結餘186億，第二年182億，第三年182億，第四年169億，短少17億。金酒捐贈收入第一年移交時55億，第二年46億，第三年32億，第四年33億，減少22億。歲出第一年移交時114億，第二年133億，第三年114億，第四年124億，增加10億。明白看出開支比前任多，收入比前任少，結餘比前任少，說他會花錢一點也不冤枉！每年自有財源失血高達二十億、三十億，因此加重對上級政府補助款的仰賴程度。

隨後在金酒公司專業經理人懸缺、群龍無首的情況下，由大陸媒體率先爆出「酒麴門」，說的正是酒麴事件，也就是金酒公司偷偷運送一千六百公斤酒麴到中國遼寧省鐵嶺市民營酒廠的事件，繼而由縣議會引爆開來。縣政府及金酒隨後澄清，美其名為試釀，其誰能信？若無貓膩，其誰能信？這分明就是生產，哪裡是什麼試釀？酒麴門的嚴重性足以埋葬金酒，真是罪大惡極，令人髮指！

酒麴本為製酒的核心生產技術，更是金酒公司的核心商業機密，維護唯恐不週，豈能外洩、予以傷害、甚至出賣？何況酒麴運出境外，本為法所不許，不許出境、不許出關！酒麴案存在驚天陰謀，自是不言可喻。守護金門的金雞母，成為全體縣民的共同職責，豈不知同仇敵愾、眾怒難犯？曾有物理老師斷言，酒麴破解之時，金酒關門之日！多行不義必自斃，古有明訓，鄉親們暫且拭目以待，天網恢恢，疏而不漏。

金酒公司為保護關鍵的酒麴，自二〇一二年起，將酒麴之培育、製造等過程，均以「密」級文件編定相關作業手冊，必須有權限之人員才能查閱，對於酒麴無論在培育、運送、使用、銷毀，均有嚴格內控，可見酒麴之重要性。二〇一五年十二月縣府率團參訪東北後啟動試釀一案，二〇一六年五月金酒評估東北無法製麴應予停辦。五個月後縣府召開第六五次政策小組會議，結論重啟東北試釀，主動要求金酒研究大陸設廠。況且，根據不起訴處分書稱，此次運送東北一千六百公斤酒麴並未用完，尚餘三百多公斤，與金酒公司高管人員在縣議會聲稱全部用罄，顯非事實。

據悉二〇一四年十二月起，「金門日報」遭遇的管制令人痛心，每天報紙付印之前必須上傳到縣政府黃姓秘書審查通過之後才能上機印製，這豈不是當年警備總部審查新聞的復辟嗎？這不是時代倒退嗎？這不是言論自由倒退嗎？長達兩年多的惡搞，一直到去年（二〇一七年）十月黃姓秘書離職才肯收手！他入主縣府，不思建立合理的新聞空間，反而將黑手伸進報社，一手扼殺新聞自由。

縣府官員有的人在三年當中換過七種職務，真不知他是何方神聖？難道像台北市那樣——滿城盡是吳音寧，簡直把縣政府當成金門的幹部訓練班，難不成是要訓練為高薪的實習生嗎？如果說這樣的人不是天才，還有什麼人才可以稱得上是天兵天將呢？

半年多前，新任環保局長亦為民進黨籍人士，縣政府稱為借重其廢棄物處理之專業。誰知上任半年，先有酒駕遭警取締在案，這在台北市政府，政務官酒駕取締者立即下台，即使中央政府也是鐵面無私，新派駐新加坡代表酒駕者，連上任都不用了，他卻只記一次大過完事。後又捲入前太子爺陳致中涉足有女侍陪酒的場所，違反公務員紀律，引起輿論一片撻伐之聲，而迅速辭職下台。

四年前的本屆縣長選舉，尋求連任者慘遭滑鐵盧，就從那天起，金門鄉親不約而同建立起一項最大公約數——「縣長一任做不好，不可以連任」，只要執政不佳，必定換人上台。同時，這項最大公約數，也就是共識，同樣適用於本屆現任的執政者，今年底正是檢驗你執政好不好的時機。

本屆縣長選舉，共有十人參選，連任之路夢斷，而下屆（第七屆）縣長選舉，有六人競選，不可謂不多，且看連任夢碎！特別是現任者，其出賣金酒，就是背叛金門，更是全民公敵！選民起義，不須使用武力，務必萬眾一心，使用手中神聖的一票制裁他，只要眾志成城，定能輪替。成也韓粉敗也韓粉，一勝兩敗輸得精光。

2018/10/01

第四十八回　罷韓啟示錄

——韓國瑜緊走無好步／呷緊弄破碗

要說韓國瑜會落到今天這步田地，平地一聲雷，直上九霄雲外，又從雲端跌落凡塵，由終點回到起點，少不了也要怪當年在世的李敖。因為二〇一四年底地方選舉，柯文哲以素人從政、異軍突起的形勢，一舉扳倒大象——連勝文而入主台北市政府，同時颳起一陣柯文哲旋風，甚至外溢到台灣各縣市，久久不曾消退。因此他上任台北市長未及幾個月，李敖就公開建議他乘勝追擊，再下一城，二〇一六年初直接進攻光明頂——參加總統大選，形勢及勝算還是大有可為。

一般社會大眾頗感興趣，這在台灣歷來的選舉史上尚無前例，是否可行？首先就必須由法理情來琢磨，法律上似乎並無限制規定，帶職參選者大有人在，理論上好像也行得通，民調高者支持度也高，但是，情勢上及正當性，還是說不通的，因為屁股還沒坐熱就想要換椅子，豈不是要落人話柄，說是「吃碗內，看碗外」，貪心不足。柯文哲隨後短暫做了一下評估，很快地就公開表態，以市政為優先，不考慮參加大選。可是二〇一八年底地方選舉，韓國瑜也是異軍突起、橫挑強梁，一舉輾壓民進黨在地共主——陳其邁而執掌高雄市，並且颳起一陣旋風，壓過柯文哲，最終聚成一股韓流，外溢到各縣市，助攻國民黨取得大勝。此時李敖雖然遠離塵土，韓國瑜卻不能忘情前人的曾經指點江山。

話說韓國瑜這一場空降高雄論劍，的確是高潮迭起，叫人目不暇接，因為登記參選截止之後，才是最後兩軍短兵相接的緊張時刻。選戰一開始的起跑點就不一樣，對手已經站在半道上，蓄勢待發、遙遙領先了，你就只能在後面苦苦追趕。又因為，二〇一四年地方選舉，國民黨被民進黨的網軍打得滿地找不著牙，大輸特輸、潰敗慘敗，不識網軍為何物？最後只能歸納為輸在婉君表妹之手。

柯文哲會掀起旋風，主要也是拜網軍之利器，無往不利。想不到，韓國瑜首先描述高雄現況說是「又老又窮」，端的是語不驚人死不休，一時引起市民正反兩面的熱議，一下子炒熱選舉氣氛，接著打出「一瓶礦泉水，一碗滷肉飯」的競選訴求，最是扣人心弦，吸人眼球。其網軍和空戰居然也是銳利無比，所掀起的旋風更集結成韓流，無堅不摧，其網路聲量及旋風快速超越台灣第一名的柯文哲，成為他參選的最大利基，韓流中的核心份子進而形成韓家軍，這在國民黨的政治人物中從未有過。

選戰中期，韓國瑜的支持者和網路聲量到底能不能轉換成鐵桿粉絲？一時成為眾所矚目的焦點，這時候最大的支持力量——王金平終於出手給予實際的幫助，透過高雄市農會蕭俊漢的系統動員起來，出錢出力出人頭，成功舉辦三場大型造勢活動，從旗山到崗山到鳳山，稱為三山活動。會場萬頭鑽動，塞得滿坑滿谷，暌違多年的青天白日滿地紅的國旗全場飄揚，形成一片紅色旗海。現場唱起軍歌「夜襲」，響徹雲霄，支持者熱血沸騰，眾志成城，展現出陸戰也是一路領先對手，氣勢開始反轉。這時空戰已經能成功轉進為陸戰，局勢成為分庭抗禮，已經並駕齊驅了，而陳其邁一方還認為其仍然領先很長一段路。

到了選戰末期的競選口號「貨出去，人進來，高雄發大財」，琅琅上口，廣為宣傳。韓國瑜充分發揮個人魅力，並投送韓流效應到各縣市，勢不可擋，所到之處，萬人空巷，形成一人救全黨。民進黨終於發現形勢不妙，有轉勝為敗的跡象，於是全黨動員輔選陳其邁，變成全黨救一人。開票結果，萬眾矚目之下，韓國瑜得票八十九萬票大贏陳其邁的七十四萬票，不但自己贏得漂亮，並且帶動國民黨在二十二席縣市長中斬獲十五席大勝，寫下一頁不可能的翻轉高雄傳奇故事。

藍軍意外從綠軍手中攻下台灣南部的橋頭堡，掀起藍營的無限期望。選舉開票當晚民進黨大敗，被媒體揶揄說是「搶了菜攤、丟了江山」。因為韓國瑜原本在台北市農產公司擔任總經理一職，民進黨執意要搶走他的職位，連給他半年時間等年滿六十歲退休再交棒也不肯，傾全黨之力惡鬥他九個月，拔掉之後遺缺交由吳音寧接任，他被逼退之後只好轉進高雄選市長。

點評之一，這一場選局在選前的評價是藍軍有輸無贏，只是輸多輸少而已。直到投票前一周才有人發現不無翻盤的可能，越接近投票日越加關注會不會變天？開票之後，不但翻轉選盤，而且大勝一場，把不可能變為可能的事實，這是一場最具鼓舞人心的經典選戰。事後孔明的分析一下，韓國瑜的搏命演出絕地大反攻，是具備三大有利條件的，第一佔到天時的是高雄民心思變，二十多年來的城市光榮感低落，第二得到地利的是王金平全力支持三山造勢活動，營造勝利的希望，第三最具人和的是韓國瑜自己及聚集起來的韓流，呼群保義兼真情相挺。這場選舉靠的是這三足鼎立支撐起來，缺一不可，以他得票小九十萬票而論，每一股力量都能支持三十萬選票，才能一舉領先對手十五萬票。

照說韓國瑜入主高雄市，面對前朝遺留下來百廢待舉的局面，應該要心無旁騖的埋頭苦幹、帶頭實幹，實現自己的抱負，回報市民的付託。之前的高雄只要下一場大雨，道路上就會出現五千個天坑，道路品質反映出市政府的行政效率已經不改善絕對不行了，並且強烈懷疑有官商勾結。可是他上任不久，便跟輔選功臣楊秋興鬧翻，也跟助選親信黃光芹翻臉，而且是反目成仇、誓不兩立。

不過，橫空出世的這一股韓流颳得太高太強了，各方叫好之下，本以為隨著韓國瑜專心市政工作一兩個月之後，這一道旋風應該逐漸消風回歸常態了，誰知不然，風勢依然居高不下，不肯消停，竟是一個能發不能收的態勢。同時也引起國民黨內一群大佬級人物對韓流的覬覦，因為相較於二〇一六年大選國民黨人的怯戰，當時的蔡英文早早取得提名人身份，進入戰鬥位置，聲勢正高，有不可戰勝的氣勢，國民黨久久無人敢應戰；但四年後的此時卻紛紛冒出頭來表態要投入二〇二〇年大選，先有朱立倫，後有王金平，以及遮遮掩掩的吳敦義。

由於二〇一八年的地方選舉，國民黨藉助於韓流發威意外獲得大勝，這些大佬認為不到十四個月之後的總統大選將如探囊取物一般，唾手可得。因此國民黨暗潮洶湧，宮廷內鬥戲碼一齣接一齣上演，令黨員及國人如霧裡看花、越看越花。然後這一波波的氣氛也引起韓粉的想法，終至連韓國瑜本人也按捺不住，跟著起心動念了。隨後各項民調，韓國瑜都被列入可能人選，而且是獨領風騷，遙遙領先各路藍綠人馬，每天吸引各項媒體的鎂光燈，鴨子被趕上架，欲罷不能。甫上任市長僅二個月，各家民調機構對可能參選人馬所做民調，韓國瑜領先現任總統蔡英文百分之三十，領先賴清德百分之十，獨派金孫賴清德領先蔡英文百分之二十，致使賴清德也不能置身事外，自認為是民進黨頭號戰將。

最可議的是國民黨的初選制度，既不採用徵召，也不制定規則，千呼萬喚不出來，對於如何初選，完全由黨主席吳敦義一個人說了算，有意參選的吳敦義隨意解說遊戲規則，一日三變，前後矛盾。一直遷延時日，似乎為著某人開啟綠燈，又似乎為著某人量身訂製，莫衷一是，始終無法確定為共同信守和不變的初選規則，真是開張不吉，這根本就是一個不好的開始。因此，二〇一九年二月，朱立倫率先宣布參加黨內總統初選，王金平繼之，黨主席吳敦義觀望之後，眼看民調毫無起色，四月才宣布棄選。他說他當過行政院長、副總統，選上黨主席就是要參選總統，為了總統選舉，他已經準備三十幾年了。

反觀民進黨初選在三月中旬公告，在毫無徵兆之下，賴清德挾著高民調突襲登記參選，致使蔡英文措手不及，大驚失色，本以為黨內獨尊，無人膽敢挑戰的，於是邊拖延邊修改初選規則一連三次。此時小英的民調一直跌落谷底，而其留英的博士學位及博士論文真假，又被彭文正緊咬不放，聯合賀德芬在立法院召開記者會公開質疑，社會一片驚疑及揣測。只有美國在台處長酈英傑陪同小英上街拜票，兩人同框的鏡頭，明顯表示蔡英文獲得美國的強力支持。直到三個月之後才實行民調一決高下，蔡氏轉敗為勝，賴氏吞下苦果，但是又能奈何？六月初香港發生反送中大遊行，韓國瑜不敢表態，蔡英文猶如撿到槍和砲，力挺遊行民眾，民調由此扶搖直上，兩人開始縮小差距。

吳氏棄選之後，韓粉高呼「非韓不投」，喊得震天價響，要求黨中央直接徵召韓國瑜，誘使韓國瑜心癢難耐，把持不住，為了堵住高雄市民之口，採取被動參選，只說了一句「Yes,I do.」，其實他還是難逃掩耳盜鈴的說法，此時距他上任市長僅僅四個月。隨即引起洪條根律師發表公開信，勸誡他要「緩稱王」，可惜言者諄諄，聽者藐藐。吳氏又利用韓國瑜訪問美國華僑時，臨時推出失聯黨員郭台銘恢復黨籍，郭氏藉口媽祖託夢，一夕之間宣布以政治素人加入初選，不接受徵召，分明就是衝著韓國瑜來的。韓國瑜訪美歸來得知郭氏參選，夫人李佳芬在機場面對記者聲稱「背後被開槍，感覺很不舒服」等語，一下飛機就知道被吳氏擺了一道。

由於初選辦法一變再變，導致王金平認定係專為特定人選量身訂製，因此宣布退出初選，卻一再聲言他不會缺席二〇二〇大選，加上朱立倫、張亞中、周錫瑋五個人投入初選。短短一兩個月之間，郭董挾著台灣首富的財力，耗資數個億，買下所有平面、電視、電台廣告，每天排山倒海，又是鋪天蓋地的疲勞轟炸，期間也上山下海走入群眾之間，甚至還降尊紆貴的低頭彎腰為記者繫鞋帶；韓國瑜發揮所擅長的大型造勢活動好幾場，所到之處人山人海、旗海飛揚，最後以韓國瑜民調勝出，郭氏退黨告終。這一齣是國民黨引狼入室，郭董敗選之後食言而肥，非但沒有團結支持韓國瑜，還打著藍旗反藍旗，猛挖國民黨牆腳，兩個月來「裂解藍營」成為國民黨及韓國瑜的噩夢，全黨氣勢隨著江河日下。

之後，前黨主席洪秀柱公開發表聲明，願意從她的根據地新北市遠征國民黨的艱困選區台南市，參選立法委員，而且也不計較四年前換柱風波對她造成的巨大傷害，挑戰上一屆立委選舉全台第一高票的民進黨籍王定宇。社會上一片肯定及讚揚聲，紛紛叫好，真是巾幗英雄、不讓鬚眉，要求黨內大佬也向她看齊投入選舉，還拿她跟當年民進黨主席黃信介元帥東征相媲美，一度為國民黨低迷的士氣提振不少。

詎料，吳敦義不但不首肯，還一頓冷嘲熱諷及酸言酸語，直到柱柱姐聲明放棄「一中同表」的理論之後，國民黨才給予徵召提名，可是黨內士氣再也提不起來了。吳氏的老朽昏庸，更是遭受萬人唾罵不已。選舉結果，洪秀柱雖然高票落選，折戟台南，但她的開疆拓土、奮戰到底的精神，仍然受到高度讚揚，所謂挑戰尚未成功，同志仍須努力，重整山河待后生。

國民黨在隨後召開的黨員代表大會中，吳氏主導修改黨章將「總統兼任黨主席」原文刪除，將元首與黨魁脫鉤，為將來保留自己的黨權在手預留退路，再遭黨員一片痛罵聲，是在趁火打劫，此時前方吃緊，他卻在後方緊吃，有夠吃相難看的！最後提名不分區立委名單時，他又把自己列入安全排序之內，為自己問鼎立院龍頭預備出路，這也就是為什麼他不樂見柱柱姐進入立法院，可能成為他的強勁對手之故，卻又引起黨內外的一致撻伐及責罵，國民黨至此已經勢不可為了，真是爛泥扶不上牆！

韓國瑜雖然在七月中旬初選取得被提名人資格，卻不能獲得藍營共主的認同，而綠營早就把逐鹿天下的對手設定為韓國瑜了，自此落入箭靶之中，另一人是柯文哲，最後柯氏拒絕入彀，說到底柯文哲不失為沉著聰明。前立委蔡正元警告說，韓國瑜將會遭遇到選舉有史以來，最為血腥齷齪的選戰。有人預判韓方只是，初選擋不住，大選贏不了。民怨深深深幾許？韓流捲起千堆雪。有人羨慕韓國瑜憑空擁有幾十萬的韓粉死忠相挺，問其緣故？他說韓流是因為民怨而來，民怨不解，韓流自然不退，之所以參加大選，不是他自己要選，而是成千上萬的韓粉要他出來參選的。

最可怪的是韓國瑜空有提名人資格，國民黨卻不能上下一心，共同投入選戰助他一臂之力，只落得一個空頭司令的虛名而已。國民黨要組織各縣市競選總部，下令由執政縣市長兼任競總主委，六都中國民黨佔有三都，是最大的輔選力量，除了高雄之外，誰知新北及台中均拒絕接任主委，而黨中央既不處分也不責怪，居然聽之任之！尤其是，全國競選總部主委一職本應由黨主席出任，吳敦義也是一推了之，寧非怪哉？

選戰組織因之殘缺不全，支持者也隨之游移不定。因此全國競總主委虛懸數月之久，最後才由朱立倫拔刀相助，可是為時已晚矣。後來開票驗証，由國民黨執政的新北及台中兩大票倉本應大勝對手的地方，竟然是大輸對方，光是這兩都的選情翻轉就足以產生豬羊變色的作用，然而選後黨中央從未追究這兩都的通敵叛黨行為，黨不成黨也！

常說選舉如同作戰，作戰時講究三軍未動、糧草先行，但是，空頭司令沒有糧草沒有彈藥，如何上戰場？黨中央無人無錢可以撥付，輔選要角置身事外，作戰士氣涼了一半，對外募款，企業及財團冷淡以對，進不來錢，自然做不出事情。韓國瑜雖然在選前兩三個月請假參選，所有的競選活動都因無錢伸不開手腳，不能打正規軍的陣地戰，只能打蜻蜓點水式的游擊戰而已。因為總統和立法委員選舉是同一天投票，所以產生綑綁關係，由於總統的位階高，就形成聯合作戰和起到母雞帶小雞的作用。

原本要輔選立委，也因為無錢而無能為力，只能選擇性地為少數幾位立委候選人站台助選，不成想，非但起不到加分的作用，甚至還幫了倒忙，其中尤其是李彥秀、柯志恩的造勢大會上。這兩位女性現任立委都是強棒，品牌及形象良好，問政與口碑都是一時之選，都比競選對手擁有更多優勢，結果變成了反輔選，平白高票落選，讓同志和選民大呼意外，選後檢討，兩位候選人都把砲口一致對準了韓國瑜的上台表現。

十一月中旬登記截止之前，宋楚瑜宣布參選二〇二〇總統大選，正式宣告進入三國時代，同時也意味著藍營分裂，兩瑜相爭，小英得利，因為投宋等於投蔡，韓國瑜的進軍總統之路一波三折，更形崎嶇不平。而且四年前的換柱陰影籠罩，一直有換韓之說，直到總統大選登記結束，他的藍軍共主身份雖然確定不移，仍然不能夠定於一尊。王金平未能取得親民黨的入場券，終於宣告退出大選。韓國瑜物色到無黨籍的張善政來搭檔，稱得上一時俊彥，而蔡英文找來同黨籍賴清德充當看門，聊備一格罷了！可是登記之後的民調已經發生逆轉，蔡英文開始超車，一個月後更是大幅領先達百分之二十，令人不可置信！韓國瑜更是拒絕承認民調，堅信得民心者得天下，得民調者未必得民心，說得振振有詞！

但是，各家民調一面倒的呈現出小英領先，只是領先幅度或多或少而已，方向不變，韓國瑜不得已採取蓋牌手法，一律封鎖民調，這就有如盲人騎瞎馬，後果是騎馬過山崗還是掉入河中？結果很快就能揭曉。選前韓國瑜的拿手好戲還是大型造勢活動，每一場照舊人山人海、前呼後擁，相較於蔡英文的活動現場，冷冷清清、〇〇落落，韓粉一度認為會像從前一樣開出滿堂紅。二〇二〇年一月十一日開票結果，宋楚瑜得票六〇萬票，韓國瑜得票五五二萬票，蔡英文得票八一七萬票，大贏二六五萬票。由此可見，蓋牌的策略是無效的。當初韓國瑜獲得國民黨提名為總統候選人時，射出一支穿雲箭，千軍萬馬來相見。不過，事後証明他這一支信號箭，並沒有召喚到志同道合的江湖朋友來相挺。倒是最終落得一個，我自橫刀向天笑，去留肝膽兩崑崙。

點評之二，這一場選局由於蓋牌的關係，在選前的評估變成缺少抓手，選前一周民調的差距那麼懸殊，韓國瑜是非輸不可，但是，看那幾場大型造勢活動的冷熱情況卻又恰恰相反，一度讓支持者還存有一絲希望。誰知開票結果，偏偏如此慘酷無情，跟民調的比例不相上下，輸贏就是百分之二十的差距。韓國瑜選總統和選市長完全是不同的等級、不同的戰略、不同的夥伴，不可同日而語。

選市長的三股力量，只剩下他自己和韓粉那一股，被拋棄的市民不會再被騙第二次，王金平明白說出，支持他選市長並不支持他選總統。再說到全台灣的支持力量，欠缺兩大諸侯的抬轎，就足以翻轉選情了，而他所仗以呼風喚雨的韓流，在高雄能聚起三十萬之眾，高雄之外最多百萬之譜，無法左右選情，還是要回到傳統的藍綠基本盤，他就轉不動了，天時地利人和已經離他而去。

選後檢討，頭號戰犯不離吳敦義私心和韓國瑜野心，二〇一八年底國民黨意外大勝，黨主席吳敦義一心只想參選總統，可是民調不敵朱立倫，認為韓國瑜剛剛選上高雄市長，絕無可能落跑參選總統，就拉韓卡朱，想不到，韓國瑜坐大之後，弄假成真下不來了，只好又拉郭台銘來卡韓，由此撕裂黨內團結。吳氏終身擅於權謀算計，但是，機關算盡轉成空，一場春夢了無痕，敗選之後還不能體察潮流，留下美好轉身，最終落得一個晚節不保。

韓國瑜如果坐穩高雄市，他將是最強的輔選天王，尤其是與王金平結盟，還可以回報對方當初輔選他登上高雄市長的天大人情，可惜政治人物上台後與上台前往往嘴臉不同。但是，他架不住自己的野心和親信及韓粉的鼓動，拋棄與背叛市民對他的付託，引起罷韓案，成也韓粉，敗也韓粉。如今總統選舉大輸，又要面對罷免案，一旦過關就成了雙殺，一步錯，步步錯。

韓粉令人又愛又恨又無可奈何，因為是非正式的團體，也沒有正式組織，前所未見的組合，而且韓粉之中混進不少假韓粉，專搞破壞及分裂。真韓粉無條件擁韓，但熱烈的激情聽不得對韓國瑜的任何批評，用嚴厲且不理性的言詞，對批評者遂行攻擊，這等於是在替韓國瑜製造敵人，以及造成韓粉分裂，形成韓粉出征，寸草不生。而假韓粉以假冒及隱藏的身分，躲在許多挺韓的電視節目、臉書、LINE群組中，以忠告及建議方式，進行耳語式的洗腦，麻痺韓粉的神經，製造疑惑混沌及混亂之話題。黑韓者則採用正面攻擊，鋪天蓋地無孔不入，讓韓國瑜疲於奔命，犯下不少錯誤，韓國瑜只得將之稱為黑韓產業鏈。

話說回頭，就在韓國瑜對於黨內總統初選三心二意之時，剛剛輸掉高雄市長的綠營人馬也看出他的心猿意馬，揚言要對他進行罷免，意在示威也在警告，但是，韓國瑜終究不能夠懸崖勒馬。等到他說出「Yes,I do.」之後，藏身幕後的民進黨終於推出側翼站到檯面上化暗為明，大肆活動運作罷免案了，民進黨公開揚言，要在總統大選和罷韓案，讓韓國瑜嘗到雙殺的苦果，理論上也是可能存在的。按照選罷法規定，當選公職人員任滿一年之後才可提出罷免，所以罷韓案的操作算是偷跑情況，直到二〇一九年十二月二十五日韓國瑜任職滿一年的第二天，正式向中選會提出第一階段的提議書，經審查合格後，再提出第二階段的連署書，復經審查合格。

至此，高雄市長韓國瑜罷免案，簡稱罷韓案，被該選區選民依法經過提議和連署兩階段通過法定人數門檻，而舉辦罷免投票，中選會決定於二〇二〇年六月六日舉辦罷韓案投票。投票結果，投票率達到四成二，同意票數高達93萬多票，超過罷免門檻所需的58萬票，也比他當選市長的89萬票還多，韓國瑜成為中華民國及臺灣地方史上首位被罷免的縣市首長。晚上六點開完票，八點多高雄市議長許崑源，在住家十七樓跳樓身亡，壯烈犧牲，嗚呼哀哉！

點評之三，敗軍之將，不足言勇，韓國瑜新敗之下全無鬥志，不到半年形勢已定，人為刀俎，我為魚肉，淪為低調再低調只採守勢。罷韓投票之前，呼籲支持者不要出來投票，乞靈於投票率低於二成五門檻而過關，也算是一種蓋牌手法。最後四成二的投票率，結果了卿卿的性命。其實，罷韓案投票完畢，才是啟動法律戰的開始，更是發揮死纏爛打的戰術，曠日廢時的拖延戰術，會打亂民進黨的布局和補選規劃，無奈一敗再敗，韓國瑜宣布不再提起訴訟。因為提起法律戰，必須支付龐大的律師費，總統大選已經耗費殆盡，阮囊羞澀了。

罷韓啟示錄起於六月六日斷腸時，眼看他起高樓，眼看他宴賓客，眼看他樓垮了！韓國瑜暴起暴落，曇花一現，燦爛無比，不到兩年的光景，就花開花又落，來得急去得快，這裡面有他的偶然，也有他的必然，韓國瑜緊走無好步／呷緊弄破碗（台語話）。他的當選市長真的是偶然，確屬不可能完成的任務，因為民進黨連續執政高雄市二十年，執掌高雄縣更長達三十二年，那勢力真是根深柢固，盤根錯節，撼也撼不動。國民黨屢戰屢敗，高雄戰場分明就是一個墳場，上陣只有充當炮灰的份，而且是越輸越多，黨內是一片畏戰和厭戰的氣氛。韓國瑜也是硬著頭皮上場的，沒想到峰迴路轉，能喚起市民的熱情，又得到王金平的一臂之力相助。

他的越級挑戰總統大位失敗自是必然，他的躍躍欲試早已落入民進黨的算計之中，畫好箭靶等著他上鉤了。他的超高民調，分明就是裹著糖衣的毒藥，他要一口吞下，當然就該他粉身碎骨，在他初選階段不就已經預言自己的下場了嗎？他不能沉住氣靜下心來思考，也不肯持盈保泰，架不住左右親信的勸進聲不斷，最後選擇躁進一途，以為只要衝上光明頂，一切難題就能迎刃而解，對於敗選的可能性卻完全不加考慮，這種不管不顧的做法充分顯露出賭徒的性格，賭他一把大的。結果是一著錯，全盤輸，最終輸到一無所有，良可嘆也！

當然，以他現在所具有的政治能量，還是動見觀瞻，甚至東山再起，也不是不可能的事，網路上好事者已經替他預先鋪排重出江湖的起點了，一是明年黨主席選舉，二是後年台北市長選舉。黨權只是影響力，政權才有實力，以他在政壇翻滾三十年，他追逐的當然是政治上的權力，黨權最多只是一個過渡角色而已，所以他最可能的出處會是台北市長。更何況他在台北市的農產公司被拔掉職位的，攻佔台北市長也算是他收復河山的一種意味，也符合賭徒的性格「在哪裡跌倒，就從哪裡爬起來」。二〇一八年三月十六日，國民黨台北市長初選登記最後一日，韓國瑜低調回到臺北市國民黨中央黨部領表登記參選，引起各界一陣譁然，後稱文件不齊又自行撤銷登記，這是有意為之，或是虛晃一槍呢？盼星星又盼月亮，盼來對台自由行。

2020/09/11

第四十九回　十分開心，十分圓滿

老頭愛丫頭二十二

大連對台自由行，辦妥証件啟程行；
飛抵廈門轉金門，丫頭首次回家門。
老頭渡海接飛機，身兼帶路和導遊；
歡天喜地兩口子，夫妻雙雙把家返。

2014/10/17

這是大連老婆首次回家一周的全紀錄，她過來的時候十分開心，回去的時候十分圓滿，事后回想既甜蜜又恩愛。

在《老婆首次回家的路上》一文中已經敘述到二〇一四年十月十七日晚上七點，我們倆同時到達廈門高崎機場相見甚歡，她從空中來，我由水上去，她拉著一隻大行李箱，走出到站出口，分明是要跟情人去私奔嘛！接機后到賓館先把造小人的事情辦妥之后，相偕攜手去附近的大連老鄉家拜會趙姐和王哥夫妻倆。當我們走到她家門口時，趙姐正好在門口站著，相隔四、五公尺，我還來不及介紹，她就一臉驚喜的喊著「妳是小魏」？我立馬接道「沒錯，她正是小魏」。

第一次相見就讓她猜中了，樂得笑開臉，走近來拉著小魏的小手開始說話，接著，拉到屋子裡坐下喝茶，也給她對象王哥介紹彼此的身份，王哥除了表示歡迎就是忙著泡茶請我們喝。聊了好一會，喝過好多茶，我們起身告辭時，趙姐說「我沒有姊妹，以后妳就是我的姊妹」，王哥交代「等妳從金門回程時，一定要來家裡吃過飯才上飛機場」。

第二天一早我們要搭九點的船回金門，在購票時限前抵達碼頭，無奈候船大廳內旅客大爆滿，人潮是滿坑滿谷，人滿為患，船隻班班客滿，不得已，只好先登記候補號碼，已經是二八〇號了。好不容易補過三、四班船，才輪到我們買票，可是，我所擔心最糟糕的情況發生了，櫃台售票員說老婆的「入台許可証」沒有條形碼，不給賣票，而別人的入台証上都有條形碼。

我問明櫃台的補救方法后，立即聯系大連代辦的旅行社，讓他們把電子檔郵過來碼頭櫃台，然后只能枯坐碼頭痴痴地等候。一直到十一點，我們還在碼頭等待，無限期地等待。苦苦等候了兩個多小時，終於等到大連那邊把電子檔傳過來，這邊碼頭櫃台立即補辦入台証，一下子就辦好，然后拿著新的入台証去買十一點半的船票，行船時間只須半小時就到金門，只要上了船，就萬事ＯＫ。

就在等待候補的時間，我們在候船大廳外巧遇北京大姐，她剛從金門過來，要坐下午的船回去，我趕緊上前為大姐介紹。她們開心的嘮嗑起來，由於我的關係，她們之前都互相知道彼此的名和姓，此次不期而遇，倍感愉快而親切，相約在金門好好相聚一場。等到我買好船票時，大姐讓我們順手帶上二包香菇回去，並遞上路費新台幣四百元給小魏，小魏很樂意效勞攜帶香菇上船，但不好意思拿大姐的路費，可大姐堅持把錢塞給她，一定要她收下，在卻之不恭下，小魏也只好聽話照辦。上船后，她開心地說「想不到坐一趟船還能賺到新台幣，早知道我就該早一天來才是啊」！我說是啊，有時候賺錢還真是一件容易的事。下船后，我們把大行李箱塞進摩托車踏板上，箱子上再堆滿大小不等的袋子騎回我們的家。

一回到溫暖的家已經一點多，先在客廳把事情辦好了，就扔下行李到街上吃一頓海蚵麵線糊充飢。吃飽后去看望因中風又失聲而臥床的大姐夫，湊巧大姐也從她的店裡回來，我把小魏介紹給她認識，她便搖晃著姐夫的身體說「你看阿千帶著她的女朋友來看你了」。姐夫于一年多前中風后在家休養，我經常去看他聊聊天、解解悶，可是，在四個月前他突然聲帶受損而失聲，這下子的情況真是雪上加霜，我再去看他也說不上話了。姐夫聽到大姐的話，忽然嗚咽出聲，哇……哇……的叫喊，雙肩晃動，大姐說他是看到你們來，一時悲喜交集，卻又說不出話來而難過。這是我一年多來看他，從來沒有發生過的情況，看他痛苦難受的樣子，叫我好生不捨，可又幫不上忙呀！只能特別注意自己的健康，才是家人、親人的福氣。

回家休息一小會兒，到我們家正對后門的堂妹陳惠明家認識一下。下午，在門口碰見隔壁鄰居葉長雯老師夫婦倆，我就上前跟他們介紹認識遠方來的朋友小魏。隨后，我們就騎車回珠山老家看一看，經過將軍同學許乃權的競選辦公室，便進去拜訪和介紹一下大連來的朋友。他已經登記參選本屆的縣長選舉，在三強鼎立的情況下定能馬到成功，旗開得勝，當選為下屆的金門縣長。

然后在珠山的村子口先到薛祖森的住處見個面，他栽培了好幾十盆的花草，姹紫嫣紅，耀眼奪目，他正在澆水呢！他跟小魏說他年長我十六歲，卻要稱呼我叔公祖，小魏聽得咋舌不已！隨后進入村子到我家隔壁的安嫂家見面，正好她的大女兒薛素萍和小兒子薛永淩也在，介紹認識后，小魏好喜歡安嫂家的閩南古厝，和安嫂及古厝拍過照片后，就轉到隔壁的我們家，那棟已經傾倒和長草長樹的破房子。看過大道宮和薛氏家廟之后，轉到薛水涵家照過面才回金城的家裡。

晚上，老朋友楊添福、呂其武、呂世忠三人請遠方的客人吃飯，忠哥于兩年多前在廈門曾經和我與小魏同桌吃過一頓飯，一哥和丕哥則是第一次見面。大家天南海北的坐在一起，真是有緣，同桌共飯，別有一番滋味在心頭。飯后去老同學、好朋友許志新家裡拜訪，這是我們高中四個最要好的同學之一，當中有一位在台灣，三位在金門。他在初中當英文老師，患有膀胱癌十多年了，經常跑醫院，還上過許多次的手術台，真是受苦又受罪啊！他做人有一個最大的特色，就是「克己待人」，嚴以克己，寬以待人，幫人家的忙，絕對不給對方落下一丁點負擔或人情債，這一點在我見過和接觸過的親友之中極為少見，此其一。

他幫過我最大的忙，就是我的四個孩子在讀初中時，都在他的家教班裡補習英文，每人三年，一概都不收補習費。當時我的全部收入只有一份薪資，而且還入不敷出，實在擠不出那一份補習費，他卻是分文不收，此其二。聊天時我說起從前許志新對我的評價是「阿千的個性和作風幾十年來不變，不改本色，一如高中畢業時的性格」。許志新接著說「你的特色就是冒險、犯難、創新」。回家后，在自家的床上辦好事，摟著小丫頭入睡，真是一大享受啊！

第二天早上吃過飯就到山外的長春書店拜訪陳長慶大哥，陳大哥見到小丫頭很高興，拿出很多餅乾之類的吃食相送，又打電話買來五包金門貢糖贈送，真是受之有愧，卻之不恭啊！他說了很多對于我倆愛情的肯定和贊同與支持，以前他就告訴我要為丫頭準備一個安頓之所，我跟他說已經著手實施了，當天他又說要我在能力範圍內盡快將銀行貸款還清，我只差沒有回答他已經辦妥當了。離開后轉到附近我的同鄉宗親的鞋店裡拜會，只有小兒子薛兆興在，他哥哥和媽媽不在。再轉去老同學、好朋友蔡海塔家裡拜訪，這也是我們高中四個最要好的同學之一，見過他們夫妻之后，他正好要開車送他小舅子到機場，我們就告別離開。

中午，到山后村認識一下畫家梁文勇大師就走，回程要順路去吃燉肉飯，哪曉得飯店休息，只能回金城用飯。晚上，在巷子口丟垃圾時碰見前門的鄰居王先正老師，他問我家裡是不是有客人來了？我說是的，等丟過垃圾我就請他到家裡來介紹認識大連來的客人小魏。之后，我們倆再度回老家要看一下珠山的夜景，先轉到莒光樓看景色，莒光樓是金門的地標之一。繞道金門城拜會一下堂哥陳世宗，他就是陳惠明的親哥哥。回到珠山看過安嫂之后，在村子中心轉了一圈，轉到老鄉林芳旋家裡，他正在家裡的客廳裡跑步，目前擔任國民黨金門縣黨部的頭兒，眼前選舉將到，正是他最忙碌的時刻。

第三天是周一，早上八點上班時帶著老婆到單位三樓的辦公室看了一下，就轉到四樓看安嫂的二女兒薛素姿，她是跟我一起長大的同學，退休后又二度投入職場，現在負責四樓的健檢中心。中午約了同學許寬，是金門縣政府的領導之一，他開車邀請高真民教授一起到鄉下吃燉肉飯，那一大塊肉燉得很熟很香，正是他們家的招牌飯，就是昨天我們想吃卻吃不到的飯。

周二之前的三餐，不是買飯回來吃，就是上街去吃，因為家裡的洗衣機和瓦斯爐／煤氣爐子都壞了，今天到專賣店裡挑選買定了，都要明天才能送到家裡來。周三早上送來瓦斯爐，中午就能煮個麵條，因此就約了老同事董國勝到家來一起吃一碗麵，邊吃邊聊天，我們仨吃得津津有味呢。下午送來洗衣機，正好可以洗那一大堆的衣服及被子，正是工欲善其事，必先利其器。況且，從周一起，小媳婦已經開始大幹一場，進行大掃除，把屋子裡從下到上三層樓統統掃過、洗過地板了。五點下班時，約了老同事蔡水田、吳振城到家裡見面泡茶，並且認識遠方客人。

周四一早醒來一如往常將事情辦好，美好的一天就這樣的開始了。早上，將軍同學許乃權競選金門縣長的總部成立大會於十點舉行，上班時間我不能去搖旗吶喊，就讓小魏同志到現場見識一下台灣的選舉模式，這是中國大陸所沒有的玩意兒，她還碰見了許將軍。中午吃飯時，老婆說她所預期的事情、最不喜歡的事情一如既往的準時來報到，那個來了，跑道關閉。晚上，到北京大姐住處會面，大姐要招待這位遠方來的朋友下館子，改善一下生活，吃一頓地道的金門菜色，還約了朋友楊先生及許大姐作陪。飯后再回大姐家裡，送了好多東西以及她自己種植的蔬菜，讓小朋友覺得好像是回到自己的娘家一般，心頭充滿了溫暖。

周五早上，我帶媳婦上到四樓作佛堂用的小閣樓，拜託她打掃一遍，她滿口答應了。我打電話邀約朋友晚上來家裡吃餃子，中午上街買了兩斤的中筋麵粉，老婆說要自己擀餃子皮，不買街上機器做的現成餃子皮，可是我說家裡沒有擀麵杖啊！小魏說她從大連帶來兩樣東西，一是廚房的圍裙，一是擀麵杖。我說「哈……哈……真有妳的，硬是要得。瞅瞅妳這孩子多麼上心，叫我怎麼能夠不疼愛妳啊」！

六點剛過，許乃權準時到達，不愧是軍人本色，守時守分，他特地帶了兩罐台灣茶葉來餽贈大連客人。隨后楊添福夫妻和呂其武兄弟都來了，大家互相認識之后，同桌共進晚餐。主食就是餃子，熱騰騰的餃子一上桌，大夥吃得不亦樂乎，發現到這餃子跟我們在街上館子吃的很不一樣，餃子皮特嫩又特Q，口感棒透了，這是金門飯店裡吃不到的口味，兩三盤總共九十幾個，吃得只剩十來個，人人叫好。

周六是十月二十五日，早上小媳婦又把地下室打掃一遍，將儲藏的物品規整了一下，早早吃過中飯，十二點半就準備出發到碼頭去搭一點半的船往廈門了。在碼頭又碰到熟人，要我們幫忙帶一箱奶粉過去，我就順手拎了起來，她即刻遞來路費四百元新台幣給小魏，叫她自己樂呵呵的說「賺錢真是一件很容易的事」。我說妳就拿回去做紀念，把這八百元權當是台灣同胞對祖國的一點貢獻吧。

三點半到達賓館，因為那個剛好完事，正好抓緊時機把該辦的事給辦完，然后才出門去看趙大姐。在她們家喝茶聊天時間過得快，到了六點就到附近的閩南菜飯店吃當地的菜色，吃到七點半結束，王哥叫朋友開車來送我們到機場，小魏自己去報到劃位，我們就原車回到趙姐家各自休息。小魏的班機九點二十準點起飛，深夜十二點之前降落大連，回到家將近凌晨一點。這一趟回家旅程，來的時候十分開心，去的時候十分圓滿，期待下次再回到老公的懷抱裡。輕車熟路自由行，搭機乘船到金門。

2014/10/31

第五十回　依然是又開心又圓滿

老頭愛ㄚ頭二十七

大連媳婦再來家，千里單騎自由行；
飛抵鷺島轉浯島，依然開心又圓滿。
今年中秋份外明，一輪明月佳人來；
國恩家慶半個月，樂得老漢笑開懷。

2015/09/26

這是大連老婆第二次回到金門溫暖的家，先是回家過中秋節，接著過十一國慶，然后是雙十國慶，真的是名符其實的國恩家慶，月圓人團圓。

第二趟回家又跟去年不一樣，ㄚ頭自己一路從大連搭機出發，到達廈門后，再獨自搭船抵達金門，老頭只在金門的碼頭接人就好。九月二十六號，小丫頭大清早五點起床，半小時后出門坐車，車行半個鐘頭到機場，坐七點的班機，準時起飛。不到九點就降落河南省鄭州經停，再度起飛也是準時，落地廈門還不到十二點，難得提前了十分鐘。此其時，我正在家裡開始燉著一鍋雞肉和雞湯，準備給回來的老婆好好進補。北京大姐從金門坐十二點的船過去，兩人到碼頭的時間相差不多，果然十分鐘后碰頭，在大姐的協助下順利買到二點的船票先走。我在三點之前到達出口處，滿心喜悅的接到朝思暮想的小情人。

一回到咱們家，也顧不得那香噴噴的雞湯，兩人就在客廳旁餐桌的椅子上先把最美好的事情辦妥了，久旱逢甘霖，那個美啊！四點多上樓洗澡后，相偕躺在床上休息片刻，又來一場好事成雙，那個爽啊！老朋友蔡水田大哥在五點多送來一盒他剛從台灣帶回來的肯德基製作的蛋塔，等他走之后我們一邊吃雞肉喝雞湯，一邊就拿蛋塔做為主食，一下子就補回不少的體力。七點出門到鄉下看朋友莊江流老大哥莊江流，去年妳來的時候去過他家一次，這一次還看見他太太。離開后就近去看望九十五歲的姨丈李忠興，老人家已經就寢，只看到大表哥和三表哥。轉回城裡去看好同學許志新，和他太太一起聊天很久，我喝了很多的普洱茶，肚子空空如也。

九點告辭后，去街上吃了一碗魚粥，十點多回到家已經進不去學校運動場散步了，只能改到附近同安渡頭的海邊散步。在裝有路燈的自行車道上漫步，海風徐徐吹來，真是個秋高氣爽，天涼好個秋。走到自來水廠管理站時，看見四張木條板凳，就坐在凳子上，眼望近處小金門稀疏的燈影，以及遠處廈門輝煌的燈光，真是一大享受。妳依偎著我，耳邊聽著海浪拍岸的濤聲依舊，此時雙口無言，無聲勝有聲。正是「花好月圓無人時，妳儂我儂甜蜜蜜」，竟然能在中秋節的前夕留下這麼美好的記憶，令人終身難忘，太興奮了！回家一看時間，已經是夜裡十二點。

第二天早上九點，咱倆相偕到市場之前先經過我家大姐的租車店，就進去跟她打個招呼，碰巧我的妹妹也在她店裡，便把妳介紹給她認識，妳說妹妹長得跟大姐非常相像。然后去採購豬肉蔬菜，整整一小時，把所需要的物品全部買齊了才滿載而歸。十一點騎著摩托車去看陳長慶大哥，互道寒暄之后，他很開心，立馬叫來五斤貢糖送給妳。離開后本想就近去拜會楊哥，聯系后得知他人在碼頭，帶著太太要去廈門，只好作罷。

因此順道去拜訪老朋友李孝光，他是楊哥的好朋友李老闆，正在忙著店裡的結帳，我們坐一會兒就告辭，他還特地送妳二瓶中秋節紀念酒。回到金城，在公車站跟北京大姐碰面，三個人就站在車站外聊了一個多小時，百分之九十都是她在講，我們只有聽的份。在街上吃碗牛肉麵，二點回家休息，五點回珠山老家看望隔壁安嫂，在村子裡轉一圈再回家時已經七點。吃過晚飯，九點半到蔡水田大哥單位跟他喝茶聊天，因為杜鵑颱風侵襲台灣，他要獨自留守坐鎮防災。

快十一點離開之后，又到昨晚快樂的海邊去重溫舊夢，中秋佳節果然月圓人圓，我倆一下子就能進入狀況，這一切都是月亮惹的禍，那個美啊！完事后回到家裡，快要十二點了，又是令人難忘的夜晚！

接下來二十八號還是中秋節連假的第三天，早上就跟蔡水田大哥約好中午到家裡吃素餡的餃子。吃飯的時候他說，「好吃不過水餃，舒服不過睡覺」。說得還真合轍押韻，這樣說說笑笑，再喝上一杯小酒，吃飯的氣氛真是愉快。可是喝茶之時他的單位又來電話，說杜鵑颱風往金門吹襲，要他晚上照舊回單位坐鎮留守，又得枯坐一夜不得眠。晚上叫大女兒阿如回來一趟，等她來的時候給她介紹小魏姐認識，小魏姐也送給她的孩子二包大連酥糖、蝦片、板栗。晚上八點，金門縣政府宣布杜鵑颱風來襲，明天二十九號停止上班上課一天，我們總算撿到一天的颱風假，多來年夢寐以求終能如願以償。

第四天是颱風天只能乖乖在家呆著，一早風雨交加，真是典型的下雨天留客天。在家閒閒沒事幹，開始包起豬肉餃子，然后通知外甥黃志琳老闆開車過來拿。總共包了大約一百五十個，煮好後送給他一百個，外加一道黃瓜拌豬頭皮，絕配吧！我們自己留下五十個，中午只能吃掉一半，另一半是晚上做煎餃來吃，就相當于金門所做的鍋貼。

連續放了四天假可把我養成懶骨頭，三十號都不想去上班了。早上一到辦公室碰到董國勝老師，邀請他中午一起到家裡吃餃子，去年妳見過他一面。中午邊吃餃子邊聊天，再喝上一杯小酒，也是一件賞心悅事。妳說早上到二樓打掃時看見陽台上積水很深，差點就溢進房間來了。抹地到三樓時發現朝西落地窗的那個房間已經積滿了水，原來是陽台積滿雨水溢流進房間內，這就是杜鵑颱風過境所留下的痕跡。

晚上早早吃過飯就去鄉下看望住在同一個村子的二位姑媽，先到小姑媽家，她正在門口乘涼，我跟她介紹說遠方客人是大連老婆，她就讓我們坐下來聊天。小姑媽今年七十八歲了，身體多硬朗，每天騎著摩托車接送孫子上學放學的多利害。她說大女兒的大兒子這個星期天要娶新娘子，歡迎我們到時候一定要去吃喜酒，我承諾兩人一定會到。再轉到附近大姑媽家，正好她和大表哥及另一位表嫂在吃晚飯，我向她介紹大連老婆，她有點摸不著頭腦。哈……哈……她今年九十三歲了，身體好得很，還能自己煮三餐飯呢！大表哥和我大姐同年，也是大我十一歲，我從小就受到姑媽姑丈和表哥表姐的疼愛及關照，感情濃厚就像親兄弟親姐妹一般。

今天是中國的十一國慶節，放長假七天，也是中國的黃金旅遊周，全中國的遊客有五億人出門，這種人潮真是夠嚇人的！台灣不放假，一切作息照常，上班上課不變，台灣的國慶日在十月十日，又稱雙十節，只有放假一天，跟周休二日連在一起，正好放三天小長假。

二日一大早六點半，我們再度相偕上市場採購蔬菜豬肉，一小時后滿載而歸，上班后當面邀請六位同事中午來家裡吃餃子，品嘗一下遠方客人的廚藝，沒人推辭或拒絕，可是，到時間了只來二位，真叫人無可奈何。今天包了一百二十個餃子，準備蠻多的，結果少了一半人數，下鍋的餃子就只能減半，煮了五十個，幾乎快要吃光。

下午打電話給陳長慶大哥，說我下班后要送餃子過去請他嘗一嘗，他說好意心領了，可是他的身體卻不允許吃太好，不用送給他。我一聽實情如此，心頭不覺感到一陣心酸，前幾年我要送許志新一些東北的土特產補身體，他也是說有病的身體不能吃太好，好意只能心領了。后來我就打電話給姨丈的大兒子李增通，也就是我的大表哥，說下班后要煮些餃子送給姨丈嘗嘗看，交代他不要做晚飯，表哥說好啊，他就不準備晚飯了。

我一下班餃子已經煮好五十個，再加上一道黃瓜拌豬舌頭、一斤花生米送去，和姨丈李忠興及二位表哥寒暄后我們就回來。經過楊哥店門口，便進去聊一聊，他說兒子去接受教育召集五天，少了兒子分擔工作他一個人有些忙不過來。他生意很忙我又幫不上忙啊，只能邀請他休息一下到家裡吃餃子，還有十二個餃子應該夠他一個人吃的，我們兩個吃麵就好。

三日是周末休息，今天早上可叫我逮著兇手了！妳來瞅一瞅是誰？是怎麼一回事？就是家裡這一副我每天都在鍛鍊的舉重，這一根鐵管中間二十公分長的部位，完全不像兩側那樣光滑，而是凸起的灰黃色一片，整個都是鐵銹啊！一個月前，我的胸部、腹部到肚臍下邊長二十公分處，整個都起了紅疹子，我想不出是何原故，只好趕緊擦曼秀雷敦藥膏，二周后疹子是消退了，可是到今天還留下一片暗紅色的痕跡。我兩三年前也曾經有過一次同樣的經驗，就是想不通原因、找不出兇手，今天看見鐵管這樣子，總算抓到兇手了。

中午一看絞肉用光光，又上市場買豬肉，加上豬頭肉、豬舌頭、豬蹄子。下午北京大姐終于來電話了，說到我們這裡的街上洗頭，洗完會到家裡來。五點時大姐就到了，餃子已經包好，一下鍋就煮，然后一邊吃飯一邊嘮嗑，我說下周起我請假一周不上班了，要好好接待遠方來的貴客，大姐笑哈哈的說我今年有進步了，不像去年只顧著自己上班。我們吃飽了再泡茶繼續嘮，直到八點過后大姐才坐王老師的車離開。

四日早上先到住家后面看堂妹陳惠明，她是五個姐妹中排行老三，正好她的一個妹妹排行老五也在她家，以及一位鄰居王太太。我向堂妹介紹遠方的客人，也是大連的老婆，她說就是去年來過也見過了。我跟她說要去看她哥哥，請她打電話問一下在不在家？她打通電話后我接過來跟堂哥陳世宗說，我一會兒到他家坐一下，他說好啊！十分鐘后到堂哥家，見過面后我再介紹一遍，他就招呼我們坐下喝茶，沒多久堂嫂也帶著兒子及孫子回家。

聊天結束后告別而去，我們順道去參觀翟山坑道的工程，再到新建落成、古色古香的燕南書院，回家剛好是午餐時刻。晚上結伴吃喜酒，住在鄰居的表妹蔡月娥，正是小姑媽的大女兒，她的大兒子今天娶媳婦，餐廳備有遊覽車／大巴來接送客人，我們樂得搭乘專車，搭車的客人不到十人，吃完喜酒照舊坐專車回家。

五日的晚上楊哥和楊嫂盛情邀請遠方的客人下館子，咱們四個人卻點了六道菜，委實太多了，所以我們倆都不吃米飯。那個蒸餃和紅豆餅挺好吃的，妳說明晚要請他們到家裡吃餃子和韭菜盒子。六日晚上在家裡煮了六十個餃子，只吃一半，煎了九個韭菜盒子吃光光，楊哥、忠哥和陳滄江都喜歡吃韭菜盒子。其他的菜都很清淡可口，有滷味、西生菜、蒜泥西蘭花、黃瓜雞蛋蝦仁、黑木耳杏鮑菇、豬蹄子魚丸湯。昨天我們已經去小板凳辦公室找許俊容喝過一杯現磨現煮、又濃又香的咖啡，小魏同志還跟陳滄江的看板合影留念。七日晚北京大姐請我們去她家坐，並且一道吃牛肉麵，還喝上一杯大姐自釀的葡萄酒，好久不見的楊定成大哥在家裡吃完飯也過來會面。

八日不出門也不接待客人，小兩口談地說地樂逍遙，我說小女兒和美國女婿布萊恩回來金門聊天時，布萊恩說他學的第一句閩南話是「我有一個水某」，普通話是「我有一個漂亮的老婆」。閩南話的水，意思為漂亮的；某的意思為老婆，我有一個水某讀音為「瓦嗚一耶隨某」。閩南話「我有一個水尪」，普通話的意思為「我有一個漂亮的老公」，我有一個水尪的讀音為「瓦嗚一耶隨腌」，妳的第一句閩南話就學這句。九日要採購和行李裝箱，首先到屈臣氏買小姑娘指定所要的四樣化妝品，可惜，其中三項沒有，廠牌有的那一項又偏偏缺貨，一切只能棉花店失火——免談。其他物品都能買齊了，倒是出血不小喔！

十月十日是台灣的國慶日，又稱為雙十節，卻是送君千里的日子。一早七點起床，八點吃飯，九點出門，十點上船前進廈門，十一點半到達機場。今天此地是上班日，旅客零零落落，報到劃位特別順暢，等到十二點半一路把妳送進安檢門往登機口去等候一點的班機，我才獨自離開廈門高崎機場。美好又快樂的中秋節半個月假期就這樣子劃下圓滿的句點，彼此互道珍重，期待下次重逢。母女結伴向南飛，遊過廈門到金門。

2015/10/10

第五十一回　娘兒倆既開心又歡喜

老頭愛丫頭三十

北雁成雙東南飛，如花姐妹回家門，
攜手同登鼓浪嶼，燒香禮佛南普陀。
春雨綿綿到金門，成天窩在自家裡，
雛鳳先行返東北，老鳳歸程晚六日。

2016/04/22

這是大連老婆首次帶著姑娘回家的紀錄，短短十天行程中，母女倆過來的時候十分開心，回去的時候十分歡喜。凡是曾經走過，必然留下痕跡。

頭天遠方的朋友來微信說，她們娘兒倆早上六點半從家裡出發前往飛機場，坐八點半的班機，順利的話十二點半以后就能到達廈門。我說恭喜妳，今天是個偉大日子，饅頭總算叫妳吃光光了，此地風和日麗、大地含笑。她反問我說是個什麼樣的偉大日子呢？難道是兩岸和平握手的日子嗎？哈……哈……我說兩岸一家親，難道不是偉大的日子嗎？

我在中午十二點準時下班后，立馬直奔碼頭坐上十二點半的船前往廈門迎接東北來的客人，不承想，十二點五十分，手機上的短信傳來我的家人已經從大連飛到廈門降落的好消息，此時我還在從金門往廈門的船上搖來搖去呢！原本打算親自到機場去接駕的，看來這一構想只好取消了，真是計劃趕不上變化啊！一般而言，中國民航班機晚點是十常八九的，也是家常便飯，怎麼今天就會準點降落呢？既然不能去接妳了，當然也不能來接我，只能是請妳自行打車前往酒店入住休息。

最不巧的是，一出來先去提款機取錢時，前面只有一個人在裡頭操作提款，正常情況下頂多一、兩分鐘就完事。不承想，過了十分鐘還沒完事，我上前查看一下，裡面那人還在不停的按提款機的鍵盤，心想他是拿了十多張卡片挨個兒在操作吧！可是過了十五分鐘他還在裡面按個不停，我只好上前敲了三下玻璃，意思是希望他可以盡快結束換人取款囉！裡面那人聽我敲玻璃，他聞聲回頭望了一眼后點點頭，再過一分鐘總算開門出來，說了一聲對不起。我說沒事，順便問他一下怎麼會操作那麼久，是不是拿了十多張卡片在操作？他說不是的，只有一張卡片，要把錢轉出去，偏偏就是轉不出去，只好一次又一次的操作，以前一轉就出去了，不曉得今天為什麼都轉不出去？等我進去把錢取出來，前后只花一分鐘就完事。

二點半我到酒店和姐妹花勝利會師后，休息到三點半出門，先吃點東西權當午飯就直奔東渡碼頭要上鼓浪嶼觀賞。不成想，我沒有帶上身分証件不能買票不能上渡輪，只能眼睜睜目送姐妹花兩人買四點五十的船票進入安檢閘口，我留在候船大廳等候返航。我在售票處前面看賣完五點半的船票后，原本閃亮的燈光突然一下子全部熄滅，我大吃一驚料想必有緣故，趕緊上前查看，原來每天頭班船是七點十分，每隔二十分一班，末班船是五點半。五點半以后返航的船不再回到此地下船，而是又回到原來的輪渡碼頭下船，所以我在這碼頭是等不到我兩個心愛的人了。

因此我得趕緊把這情況通知寶貝，可是下午所犯的二個錯誤現在都浮上水面了，一個是沒有帶身分證件不能買船票，只能留在候船大廳等待返航，一個是沒有帶廈門手機不能打電話通知，只能乾著急乾瞪眼。雖然有帶台灣手機，不知道該如何聯系？於是，我先用台灣手機發出一條短信，說明回程的下船地點換到另一個碼頭，但是，我不能確定短信能不能發出去？也不確定寶貝會不會看見短信？能確定的是，我必須立馬趕到另一個碼頭去接人，想到做到，坐上車抵達另一個碼頭后，趕緊用台灣手機再發一次短信，希望寶貝能看見。

然后我到渡輪下船的出口處從洶湧的人群中尋找，盼望能讓我瞅見那個穿桃紅色上衣的寶貝。同時，我也在想必要的時候，我還可以利用台灣手機直接打電話找人，雖然那是國際長途電話加國際漫遊費非常昂貴。我在蜂擁而至的人潮中極目遠眺和找尋中，偶而一兩件桃紅色衣服引起我的矚目，卻不是我的意中人。在一波接一波的人海中搜尋不到人兒，經過十多分鐘沒有收穫之下我仍然不打算放棄。就在不經意之間，眼角突然瞥見一抹桃紅色，可是轉瞬間又隱沒在人群中，我想確定那件桃紅色是何許人也？因此便鎖定那個方向繼續偵察下去，過了兩、三分鐘瞧見那抹桃紅色正是俺的寶貝，她旁邊站著不就是另一個寶貝嗎？一下子可把我樂的，而她們倆只顧著講話也不知道世界發生什麼大事了？

隔著十幾個人，我高舉右手揮擺，她們也沒有發覺到，一直到只隔四、五個人，大寶貝偶然抬起頭瞧見了，立即把她樂的都不行了！趕緊的告訴小寶貝，這下子失散二個多小時的家人再度團聚了，那種失而復得的心情是多麼叫人激動啊！我問寶貝我發二次短信，中間相隔二十分，能不能收到？有沒有看見？寶貝說人潮擁擠沒有看見短信，當場查看一下有沒有收到？一看只收到第二條短信。寶貝說這失散過程的情節起伏、扣人心弦，雖然中途出現小小插曲，但是結果仍然非常開心，而且當時失散了，叫我們兩邊都是心急如焚啊！再度勝利會師之后，我們開心地一起坐車回到酒店附近的飯店吃晚飯。

轉天早上九點過后我們在小雨中走出酒店，就在附近用過早餐，打車前往南普陀寺燒香禮佛，十點上車從成功大道經過梧村隧道和萬石山隧道，一路都是風馳電掣，十五分鐘就穿越隧道，過完山洞，仰望天空暴雨一陣又一陣。可是，城市的噩夢——堵車就此降臨，大塞車使得原本三分鐘的車程從此寸步難行，整整走了四十五分才到地頭。行車距離是金錢，行車時間也是金錢，堵車充分體現了時間就是金錢的真諦，這四十五分可是要了我們不少錢啊！浪費時間又浪費金錢，就是打車遇上塞車的時候最真實、最心痛的寫照；塞車是市政府的錯，又不是乘客的錯，為什麼要乘客來買單？小市民只能忍痛出血，承擔市政府的責任。

萬幸的是，堵車叫我們免受淋雨之苦，一下車就是雲停雨收，我們進到寺內燒香拜佛，兩不耽誤。十一點半回程，上車之后照原路返回，十五分到達酒店門口，好不快哉！下午一點之前退房，隨即搭車趕往碼頭買到二點的船票，巧遇北京大姐剛從金門來到廈門，相約回到金門再相聚。下船過安檢出來后又是下著小雨，兵疲馬困的我們，還是叫計程車把寶貝送到我們溫馨的家，我騎著我的小毛驢緊隨其后，前后腳到達家門口，已經三點半。在風雨中把姐妹花帶回溫暖的家，簡單吃完中飯，我去洗澡休息，大寶貝沒得休息，四點過后開始打掃地板，六點半就把一樓和二樓洗好，七點才能出去吃晚飯。

回家后次日是美麗的星期天，早上我們一起到菜市場大採買，雞鴨魚肉、蔬菜麵粉，一應俱全，原先空空如也的大冰箱，這下子可是塞得滿坑滿谷，決不叫巧媳難為無米之炊了。中午請到丕哥和他的朋友三人一道來家裡吃現包的水餃，完全手工擀製的水餃皮，口感確實特別地道，過完涼水的水餃皮也特別筋道，大家夥吃得津津有味，口齒留香。本來我以為小姑娘是后天回程的，夜晚突然聽說她是明天歸程，令我好生意外，明天一早就得趕緊安排交通呢！

周一上班后拜託同事吳振城九點半來家裡載人去碼頭，預定坐十點半的船，搭一點半的飛機就很穩當。沒想到十點十二分，突然看見姑娘來微信說她已經上船了。我問她是坐十點的船還是十點半的船呢？她說是坐十點的船，因為去得早就提前了一班船，十一點到飛機場辦理報到和劃位，一點鐘登機，六點降落大連，一路安全回到家。

下午約好蔡水田來家吃素餡水餃，又約好另一位吃素的朋友張清忠來吃水餃，他們兩個曾經是同事也是談得來的朋友。張大哥從前就很喜歡看我寫的文章，后來才知道他還跟我有親戚關係，他的姐夫正好是我的表哥姓吳，張大哥大我一歲，蔡大哥小我四歲，我們三個人的談話都很投機。雖然都是素菜，我們每人各自斟上一杯高粱酒，把酒言歡也是心情愉快無比。蔡大哥去年來我們家吃水餃時，說起他年輕時候聽過的一句話「好吃不過水餃，舒服不過睡覺」，這話說得真是合轍押韻。

周三早上先到縣政府邀請許寬同學中午來家裡吃水餃，再回單位約請同事董老師來吃水餃和韭菜盒子，可是到了吃飯時候就是聯系不上許同學，他從來不曾失約過，今天必然有特殊的原因，只好就近另行邀請陳滄江同學。果然到一點鐘許同學來電說實在抱歉，開會一直到現在才結束，就不過去了。去年中秋節，陳滄江已經來家吃過一回韭菜盒子，特別喜歡，由於他不吃豬肉餡的水餃，便一連吃了四個韭菜盒子，直呼過癮！水餃和韭菜盒子都是寶貝的拿手好菜，也是典型的北方麵食，叫我們南方人一飽口福。其實，我還懷念另外一道麵食叫做茄子盒，跟韭菜盒子的味道還不一樣呢，我也曾經跟北方的客人要求過這一道菜，無奈的是，她說本地的茄子太小，做不出茄子盒，真是可惜啊！

晚上楊哥請我們到他住的鎮上山外吃飯，我們先轉到陳長慶店裡看了一下，他的書店已經關門，鄰居說他回到鄉下老家陪老母親吃晚飯。我們在七點之前和仁哥同時到飯店，是最早到達的，陸續到齊十一人開始上菜已經七點半。這些人當中就是我和興哥屬羊的年紀最大，我們一起吃飯喝酒很多年，從來都是很開心很盡興的。以前我和他們喝酒就是這樣子，敬酒、猜拳，氣氛很熱烈很高昂，現如今只有我一個人宣布退出酒國江湖四年了，平均每個人的酒量都在半斤以上，晚上喝了三瓶一公斤的白酒，也沒有人掛掉。剛才楊哥兩人一組划拳打通關過不了關，被打回馬槍三遍只好暫時先行休息，換下一組繼續打通關，所以今晚他喝得最多。

周五早上先約好忠哥中午來家吃韭菜盒子，可惜楊哥去廈門了，再約丕哥一起來午餐，並請他順便約幾位他的朋友來，他說四位，我算了一下人數總共八人，因此再加上一位前天沒來的許寬同學。中午人多菜也多，除了水餃和韭菜盒子之外，還有菜有湯擺滿了整張餐桌，大夥吃得不亦樂乎！晚上本想邀請外甥和他們一家人來吃便飯，打電話聯絡時他說他大姐回來，晚上在飯店請他姐吃飯，邀我們過去和他們一起吃飯，我說那我們就不去了。

周末不上班，早上我就打電話詢問陳長慶大哥，中午要包些水餃、煎幾個韭菜盒子請他嘗一嘗遠方朋友的手藝如何，好嗎？他說好啊！我的寶貝做好這二道主食外，又做一道涼拌雞爪、一道黃瓜拌豬舌頭，這是二冷二熱四道菜，其實挺符合生機飲食的道理。送到陳大哥書店裡擺上桌后，老大哥立馬倒下一杯浸泡中藥材的高粱酒，哥倆就此把酒話家常，天南海北暢聊一番，遠方的朋友不和我們一塊吃喝，就坐在旁邊跟著我們一起嘮嗑，這一頓小酒喝得真是舒服啊！

下午回來不久，北京大姐終于來電話說要過來看望她們娘家的人，來到金門玩得開心不開心？一會兒大姐坐著鄰居李小姐的專車就到了，又給娘家的人送來好多禮物，也送給我紅茶及南瓜子，教我如何好意思收下呢？雖然受之有愧，但是卻之不恭啊！照講理應留下兩位貴客一起晚餐的，可是人家李小姐家有任務，必須準時回家照管著，我們就不敢耽誤人家的時間。

周日是五一勞動節，也是愛人同志的歸程，一早還不到七點我就跟親愛的人祝賀節日快樂。誰知她說「同樂，同樂，一大早就收穫好多的公糧，我能不快樂嗎」？我真是快要讓她給打敗了。昨晚的行李全部打包完畢，早上再討論一下歸程的時間，按照下午一點半的班機來規劃，我們必須在中午十二點之前到達機場，所以要搭上午十一點以前的船到廈門。早上一直下雨，我們預訂九點半出發，預備搭十點半的船，想不到，臨出門前雨停了，真是天助我也！大行李箱恰恰可以塞進摩托車的前面踏板，那就不用再換汽車了，騎著我的小毛驢直奔碼頭去吧。

短短十分鐘的車程，那真是小菜一疊，我邊騎著車邊和后座的愛人同志聊著天，半路上偶然回頭看了一眼小同志，可把我嚇了一跳！小愛人怎麼沒有戴安全帽呢？要是讓警察叔叔看見了，可是要罰款的，妳哥就要出血了，這些天來我騎車載寶貝出門時都要先戴好安全帽，怎麼今天居然給落了呢？說不得，我只好硬著頭皮往前闖，加速往碼頭衝進去，幸好沒有遇上戴帽子的警察大人，省下不少荷包，下次再也不敢了！

今天出發的時間和坐船的航班，以及下午搭機的班次也和小姑娘周一的行程一模一樣。坐上十點的船，下船后到機場十一點，休息到十二點半目送寶貝過安檢，一點正登機。五點半降落大連，六點半回到溫馨的家裏；我坐五點半的船回金門，也是六點半進家的。寶貝回到家之后來微信開心的說「親愛的，你好棒，專程送我到機場，難怪會叫我愛你愛得死去活來」！我回說「那當然，我來接妳就一定要送妳，這叫有始有終嘛！小姑娘回程時本來也想送她的，但是為了放手讓她自由行，才會讓她自己走」。大連分別八天后，金門小別勝新婚。

2016/05/05

第五十二回　丫頭開心，老頭歡喜

老頭愛丫頭三十三

大連分別僅八日，分別的人盼重逢；
我倆重逢金門島，夫唱婦隨影不離。
千里單騎個人游，北雁南飛回我家；
中秋颱風留痕跡，攜手同心掃家園。
嬌客遠從東北來，接風宴不亦樂乎，
呼朋引伴哥倆好，會須一飲三百杯。
十一國慶到雙十，光輝燦爛慶十月；
一海之隔同歡騰，海峽組合真是棒。

2016/10/03

話說為了九月十五日中秋節能與小丫頭團聚，小老頭因著莫蘭蒂颱風來襲臨時改變行程提前兩天出門，事后回顧，這一次英明的決定和果斷的行動，確實值得自個兒喝采，若是由著原訂的行程，只能獲得一個結果就是，行不得也！話說十三日下午我搭船出門時，金門碼頭已經宣布明天及后天船班停航。十四日中午搭機出發時，廈門機場公告明天的班機停飛。晚上降落山東青島安頓好，便在入住酒店內留下一筆紀錄：老頭愛丫頭三十二——中秋看望丈母娘，一家三口會青島，皓月當空人團圓，四代同堂共賞月。忽遇颱風來攪局，提早一日渡過海，飛機也怕風來吹，明晨班機今晚飛。

2016/09/14

中秋節早上丫頭攜帶著越來越靚的姑娘飛抵青島與我勝利會師，然后搭乘弟弟的專車前往高密市丈母娘家裡，停留兩天共賞一輪明月后再飛往東北大連，我就這樣聞風而逃，一路敗北。我也聽說中秋凌晨三點莫蘭蒂颱風重創金門及廈門，兩島滿目瘡痍，街道變成河道，不忍卒睹，廈門機場有三架飛機被吹出跑道撞破洞，有一艘四萬噸級貨輪——港泰台州號從廈門漂流到金門擱淺，沿路還撞倒幾艘漁船，而且造成貨輪漏油事件。廈門有些朋友十五號、十六號兩天沒水沒電，沒得吃沒得喝，直到二十號才有電。

在大連的愛巢停留一周后終須告別，二十五號中午離開大連，晚上回到金門，真是千里江陵半日返。回到溫暖的家本該是心情愉悅的，可是一進門就能看見莫蘭蒂颱風肆虐所留下的痕跡，怎麼一個難過形容呢？只見客廳中樓梯旁的那張木製辦公桌的桌面經過泡水之后憑空凸起、滿是水漬，我能想像水從哪裡來？因為之前已經有過兩次相同的經驗，同樣都是颱風天的傑作，因此不再一一細說從前了。

由于颱風挾帶暴雨傾盆而下，三樓的屋頂上迅速積水，小小三處排水口根本來不及宣洩洪水，再加上屋頂做為佛廳的樓梯間門檻低矮，幾個小時之后屋頂便達到滿水位。屋頂積水隨后由門檻溢進佛廳，水滿后開始沿著樓梯傾瀉而下，下到三樓到二樓，再順著樓梯由一樓下到地下室，雨水至此上下五段樓梯跑了一個遍，最后在地下室積水一分一分加深。

因此，我進家之后放下行李，首先從那張泡水木桌查看起，其次進入地下室一看，積水也就是十幾公分，只是裝酒的紙箱子淹水將及一半，反身折向二樓三樓到屋頂樓梯間的佛廳查看，處處都留有水痕。佛廳積水未退，更是一片狼藉，打開廳門望外，經過雨水沖刷屋頂倒是乾淨清楚；回到三樓東側的臥室一切正常，但是西側的兩間臥室留有水漬，向外的陽台水痕狼藉；來到二樓東側臥室一切如常，只是西側的兩間臥室都有些許的積水，外面的陽台積水不退，此處的排水口早有堵塞不通，所以積水趁勢溢進臥室內。整棟屋子走過一圈，心裡暗暗喊苦，災后重建家園的工程不可謂不大，我估計利用每天下班時間打掃及清洗，少說也得三、四天才能完工，但是該從哪裡下手做起啊？

第二天我所想的還是該從哪裡開始做起？從地下室還是從佛廳先做？什麼時候開始動手？今天還是明天動手？同時把家裡的情況向愛人領導同志匯報，並請指示，不承想，領導聽完之后說要不要她來收拾啊？我說好啊，妳的專業就是搞這個的，我們家交給妳那是再好沒有了！想當初八月中旬我倆在磋商返家的時程原本是就中秋節與國慶節兩者之中選擇一趟行程，我只能二選一比較方便安排行程，到如今把原來的第二行程也排進來似乎也是不錯的安排啊。既然中秋節我飛過去，眼下國慶節妳飛過來，也是順理成章的事，我們就此敲定妳的行程，十月三日南飛，十日回程。既然如此，我也就不須著急動手，留待一周后全權交給愛人同志。

我回想一下我們以往分別較為短暫的間隔時間是十七天與二十天，現如今這一回的分別更是創下最短暫的紀錄為八天。轉眼一周已過，北雁又要南飛，十月三號當天我照常上班等待北雁飛進情郎的懷抱裡，只能寫下一時的寫照如下：老頭愛丫頭三十三——

大連分別僅八日，分別的人盼重逢；我倆重逢金門島，夫唱婦隨影不離。千里單騎個人游，北雁南飛回我家；中秋颱風留痕跡，攜手同心掃家園。嬌客遠從東北來，接風宴不亦樂乎，呼朋引伴哥倆好，會須一飲三百杯。十一國慶到雙十，光輝燦爛慶十月；一海之隔同歡騰，海峽組合真是棒。

2016/10/03

遠方的朋友當天早上六點出門，下午四點進門，路上用了十個小時，一路順風順水。稍事休息，晚上六點我做東為遠方的客人擺設接風宴，請來七位好友作陪，席中，忠哥又訂好明晚他和楊哥合伙做東，原班人馬再聚一場。次日一早，我照常去上班，丫頭便開始幹起活來，等我中午回家吃飯時，一樓已經煥然一新，乾淨亮堂，下午老頭下班回來二樓三樓也是明亮乾淨，幹活真是個利索。晚上赴宴，賓主總計十四人出席，菜餚特別豐盛，貴客品嘗幾口生魚片，讚賞不已，原來她也好這一口呢！

隔日一大早我倆騎著小毛驢上街採買食材，到老闆洪增錫同學店裡買麵粉，和老闆娘打過招呼、拉拉家常，老闆想起上次我要跟他買高筋麵粉買不著，今天一聽我說買麵粉，立馬說他店裡現有高筋麵粉還要不要？我說好啊，這次就要高筋麵粉。接著去買絞肉包餃子，買韭菜做盒子等等，杌不郎當的滿載而歸，我才轉去上班。中午邀請三位同學阿都、寬兄、江哥，以及江哥的弟弟來家裡吃小東北的拿手餃子和韭菜盒子，餃子還有剩餘，韭菜盒子卻是一個不剩，阿都說手擀麵的餃子皮口感就是跟機器壓製的不一樣，又薄又Q。妳趁空告訴我高筋麵粉特難擀麵，因為太筋道，彈性又大，前面擀過后面就縮回，特別費勁，包餃子還是得用中筋麵粉適當。

本來也邀請另一位同學發哥共進午餐的，但是他要買飯回家陪母親用餐，無法參加，因此我就趕在上菜之前先給他送去六個韭菜盒子與他分享。晚上單請張大哥來吃素餡餃子和韭菜盒子，韭菜盒子照樣吃光光，原本昨天已經約好蔡水田大哥吃素餡餃子的，可是今天一直聯絡不上。第四天六號中午邀請丕哥和他的三個朋友到家裡吃小東北的手工餃子，還有一位我的同事董老師，這五位客人都來過家裡兩三次，大家一起吃韭菜盒子很愉快。第五天七號中午再請昨天中午那位同事董老師過來吃餃子，喝杯小酒聊聊天。

八號晚上我帶著媳婦到鄉下莊江流大哥家裡吃拜拜，順道感受一下此地的風土民情，去年和前年也曾一起去過他們家兩次。他們村子一年一度寺廟拜拜，拜完就擺桌宴請親朋好友，不用包禮／隨份子，就叫做吃拜拜，今天他家擺了三桌酒席。九號中午有請姨父家的三表哥李增遠來家吃餃子，想不到他卻一逕跑到珠山老家找不到我，哈……哈……等我告訴他家裡的地址及位置，一會他就找到了。

他老丈人是陝西的，他在部隊的時候就愛吃餃子，今天他只吃一個韭菜盒子，卻吃了半盤的餃子，完了再讓他帶回去六個韭菜盒子請姨父嘗嘗看，他說姨父肯定會喜歡的。還剩四個韭菜盒子就讓外甥來帶回去給我大姐吃吃看，媳婦又送給大姐一包蝦皮及一包紫菜。晚上妳的娘家人北京大姐五點來我們家，她只肯喝茶及嘮嗑，就是不肯一起吃頓飯，嘮到八點才回去。妳知道我就愛跟親戚朋友分享美食，只要他們不嫌棄就好。

金門這兩天的天氣全不照規矩來，前天八號以前都是風和日麗的好天氣，陽光普照，氣溫三十一度熱乎乎的，名副其實的十月小陽春。昨天是星期天，卻一點也不美麗，大雨小雨下了一夜一天，氣溫驟降到二十一度涼兮兮的。今天十號雙十節是台灣的國慶日，一晚一天都在下雨，氣溫僅僅二十度冷颼颼的。雖然放假一天但是出入極不方便，又逢著愛人同志要回東北的日期，只能無奈何望著天，嘆嘆氣把頭搖。

今天雙十節，可是從昨晚下雨到早上都沒有停過，又是送君千里之外的日子，所以一早我就在盤算，從家裡到碼頭這十分鐘路程的兩套方案，第一方案是在雨勢停歇的時候騎摩托車出發，第二方案是雨下不停的情況下叫外甥開車或者叫出租車。我估算了一下，下午一點半的班機，必須在十二點半之前到達機場，坐十一點或十一點半的船班就很穩妥了，因此十點出門恰恰好。可是，九點我出門去買兩條牙膏時冒著小雨來回幾分鐘，就全身淋濕了，我深為苦惱！

九點半我在門口和巷子口走一下，猛然發現雨停了，我想機不可失，時不再來，立馬決定趕緊提前出門，採用第一方案騎車就走。等我們到碼頭時剛過十點，便買十點半的船票，當我們上船時已經下起大雨，真是眼明手快、搶得先機啊！昨天早上幹大活還真是一場及時雨，讓妳收繳滿滿的公糧，給小東北美的都不行了！到了中午，妳那個就突然來事了，沒有按照規定的時間來，也沒有預告或事先通知，說來就來，太不像話了，今天因此也是西線無戰事！六點十分妳落地大連，晚點半小時而已。六點四十坐上順風車，七點十分來家，回到溫馨的家了。遠方的客人當天早上九點半出門，晚上七點半進家，路上也是用了十個小時，一路順順當當。

前天晚上拆掉一樓那一張破舊的、泡水的、凹凸不平的木製辦公桌，從三樓搬下一張鐵製的辦公桌來替換，不成想，舊桌子裡邊一大堆廢棄雜物中居然有一條金光閃閃的金項鏈，閃的小東北的雙眼都張不開，問我這條金鏈子是哪裡來的？要給誰的？我哪裡記得是從哪裡來的？又是要給誰的？只要妳表現好了，指不定將來就會是妳的喲！只要妳當了我的新娘子，我指定會親手將金鏈子戴在妳的脖子上，信不信由妳，靈不靈到時見分明。今天早上妳還在問我項鏈不在桌子上，藏到哪裡去了？真是不怕賊偷，就怕賊惦記著，哈……哈……這下子可叫妳惦記上了；妳還說那條金鏈子，妳記得去年收拾桌子的時候就看見放在抽屜裡，也沒丟掉啊！

這趟丫頭千里歸來，省卻老頭多少煩憂，分別短短八日的妳就能再度投進情郎懷抱，開開心心無可言喻；而當我面對家園狼藉無從下手之際，欣聞妳從天而降讓我，歡歡喜喜無與倫比，這一回男女搭配幹活不累，海峽組合真個是超級棒的！這是大連老婆第四次回家一周的全紀錄，她過來的時候十分開心，我送她的時候十分歡喜，老頭對丫頭真是既甜蜜又恩愛。異地戀情六年長，一朝領証笑開眉。

2016/12/15

第五十三回　天南海北兩岸一家親

老頭愛丫頭三十六

天南海北異地戀，見証海峽真情愛，
愛情長跑六年整，千里迢迢只等閑。
南來北往飛不停，收官飛行三十六。
一朝開花結成果，修得百年共枕眠。
分進合擊會瀋陽，快馬加鞭一上午，
驗証登記結婚証，夫妻恩愛成雙對，
無証駕駛好幾年，親友笑問領証沒？
一戳軟肋沒底氣，今朝轉正揚眉笑。

2017/02/24

大連老婆第五次回家一周，她回來的時候開心，離去的時候歡喜。話說為了兩岸通婚的第一段登記，我必須御駕親征遠到千里之外的遼寧省瀋陽市和她登記結婚，而第二段登記，必須她親自跑一趟金門跟我辦理，才算完全完整。

五月十日中午我收到移民署發來簡訊說，代申請大陸配偶來台團聚的入出境許可証乙案，請於收訊后次日領証。當晚我和小媳婦就此敲定第三日早上她由大連飛廈門，落地后搭船轉金門，晚上就能回到我們溫暖的家。次日一早我就趕往領取入台許可証，北京大姐明天中午要去廈門，所以晚上我就把入台証交給她帶過去，媳婦明天到五通碼頭找陳小碧拿証件就行了。

十二日早上六點用微信聯系時，小媳婦已經起床七點就要出門，坐八點半的飛機，夜裡還是興奮得睡不著覺！我隨即寫下小詩，老頭愛丫頭三十七——早搭飛機午乘船，五度快樂返家門，苦苦等待六年多，功夫不負有心人，夫妻攜手戶政所，婚姻簿上咱登記，一朝名正則言順，天南海北一家親。

2017/05/12

媳婦的班機二點之前降落廈門，二點半打車到碼頭買三點半的船票，四點入境金門時，移民署官員把她請去面談半個多小時完畢。同時移民署來電話，說愛人同志即將入境金門，要我在四點之前到碼頭接受面談。兩個人在五點半順利通過面談，離開碼頭回家，先上街吃碗海蠣麵線當晚飯，回家后就相偕到運動場走八圈。

周末早上我先獨自到大姐店裡看她，順便把兩本結婚証拿給她看一下，她沒有見過這玩意兒，饒有興致的看過兩遍。之后我和小媳婦一起到許志新家裡拜訪，也把結婚証交給他看分明。然后到菜市場大採購，到同學洪增錫老闆的店裡一口氣買了十斤中筋麵粉，老闆娘笑呵呵的好一頓誇獎，說大陸女人好漂亮，樂得媳婦說到時候包餃子和韭菜盒子要送幾個請她們倆嘗一嘗。

晚上鄰居蔡金塔娶兒媳婦請吃喜酒，下雨天我們倆就搭許寬同學的便車，再拉上另一位同學楊先生，到餐廳后我們四個人再加上其他四個客人同桌，吃飯聊天都開心，還拍照留念。碰見安嫂的二女兒在旁邊和別人談話，不方便插嘴和介紹而作罷。

五月的第二個星期日是母親節，衷心祝福天下的媽媽都是一樣的快樂及偉大！

中午包好餃子和韭菜盒子，特地送給洪同學老闆夫妻倆四個韭菜盒子十五個餃子，可把老闆娘樂壞了！另外，送給一位姓黃的同學四個韭菜盒子，分享一下北方道地的麵食。午飯后回珠山老家看望安嫂，她的兩個小姑子也回來娘家，四個女兒中的老二昨晚吃喜酒的時候在餐廳碰見，其他三個女兒都回娘家了，大伙聊天坐了一個小時，都翻看結婚証，才知道這一次的大連老婆是有証的呦！老三還特意提醒我可以向單位申請婚假以及結婚補助款，我倒是壓根都還沒有想到這回事呢！我主要是和安嫂商量，打算要在村子裡宴客請宗親吃喜酒，不知道安嫂的意見如何？安嫂說我們自己人知道就行了，不用再鋪張和費事，我因此就取消請客的計畫。

離開后轉去看望陳長慶大哥，亮出結婚証可把他高興著，沒想到我的做法又一次趕在他的想法之前實施，他說我可真是迎來「老薛的第二個春天」了！好一頓開心的聊天，超過一個小時后才離開。順便彎到陳添丁家裡看他，他正在接待兩位一貫道從台灣來的道親，一男一女，五十多歲。我們觀察一下他的住處一共有四棟鐵皮屋，一棟兩層樓三棟平房，用來分租，房客有十來個人，看過他的居住環境並不怎麼舒服，也不寬敞明亮，並沒有給他看紅本子。回家吃過晚飯，丕哥來電邀請到阿文家裡坐，我說剛吃飽飯在刷碗，你們吃飯別等我，刷好碗我會過去坐一下。

五月十五日真是一個值得記憶的日子啊！早上量體重八十九公斤，七點半出門去打卡上班，再轉到診所量血糖172，上個月是176，大夫說血糖下降的幅度主要關鍵有四項，是吃藥、作息、運動、飲食，前面三項我都很正常，不能大幅下降的因素就只剩下飲食的問題，飲食的要求是少飯少油少鹽少水果，看看自己有哪一項是超標的？我說前三項都少，唯獨水果吃的量太多，因為我一直錯誤的認為，吃水果越多越好，原來卻是對血糖不好，必須避開含糖分的水果！

八點半離開診所轉到戶政所辦理結婚登記，這是今天的重頭戲，所有証件齊全，九點多拿到新的身分証及新的戶口名簿，至此兩岸結婚登記大功告成了，回家吃口飯進到單位已經九點半。十一點半我們倆充當送外賣，先給民進黨許美女送四個韭菜盒子，並拿給她看一下結婚証，她立馬說恭喜薛太太；再給法院的老朋友陳先生，也送去四個韭菜盒子，拿給他看一眼結婚証，他滿口的恭喜……恭喜；最后到我們單位給那位坐輪椅的同事徐明才大哥也送四個韭菜盒子，徐大哥是我的初中同學，沒有給他看紅本子。

大陸的薛太太今天在金門登記結婚之后也是台灣的薛太太，恭喜妳幸福，恭喜妳快樂。二零一七年二月二十四日在遼寧省瀋陽市登記結婚，二零一七年五月十五日在台灣的金門縣登記結婚，這是雙重登記，雙重保險囉！我姑娘告訴我說，這是好事成雙，越來越好。從今天起我媳婦就是名正言順的薛太太了，都說愛一個人就是跟她結婚，這就是我所能為她做到的一切。

下午楊哥來電話約請晚上聚餐，我說好的，舅姥爺等人由你聯絡，丕哥我來聯絡，但是晚上由我做東，理由等我下班后當面告訴你，因為辦公室內有同事在場。我聯絡好丕哥，又連絡好蔡水田，蔡大哥請他夫人開車接送，但是不參加飯局。下班后我到楊哥店裡拿結婚証給他看，說晚上是吃喜酒，就該我來做東，你要把機會讓給我。六點半陸續有九位客人就坐開席，楊哥、丕哥、忠哥、蔡哥、光哥、仁哥、興哥、泰哥、湖哥。

我把結婚証拿出來給每個人看一下，氣氛頓時愉快歡樂起來，原來晚上是吃喜酒的，大家紛紛舉杯向我倆敬酒，所以我晚上也沒少喝酒。席中，舅老爺說按照習俗，客人有權利親吻新娘子一下，問千哥可不可以？我說當眾親吻新娘子當然可以啊！說完，舅姥爺毫不客氣地趨前當場親了小媳婦一下臉頰，惹得大夥笑呵呵的，可是也沒有第二個人再跟進。泰哥說了，明晚他做東，原班人馬要到齊，忠哥說后天晚上要把時間留給他。

十六日中午邀請蔡水田夫婦、張清忠來家裡吃素餡的餃子和韭菜盒子，同時也邀請董老師共進午餐，媳婦還特地為我們兩位不吃素的人準備一道豬頭肉。十二點整菜和湯都端上桌了，只剩下主食要下鍋，卻突然瓦斯沒氣不冒火了，只能打電話叫瓦斯，但不曉得要等多久才能送來？蔡大嫂提議她回家把煮好的米飯帶過來當主食，說完就開車回家拿飯，一會兒瓦斯送來了，小媳婦趕緊煮餃子煎韭菜盒子，等蔡大嫂帶飯來了沒多久，熱騰騰的韭菜盒子也上桌了，餃子也很快就上桌，大家吃得津津有味。我說餃子和盒子要好吃的關鍵，就在于那層麵皮，手撖皮硬是要比機器壓製的皮好吃。大家說說笑笑，小小的喝兩杯小酒，確實不亦快哉！

晚上飯局是泰哥做東，也是在他們山外的餐廳，我倆照舊坐蔡大哥夫人開的車，車到地頭先到陳大哥店裡拿他送給遠方客人的十包牛肉乾，媳婦當面道完謝才轉到餐廳去。到達時泰哥和楊哥及仁哥已經在門口等候了，蔡大嫂本想轉頭就走，可是泰哥再三挽留，蔡嫂最終同意留下用餐。餐廳裡面看見光哥和朋友已經開始喝起來了，隨即和我們一塊進入包間就坐，包括我倆在內有十一位客人陸續就位，楊哥、忠哥、蔡哥、蔡嫂、光哥、興哥、仁哥、偉哥、成哥。散席后在餐廳外面道別時，舅老爺又提起客人的權利還能不能適用？說完大家都笑開了，只聽忠哥再三交代明天晚上六點半，原班人馬再會。

小媳婦說「老公，這兩天接受你的朋友們熱情款待，兩天宴客氣氛都非常熱烈，在餐廳看到朋友們互相串桌敬酒，這是我從未見過的場面，真是小地方有小地方的好，人情味濃厚，我非常喜歡。可惜老婆聽不懂閩南話，只能傻傻地看你們開心調侃，我也插不上話。酒席間，舅姥爺和興哥好幽默，他們倆在場，總會逗得大家開懷大笑！楊哥及忠哥一直以來，總是讓我對他倆有家人一般的感覺，每次看到他們倍感親切，在此由衷的謝謝他們」！

早上趕在上班之前先到金門城看望堂哥陳世宗，此前小媳婦已經見過兩次面了，把紅本子拿給堂哥和堂嫂過目一下，報告婚姻狀況是金門也登記好了，本來預備擺桌宴客並周知親友，可是因為后天早上媳婦就要返回東北，時間上不趕趟，只好等下次回來的時候再安排。堂嫂說的跟楊哥及舅姥爺說的話一樣，小媳婦越來越漂亮了。上班之后，我趕緊把請婚假及申請結婚補助款的事一併給辦妥了，從后天開始就要陪著心愛的人去度蜜月。幸福，就是和對的人在一起，人對了，什麼都好，在對的時候遇上對的人。

十七日的午飯正好是同學會，志新、明舉、滄江，加上我四個同學，一道品嘗愛人同志掌勺地道的東北麵食韭菜盒子及餃子，加一個豬頭肉、黑木耳、炒荷蘭豆、豆乾炒韭台、海藻豆腐海蠣湯，清淡可口，只喝一杯小酒聊聊天多愉快！同學們也都愛吃北方麵食，知道是用手擀的麵皮特別誇獎了好幾句。

晚上忠哥請吃飯也是在山外的餐廳，我們和蔡水田照舊坐蔡大嫂的車子，蔡大嫂讓我們下車后又轉回去，等我們散席再來載我們回家。晚上的客人包括我倆有十一位，楊哥、蔡哥、泰哥、光哥、仁哥、興哥、偉哥、成哥、慶哥。賣魚尾的時候是忠哥開的頭，賣出啤酒杯半杯六十西西的高粱酒，我就超量了！湊巧，隔壁桌是舅姥爺正宗的外甥毛哥他們幾位朋友，大家都是老朋友，來來往往相互敬酒，氣氛十分熱絡。席中，舅姥爺說，明天晚上他做東，原班人馬到齊要吃牛肉大餐，沒到的人是王八蛋。

我給移民署的領導打電話詢問，聽他解說后知道，因為大連老婆后天要回去，這一趟來不及辦理依親居留，等下一次再辦團聚入境之后才能申辦。依親居留，她先要在大陸辦良民証，有效期只有三個月，經公証后代轉海基會驗証通過，再次入境后先體檢，一周后再申請依親居留，核准時間也要一周。

大連老婆后天就要班師回朝了，這一次回來金門和老公辦理結婚登記，一切順風順水的，恭喜妳美夢成真成為薛太太。我后天開始請婚假一周，陪我心愛的女人去度蜜月，直到五月三十日端午節才回程。

十八日早上乘便去安嫂的二女兒單位看她，她是我的小學同班同學，送她一包棒蘑，把紅本子拿給她過目一下，她才了解到叔叔是當真的，當面給嬸嬸道喜了。聽她當面喊嬸嬸，害得小媳婦很不好意思，她年紀比嬸嬸大好多。

中午請外甥黃志琳和他老婆來吃餃子與韭菜盒子，也請董老師共進午飯，另外，給大姐及外甥的內弟送去六個盒子、一道豬頭肉拌黃瓜、一道涼拌雞爪、一道海藻豆腐海礪湯。我們吃的菜比這多出一道鍋貼、一道糖醋肉、兩杯小酒。十多年前外甥他們也是領的紅本子，他老婆是安徽合肥人，今天一見紅本子，立馬改口叫大舅媽了，外甥還比大舅媽多兩歲，大舅媽比外甥老婆大六歲。董老師來吃餃子就好了，還要破費和徐大哥兩人合送了六包貢糖給遠方的客人，俺都不好意思了。

今晚下班后，老公我就找出那一條去年發現的金項鏈，親手把鏈子掛在老婆的脖子上，啊！真漂亮，穿金戴銀硬是不一樣。媳婦說謝謝老公的金鏈子，去年也是她在抽屜裡發現的，今年就屬于她了！然后我們到隔壁鄰居家的表妹姓蔡拜訪一下，同時把紅本子給她看一眼，讓她知道表嫂現在可是有証的喔！

今天晚上舅老爺請吃牛肉大餐，我們和蔡水田仍舊坐蔡大嫂的車子到達后，蔡大嫂就轉回去。晚上的客人包括我倆有十四位，財哥、義哥、楊哥、忠哥、蔡哥、泰哥、仁哥、興哥、院哥、中小企銀林蔡陳三位，其中，財哥是舅姥爺的結拜大哥，義哥是舅姥爺的老大哥，我們大都認識的。包間裡面只有我們這一桌，最適合划拳喝酒了，果然，泰哥和興哥先后組成划拳部隊打通關，兩組聯軍都是藝高人膽大，輕鬆過關斬將，達陣成功。明天起我就要和愛人同志去度蜜月十二天，直到五月三十一日才回來上班。千里冰封萬里雪飄，遠赴東北登記結婚。

2017/06/01

國家圖書館出版品預行編目

金門情深深/方亞先著. -- [金門縣金城鎮]：薛芳千, 2022.07
面； 公分
ISBN 978-626-01-0320-0(上冊：平裝). --
ISBN 978-626-01-0321-7(下冊：平裝)

1.CST: 方亞先 2.CST: 自傳 3.CST: 福建省金門縣

783.3886 111010933

金門情深深（上）

作　　者／方亞先
出版策畫／薛芳千
製作銷售／秀威資訊科技股份有限公司
114 台北市內湖區瑞光路76巷69號2樓
電話：+886-2-2796-3638
傳真：+886-2-2796-1377
網路訂購／秀威書店：https://store.showwe.tw
博客來網路書店：https://www.books.com.tw
三民網路書店：https://www.m.sanmin.com.tw
讀冊生活：https://www.taaze.tw

出版日期／2022年7月
定　　價／500元

版權所有・翻印必究　All Rights Reserved
Printed in Taiwan